Schriftenreihe
der Juristischen Schulung
Band 194

Fälle zum Erbrecht

von

Dr. Horst Eidenmüller, LL.M. (Cambridge)

o. Professor an der Ludwig-Maximilians-Universität München

5., neu bearbeitete Auflage

Verlag C. H. Beck München 2011

Das Werk erschien bis zur 4. Auflage im Verlag C. F. Müller unter dem Titel „Fälle und Lösungen nach höchstrichterlichen Entscheidungen, Band 6, Erbrecht", verfasst von *Heldrich/Eidenmüller*.

Verlag C. H. Beck im Internet:
beck.de
ISBN 978 3 406 60957 2
© 2011 Verlag C. H. Beck oHG
Wilhelmstraße 9, 80801 München
Druck und Bindung: Nomos Verlagsgesellschaft
In den Lissen 12, 76547 Sinzheim

Satz: Druckerei C.H. Beck, Nördlingen

Gedruckt auf säurefreiem, alterungsbeständigem Papier
(hergestellt aus chlorfrei gebleichtem Zellstoff)

Vorwort

Traditionell gehört das Erbrecht zu den Rechtsgebieten, die eine erhebliche gesellschaftspolitische Bedeutung besitzen. Daneben hat es aber auch eine wesentliche ökonomische Funktion: Es ist der „Trichter", durch den das stetig wachsende Volksvermögen von einer Generation an die nächste weitergereicht wird. Aufgrund der großen praktischen Bedeutung des Erbrechts kommt ihm zu Recht auch in der juristischen Ausbildung ein beachtlicher Stellenwert zu.

Die vorliegende Fallsammlung verfolgt die Absicht, einige in der Rechtspraxis bedeutsame Probleme vor allem anhand der höchstrichterlichen Judikatur zu erörtern und zu vertiefen. Eine erschöpfende Darstellung der Rechtsprechung auf dem Gebiet des Erbrechts wird nicht angestrebt. Die Auswahl der einzelnen Kristallisationspunkte des Richterrechts ist an den Anforderungen ausgerichtet, welche die juristischen Staatsexamina an die Kandidatin bzw. den Kandidaten stellen. Das Buch kann daher auch und gerade als Erbrechtsrepetitorium genutzt werden. Sein Anspruch ist es, den relevanten Pflichtfachstoff abzudecken. Besonderes Gewicht wurde dabei auf die Verzahnung des Erbrechts mit anderen Zentralgebieten des Privatrechts gelegt, die erfahrungsgemäß im Examen eine bedeutende Rolle spielen.

Die Vorauflage des Buches liegt einige Jahre zurück. Bei der Vorbereitung der 5. Auflage hat sich deshalb eine Neubearbeitung als erforderlich erwiesen, die zwischenzeitlichen Gesetzesänderungen sowie der Rechtsprechungsentwicklung Rechnung trägt. Berücksichtigt wurden insbesondere das am 1. 1. 2005 in Kraft getretene Gesetz zur Überarbeitung des Lebenspartnerschaftsrechts (BGBl. I 2004, S. 3396) sowie die Reform des Erb- und Verjährungsrechts zum 1. 1. 2010 (BGBl. I 2009, S. 3142). Aus der Rechtsprechung hat insbesondere der viel beachtete „Hohenzollern-Beschluss" des Bundesverfassungsgerichts vom 22. 3. 2004 zur Sittenwidrigkeit von Ebenbürtigkeitsklauseln in Hausgesetzen von Adelshäusern in Fall 4 Berücksichtigung gefunden.

Die Fallsammlung wurde von Andreas Heldrich begründet. Sie wird nunmehr von mir fortgeführt. Bei der Vorbereitung der Neuauflage wurde ich von Mitarbeiterinnen und Mitarbeitern meines Lehrstuhls tatkräftig unterstützt, denen ich dafür herzlich danke. Für die kritische Durchsicht des Manuskripts bin ich vor allem Frau Johanna Stark sowie Herrn Markus Pflieger zu großem Dank verpflichtet. Den Korrekturprozess begleitete gewohnt zuverlässig und umsichtig meine Sekretärin, Frau Marina Javid-Mamasani. Das Buch gibt den Rechtsstand zum 1. 9. 2010 wieder. Über Anregungen und Kritik an marina.javid@jura.uni-muenchen.de freue ich mich.

München, im Oktober 2010   *Horst Eidenmüller*

Inhaltsverzeichnis

Vorwort	V
Literaturverzeichnis	IX
Abkürzungsverzeichnis	XI

Fall 1. *Persönlichkeitsschutz Verstorbener*
Vorbeugende Unterlassungsklage – Aktivlegitimation – Güter- und Interessenabwägung – Schmerzensgeldanspruch 1

Fall 2. *Vererbung von Gesellschaftsanteilen*
Testamentsform – gesetzliche Erbfolge – Nachfolge in die Gesellschafterstellung bei der OHG – Eintrittsklausel – einfache Nachfolgeklausel – qualifizierte Nachfolgeklausel 13

Fall 3. *Haftung für Nachlassverbindlichkeiten*
Eintritt des Erben in Rechts- und Haftungslagen – Rechtsstellung des vorläufigen Erben – Beschränkung der Erbenhaftung 25

Fall 4. *Sittenwidrigkeit einer Verfügung von Todes wegen*
Auslegung von Verfügungen von Todes wegen – Erbeinsetzung unter auflösender Bedingung – Sittenwidrigkeit von Rechtsgeschäften – mittelbare Drittwirkung der Grundrechte 31

Fall 5. *Höchstpersönlichkeit der Testamentserrichtung*
Stellvertretungsverbot – Drittbestimmungsverbot – Einsetzung des „am besten Geeigneten" 43

Fall 6. *Wirksamkeit und Inhalt eines eigenhändigen Testaments*
Voraussetzungen der Erteilung eines Erbscheins – Testamentsauslegung – Widerruf durch späteres Testament – Formerfordernisse des eigenhändigen Testaments – Teilunwirksamkeit letztwilliger Verfügungen 48

Fall 7. *Auflage, ergänzende Testamentsauslegung und Anfechtung*
Erbschaftsanspruch – Unwirksamkeit einer Auflage – Anfechtung letztwilliger Verfügungen wegen Willensmängeln 55

Fall 8. *Erbschaftsanspruch*
Erbvertrag – Anfechtung – selbstverständliche Vorstellungen – Surrogation – Zurückbehaltungsrecht wegen Pflichtteils – Verwendungen – Nutzungen 61

Fall 9. *Widerruf eines privatschriftlichen Testaments*
Testamentsauslegung – Abgrenzung von Erbeinsetzung und Vermächtnisanordnung 73

Fall 10. *Widerruf des Widerrufs*
Rücknahme eines öffentlichen Testaments aus der amtlichen Verwahrung – Formerfordernisse des eigenhändigen Testaments – Anfechtung des Widerrufs wegen Willensmangels 78

Fall 11. *Gemeinschaftliches Testament*
Bindungswirkung wechselbezüglicher Verfügungen – gegenseitige Abhängigkeit wechselbezüglicher Verfügungen – Pflichtteil des überlebenden Ehegatten im Güterstand der Zugewinngemeinschaft 85

Fall 12. *Vertrag zugunsten Dritter auf den Todesfall*
Lebzeitige Verfügungsfreiheit des durch ein gemeinschaftliches Testament gebundenen Erblassers – beeinträchtigende Schenkungen 95

Fall 13. *Berliner Testament und Wiederverheiratungsklausel*
Grundbuchberichtigungsanspruch – Verfügungsbeschränkungen des Vorerben – Vermutungswirkung und öffentlicher Glaube von einander widersprechenden Erbscheinen 104

Fall 14. Abgrenzung von Teilungsanordnung und Vorausvermächtnis
Teilauseinandersetzung – Testamentsanfechtung – Bindungswirkung wechselbezüglicher Verfügungen im gemeinschaftlichen Testament 112

Fall 15. Pflichtteilsrecht
Pflichtteilsergänzung – ergänzungsfeste Schenkungen – Fristbeginn nach § 2324 Abs. 3 bei Belastung mit einem Nießbrauch 121

Paragrafenregister 133
Sachregister 137

Literaturverzeichnis

Bamberger/Roth/*Bearbeiter*	Bamberger/Roth, Kommentar zum Bürgerlichen Gesetzbuch, Band 3 (§§ 1297–2387, EGBGB), 2. Aufl. (2008).
Baumbach/Hopt, HGB	Baumbach/Hopt, Handelsgesetzbuch, 34. Aufl. (2010).
Brox/Walker	Brox/Walker, Erbrecht, 23. Aufl. (2009).
Erman/*Bearbeiter*	Erman, Handkommentar zum Bürgerlichen Gesetzbuch, 12. Aufl. (2008).
Esser/Weyers	Esser/Weyers, Schuldrecht, Band II: Besonderer Teil, Teilband 2: Gesetzliche Schuldverhältnisse, 8. Aufl. (2000).
Gernhuber/Coester-Waltjen	Gernhuber/Coester-Waltjen, Lehrbuch des Familienrechts, 5. Aufl. (2006).
Handkommentar BGB/*Bearbeiter*	Dörner/Ebert/Eckert/Hoeren/Kemper/Schulze/Staudinger, Bürgerliches Gesetzbuch, Handkommentar, 6. Aufl. (2009).
Harder	Harder, Grundzüge des Erbrechts, 5. Aufl. (2002).
Hopt	Hopt, Handels- und Gesellschaftsrecht, Band II: Gesellschaftsrecht, 4. Aufl. (1996).
John	John, Grundzüge des Erbrechts (1981).
Kipp/Coing	Enneccerus/Kipp/Wolff, Lehrbuch des Bürgerlichen Rechts, Band V, Erbrecht, 14. Bearb. von Coing (1990).
Lange/Kuchinke	Lange/Kuchinke, Lehrbuch des Erbrechts, 5. Aufl. (2001).
Larenz/Canaris, Schuldrecht II 2	Larenz/Canaris, Lehrbuch des Schuldrechts, Band II: Besonderer Teil, 2. Halbband, 13. Aufl. (1994).
Leipold	Leipold, Grundzüge des Erbrechts, 17. Aufl. (2009).
Looschelders, Schuldrecht AT	Looschelders, Schuldrecht Allgemeiner Teil, 7. Aufl. (2009).
Looschelders, Schuldrecht BT	Looschelders, Schuldrecht Besonderer Teil, 4. Aufl. (2010).
v. Lübtow	v. Lübtow, Erbrecht (1971).
Medicus/Petersen	Medicus/Petersen, Bürgerliches Recht, 22. Aufl. (2009).
MünchKomm/*Bearbeiter*	Münchener Kommentar zum Bürgerlichen Gesetzbuch, 5. Aufl. (2006 ff.).
Palandt/*Bearbeiter*	Palandt, Bürgerliches Gesetzbuch, 69. Aufl. (2010).
Reimann/Bengel/Mayer/*Bearbeiter*	Reimann/Bengel/Mayer, Testament und Erbvertrag, 5. Aufl. (2006).
Schlüter	Schlüter, Erbrecht, 16. Aufl. (2007).
K. Schmidt, Gesellschaftsrecht	K. Schmidt, Gesellschaftsrecht, 4. Aufl. (2002).
Soergel/*Bearbeiter*	Bürgerliches Gesetzbuch, Kommentar, begründet von H.T. Soergel, 13. Aufl. (2000 ff.).
Staudinger/*Bearbeiter* ..	J. v. Staudingers Kommentar zum Bürgerlichen Gesetzbuch, Band §§ 328-359 (Bearb. 2004); Band §§ 779-811 (Bearb. 2009); Band §§ 823-825 (Bearb. 2009); Band §§ 985-1011 (Bearb. 2006); Band §§ 1297-1362 (Bearb. 2007); Band §§ 1922-1966 (Bearb 2008); Band §§ 1967-2063 (Bearb. 2002);

	Band §§ 2064-2196 (Bearb. 2003);
	Band §§ 2197-2264 (Bearb. 2003);
	Band §§ 2265-2338a (Bearb. 2006);
	Band §§ 2339-2385 (Bearb. 2004).
Windbichler	Windbichler, Gesellschaftsrecht, begr. von A. Hueck, 22. Aufl. (2009).

Abkürzungsverzeichnis

AcP	Archiv für die civilistische Praxis
AfP	Archiv für Presserecht
BayObLGZ	Entscheidungen des Bayerischen Obersten Landesgerichts in Zivilsachen, Amtliche Sammlung
BB	Der Betriebsberater
BeurkG	Beurkundungsgesetz
BewG	Bewertungsgesetz
BGB	Bürgerliches Gesetzbuch
BGBl.	Bundesgesetzblatt
BGHZ	Entscheidungen des Bundesgerichtshofes in Zivilsachen, Amtliche Sammlung
BStBl.	Bundessteuerblatt
BVerfGE	Entscheidungen des Bundesverfassungsgerichts, Amtliche Sammlung
BWNotZ	Zeitschrift für das Notariat in Baden-Württemberg
DB	Der Betrieb
DFG	Deutsche Freiwillige Gerichtsbarkeit
DNotZ	Deutsche Notar-Zeitschrift
DR	Deutsches Recht
EGBGB	Einführungsgesetz zum Bürgerlichen Gesetzbuche
FamRZ	Zeitschrift für das gesamte Familienrecht
Fn.	Fußnote
GBO	Grundbuchordnung
GG	Grundgesetz
GRUR	Gewerblicher Rechtsschutz und Urheberrecht
HGB	Handelsgesetzbuch
HRR	Höchstrichterliche Rechtsprechung
InsO	Insolvenzordnung
JA	Juristische Arbeitsblätter
JFG	Jahrbuch für Entscheidungen in Angelegenheiten der Freiwilligen Gerichtsbarkeit und des Grundbuchrechts
JR	Juristische Rundschau
Jura	Juristische Ausbildung
JuS	Juristische Schulung
JW	Juristische Wochenschrift
JZ	Juristenzeitung
KG	Kammergericht
KunstUrhG	Gesetz betreffend das Urheberrecht an Werken der bildenden Künste und der Photographie (Kunsturhebergesetz)
LM	Lindenmaier/Möhring, Nachschlagewerk des Bundesgerichtshofes in Zivilsachen
LPartG	Gesetz über die Eingetragene Lebenspartnerschaft
MarkenG	Gesetz über den Schutz von Marken und sonstigen Kennzeichen
MDR	Monatsschrift für Deutsches Recht
Mot.	Motive zum BGB
NJW	Neue Juristische Wochenschrift
NJW-RR	NJW Rechtsprechungsreport Zivilrecht
OGHZ	Entscheidungen des Obersten Gerichtshofes für die Britische Zone in Zivilsachen, Amtliche Sammlung
OLGR	Die Rechtsprechung der Oberlandesgerichte auf dem Gebiete des Zivilrechts

OLGZ	Entscheidungen der Oberlandesgerichte in Zivilsachen einschließlich der freiwilligen Gerichtsbarkeit
PatG	Patentgesetz
Prot.	Protokolle der Kommission für die 2. Lesung des Entwurfs des Bürgerlichen Gesetzbuches
RdA	Recht der Arbeit
Recht	Das Recht
RGBl.	Reichsgesetzblatt
RGZ	Entscheidungen des Reichsgerichts in Zivilsachen, Amtliche Sammlung
RPfleger	Der Deutsche Rechtspfleger
RPflG	Rechtspflegergesetz
StGB	Strafgesetzbuch
StVG	Straßenverkehrsgesetz
UrhG	Gesetz über Urheberrechte und verwandte Schutzrechte
VerschG	Verschollenheitsgesetz
VersR	Versicherungsrecht
Warn	Jahrbuch der Entscheidungen zum bürgerlichen Gesetzbuch und den Nebengesetzen, begr. von Warneyer
WM	Wertpapiermitteilungen
WRP	Wettbewerb in Recht und Praxis
ZEV	Zeitschrift für Erbrecht und Vermögensnachfolge
ZGR	Zeitschrift für Unternehmens- und Gesellschaftsrecht
ZPO	Zivilprozessordnung
ZZP	Zeitschrift für Zivilprozess

§§ ohne Gesetzesangabe sind solche des BGB.

Fall 1. Persönlichkeitsschutz Verstorbener

Vorbeugende Unterlassungsklage – Aktivlegitimation – Güter- und Interessenabwägung – Schmerzensgeldanspruch

Sachverhalt

Der Schriftsteller *Klaus Mann*, der Deutschland im Jahre 1933 aus politischer Überzeugung verlassen hatte, veröffentlichte 1936 in Amsterdam in deutscher Sprache das Buch „Mephisto – Roman einer Karriere". Darin wird der Aufstieg eines talentierten Schauspielers aus kleinbürgerlichem Milieu namens *Hendrik Höfgen* geschildert, der als ehrgeiziger, rücksichtsloser Opportunist mit perversen sexuellen Neigungen und als zynischer Mitläufer der nationalsozialistischen Bewegung dargestellt wird. Wesentliche Einzelheiten des Erscheinungsbildes und des äußeren Lebenslaufes – so die Beschreibung von Figur, Gesicht und Kleidung, die Reihenfolge der Theaterstücke, in denen dieser Schauspieler mitwirkt, die darin übernommenen Rollen (vor allem die des Mephisto) und die angegebenen Bühnen, endlich auch die Ernennung zum Generalintendanten der preußischen Staatstheater – entsprechen der Gestalt des Schauspielers und Regisseurs *Gustav Gründgens* (G). Auch Personen aus seiner Umgebung sind in dem Roman unschwer wiederzuerkennen. In die autobiographisch ziemlich exakte Schilderung von *Gründgens'* Werdegang im „Dritten Reich" hat der Verfasser aber auch zahlreiche frei erfundene Episoden eingestreut, z.B. den engen Umgang mit den damaligen Machthabern oder masochistische Beziehungen zu einer schwarzen Tänzerin. Da auf *Gründgens* wesentliche negative Charakterzüge und Verhaltensweisen nicht zutreffen, die in dem Schlüsselroman der Person von *Höfgen* angedichtet werden, vermittelt das Buch dem Leser ein verzerrtes Bild der porträtierten Persönlichkeit.

Klaus Mann war in den 20er Jahren mit *Gründgens* befreundet, der auch kurze Zeit mit seiner Schwester *Erika Mann* verheiratet war. Das negative Bild, das er von *Gründgens* entwarf, ist anscheinend auf eine persönliche Verbitterung über den ehemaligen Freund zurückzuführen. *Klaus Mann* beging 1949 Selbstmord.

Der Mephisto-Roman erschien im Jahre 1956 erneut im Aufbau-Verlag im damaligen Ost-Berlin und trug auf der letzten Seite den Vermerk: „Alle Personen dieses Buches stellen Typen dar, nicht Portraits. K.M." Im Namen von *Gründgens* hatte sein Adoptivsohn (A) der Herausgabe des Buches bereits im Jahre 1957 vergeblich widersprochen. Im August 1963 kündigte ein Verleger (V) in der Bundesrepublik gleichfalls die Veröffentlichung des Buches an. Nach dem Tod von Gründgens am 7. Oktober 1963 verlangte sein Adoptivsohn und Alleinerbe, dass die Veröffentlichung unterbleibe.

Fragen:
1. Hat A einen Unterlassungsanspruch?
2. Könnte der Adoptivsohn, falls der Roman bereits erschienen wäre, die Einziehung der noch nicht verkauften Auflage und die Einstampfung der im Verlag befindlichen Exemplare verlangen?
3. Steht ihm ein Anspruch auf Schmerzensgeld wegen der Verfälschung des Persönlichkeitsbildes von *Gründgens* zu?
4. Ändert sich die Rechtslage im Laufe der Zeit?

Ausgangsfälle:

BGH 20. 3. 1968 (I ZR 44/66) BGHZ 50, 133 – Mephisto;

BVerfG 24. 2. 1971 (1 BvR 435/68) BVerfGE 30, 173 – Mephisto;

BGH 1. 12. 1999 (I ZR 49/97) BGHZ 143, 214 – Marlene Dietrich;

BVerfG 22. 6. 2006 (1 BvR 1168/04) NJW 2006, 3409 – Marlene Dietrich;

BGH 5. 10. 2006 (I ZR 277/03) BGHZ 169, 193 – Klaus Kinski.

Lösung

Frage 1: Das Verlangen nach einer Unterlassung der Veröffentlichung

Der von A erhobene Anspruch könnte seine Grundlage in dem von Rechtsprechung und Rechtswissenschaft entwickelten Rechtsinstitut der sog. vorbeugenden Unterlassungsklage finden.

I. Vorbeugender Unterlassungsanspruch

Das BGB normiert in einer Reihe von Vorschriften zum Schutze verschiedener absoluter Rechte einen Unterlassungsanspruch, um zukünftigen Beeinträchtigungen dieser Rechte vorzubeugen (vgl. §§ 12, 1004 Abs. 1, 1027, 1065, 1090 Abs. 2, 1134 Abs. 1, 1192 Abs. 1, 1227). Eine entsprechende Regelung wird in § 862 Abs. 1 zur Sicherung des Besitzes getroffen. Auch in anderen privatrechtlichen Gesetzen werden Unterlassungsansprüche gegen den Missbrauch von Firma, Marken oder geschäftlichen Bezeichnungen (vgl. §§ 37 Abs. 2 HGB, 14 Abs. 5, 15 Abs. 4 MarkenG) sowie gegen Beeinträchtigungen des Patent- und Urheberrechts (vgl. §§ 139 Abs. 1 PatG, 97 Abs. 1 UrhG) gewährt. Den verschiedenen Einzelvorschriften ist im Wege der **Rechtsanalogie** der allgemeine Grundsatz zu entnehmen, dass jeder auch nur objektiv rechtswidrige Eingriff in ein absolutes Recht (actio negatoria) oder ein vom Gesetz geschütztes Rechtsgut (actio quasi negatoria) einen Anspruch auf Unterlassung weiterer Eingriffe begründet, falls solche zu besorgen sind.[1] Eine schuldhafte Beeinträchtigung des betroffenen Rechts oder Rechtsguts ist dabei nicht erforderlich.[2]

Nach dem Wortlaut der gesetzlichen Bestimmungen, die einen Unterlassungsanspruch gewähren, setzt ein solches Verlangen voraus, dass bereits eine rechtswidrige Einwirkung **erfolgt** ist. Die Rechtsprechung hat jedoch an diesem Erfordernis nicht festgehalten, sondern den – negatorischen oder quasinegatorischen – Unterlassungsanspruch verschiedentlich schon dann anerkannt, „wenn Tatsachen vorliegen, welche die Vorbereitung und die Absicht eines solchen Eingriffs mit Sicherheit erkennen lassen".[3] Der Inhaber der betroffenen Rechtsposition braucht also eine Beeinträchtigung

---

[1] Aus der Rechtsprechung vgl. z.B. RGZ 116, 151 (153); BGHZ 27, 284 (289); BGHZ 84, 237 (238). Aus der Literatur vgl. z.B. *Larenz/Canaris*, Schuldrecht II 2, § 86 I; *Medicus/Petersen*, Rn. 440, 628; *Looschelders*, Schuldrecht BT, Rn. 1428.

[2] Nach h.M. ist aber für negatorische ebenso wie für quasinegatorische Unterlassungsansprüche die objektive Rechtswidrigkeit des Eingriffs zu verlangen: BGHZ 3, 270 (275); BGHZ 30, 7 (14) – Caterina Valente; BGHZ 37, 187 (189); Palandt/*Thomas*, Einf. vor § 823 Rn. 19; *Larenz/Canaris*, Schuldrecht II 2, § 86 I; a.M. *Münzberg*, JZ 1967, 689 (690 f.).

[3] RGZ 101, 135 (138); vgl. ferner BGHZ 2, 394 (395 f.); *BGH* NJW 1957, 1762 (1763); *BGH* LM Nr. 27 Bl. 2 zu § 1004.

nicht erst abzuwarten. Ein Unterlassungsanspruch steht ihm auch gegenüber einem drohenden **erstmaligen** Eingriff zu.

II. Verletzung des allgemeinen Persönlichkeitsrechts

Im vorliegenden Fall kommt ein negatorischer Unterlassungsanspruch gegen eine drohende Verletzung des allgemeinen Persönlichkeitsrechts in Betracht, das heute in ständiger Rechtsprechung – der sich die herrschende Meinung des Schrifttums angeschlossen hat – als absolutes subjektives Recht anerkannt wird.[4] Die beabsichtigte Veröffentlichung des Mephisto-Romans droht das Persönlichkeitsbild des G zu beeinträchtigen. Dass eine verzerrte Darstellung des Charakters und Verhaltens einer Person eine Verletzung ihres allgemeinen Persönlichkeitsrechts darstellen kann, ist von der Rechtsprechung verschiedentlich anerkannt worden.[5] Die Problematik des hier zu erörternden Falles liegt nun darin, dass das Unterlassungsbegehren zu einem Zeitpunkt erfolgt, zu dem der Träger des betroffenen Persönlichkeitsrechts G bereits verstorben ist. Damit wird die Frage berührt, ob und in welchem Umfang ein Persönlichkeitsschutz Verstorbener rechtlich gewährleistet ist.

1. Vererbung des allgemeinen Persönlichkeitsrechts an A

A könnte als Alleinerbe von G geltend machen, dass dessen allgemeines Persönlichkeitsrecht kraft **Erbgangs** auf ihn übergegangen sei. Das allgemeine Persönlichkeitsrecht ist aber nach einhelliger Meinung unvererblich, soweit es dem Schutz ideeller Interessen dient.[6] Dies hat seinen Grund zum einen darin, dass das Erbrecht die privatrechtliche Nachfolge in die **Vermögens**rechte und -pflichten betrifft (vgl. §§ 1922 Abs. 1, 1967). Sieht man von der Mischform der sog. Immaterialgüterrechte (z.B. Urheberrechte, Patente, Marken) ab, so gehören die ideellen Rechtsgüter eines Verstorbenen grundsätzlich nicht zu seinem der Beerbung unterworfenen Nachlass. Schon der fehlende Vermögenscharakter verbietet also die Annahme einer Vererblichkeit des allgemeinen Persönlichkeitsrechts, soweit dieses dem Schutz ideeller Interessen dient. Zum anderen ist das Persönlichkeitsrecht insoweit nach seinem Wesen aber auch **höchstpersönlicher** Natur, d.h. unlösbar an die Person seines Trägers gebunden, deren Individual-, Privat- und Intimsphäre es zu schützen bestimmt ist. Im Übrigen erscheint es fraglich, ob sich auf erbrechtlichem Wege ein wirksamer Schutz der Persönlichkeit Verstorbener überhaupt erzielen lässt. Nicht selten werden sich nämlich die sprichwörtlichen „lachenden" Erben damit begnügen, den materiellen Ertrag der Erbschaft einzuheimsen, ohne sich besonderes Kopfzerbrechen über die ideellen Belange des Erblassers zu machen.

Indes schließt die Charakterisierung des allgemeinen Persönlichkeitsrechts als Recht, das vor allem ideelle Interessen des Einzelnen schützen soll, nicht aus, dass das Recht daneben auch vermögenswerte Interessen umfasst, die vererblich sein könnten.[7] Dem Bild und dem Namen prominenter Personen wie Sportlern, Schauspielern und sons-

---

[4] Seit BGHZ 13, 334 (338) – Leserbriefe; Überblick bei MünchKomm/*Rixecker*, Anh. § 12 Rn. 1 ff. u. *Schwerdtner*, JuS 1978, 289 ff.; krit. z. Persönlichkeitsrecht *Medicus/Petersen*, Rn. 615. Zum negatorischen Unterlassungsanspruch bei Verletzungen des allgemeinen Persönlichkeitsrechts vgl. BGHZ 27, 284 (289); *Larenz/Canaris*, Schuldrecht II 2, § 88.
[5] Vgl. etwa BGHZ 39, 124 (128 f.) – Fernsehansagerin. Siehe ferner BGHZ 31, 308 (318) – Burschenschaft; BGHZ 128, 1 (10 ff.) – Caroline von Monaco.
[6] Vgl. nur MünchKomm/*Leipold*, § 1922 Rn. 98; Staudinger/*Marotzke*, § 1922 Rn. 131.
[7] S. dazu BGHZ 143, 214 (219) – Marlene Dietrich, bestätigt durch *BVerfG* NJW 2006, 3409 (3410).

tigen Künstlern kann ein erheblicher wirtschaftlicher Wert zukommen, wie sich an der Höhe von Honoraren erweist, die dieser Personenkreis mit der Erlaubnis erzielen kann, den eigenen Namen oder das eigene Bild zu Werbezwecken einzusetzen. Aufgrund der Rechtsentwicklung der vergangenen Jahrzehnte sind verschiedene Aspekte des Persönlichkeitsrechts – u.a. gefördert durch verbesserte technische Möglichkeiten der Aufnahme und Wiedergabe etwa von Bild und Stimme einer Person – zunehmend kommerzialisierbar geworden, und sie wurden auch tatsächlich kommerzialisiert. Werbung spielt eine immer größere Rolle beim Absatz von Produkten und Dienstleistungen. Um die Aneignung der vermögenswerten Aspekte des Persönlichkeitsrechts durch Nichtberechtigte zu verhindern, ist auch nach dem Tod des Rechtsträgers ein wirksamer Schutz erforderlich. Dieser kann aber nur dadurch erfolgen, dass der Erbe gegen eine unbefugte Nutzung etwa des Bildes des Verstorbenen vorgehen kann.[8] Diese vermögenswerten Bestandteile des Persönlichkeitsrechts sind unter Lebenden zwar nicht veräußerlich. Anders als bei den ideellen Bestandteilen des Persönlichkeitsrechts hat der BGH jedoch insbesondere aus diesen Präventionsgründen zu Recht ihre Vererblichkeit anerkannt.[9]

Ob der A hier geltend machen kann, dass das allgemeine Persönlichkeitsrecht des G kraft Erbgangs auf ihn übergegangen sei, hängt demzufolge davon ab, ob im vorliegenden Fall ein unvererbliches ideelles oder ein vererbliches kommerzielles Interesse des G betroffen ist. Durch die Entstellung des Persönlichkeitsbildes des G macht sich M nicht einen vermögenswerten Bestandteil des Persönlichkeitsrechts des G zunutze oder eignet sich dessen Vermögenswert an. G selbst würde nämlich durch die Entstellung seines eigenen Persönlichkeitsbildes keinen Gewinn erzielen können. Vielmehr ist insoweit nur sein ideeller Achtungsanspruch betroffen. Damit ist das hier betroffene Interesse des Persönlichkeitsrechts des G nicht vererblich.

2. Vererbung eines bestehenden Unterlassungsanspruchs

Die Beeinträchtigung des Persönlichkeitsrechts des G drohte allerdings schon zu dessen Lebzeiten. G hätte also – vorausgesetzt, das Verhalten des V begründet überhaupt einen Unterlassungsanspruch – selbst bereits Unterlassung verlangen können. Der schon entstandene negatorische **Unterlassungsanspruch** des G könnte also gem. § 1922 Abs. 1 auf A als den **Alleinerben** übergegangen sein. Indessen ist dieser aus dem allgemeinen Persönlichkeitsrecht fließende Abwehranspruch ebenso wenig vererblich wie das „Stammrecht", soweit dieses dem Schutz ideeller Interessen dient. Zweifelhaft ist nämlich bereits, ob die sog. vorbeugende Unterlassungsklage überhaupt eine materiell-rechtliche Komponente besitzt oder ob sie ein „rein prozessuales Rechtsinstitut" darstellt,[10] dessen Besonderheit nicht zuletzt darin besteht, dass ihm ein materiell-rechtlicher Anspruch auf Unterlassung nicht notwendig zugrunde liegt.[11] Bejaht man mit der h.M. einen mit der Unterlassungsklage verfolgten materiellen Anspruch auf Unterlassung, so handelt es sich dabei – jedenfalls im vorliegenden Fall – doch nicht um einen vermögensrechtlichen Anspruch, der vererbt werden

---

[8] S. dazu BGHZ 143, 214 (223) – Marlene Dietrich, bestätigt durch *BVerfG* NJW 2006, 3409 (3410).

[9] S. dazu *BVerfG* NJW 2006, 3409 (3410); BGHZ 143, 214 (223 ff.) – Marlene Dietrich m. ausführl. Begründung; BGHZ 169, 193 (195) – Klaus Kinski.

[10] Für ersteres die h.M., vgl. Palandt/*Bassenge*, § 1004 Rn. 31; Staudinger/*Gursky*, §1004 Rn. 212 m.w.N.; *Larenz/Canaris*, Schuldrecht II 2, § 87 I 2; ausführlich *Henckel*, AcP 174 (1974), 97 (120 ff.).

[11] So z.B. *Esser/Weyers*, Schuldrecht II 2, § 62 IV.

könnte. Der Unterlassungsanspruch dient der Abwehr zukünftiger Beeinträchtigungen der geschützten Rechtsposition. Die Verletzung ideeller Aspekte des allgemeinen Persönlichkeitsrechts, der hier vorgebeugt werden soll, ist aber als solche rein immaterieller Art. Damit muss auch dem auf die Verhütung dieses Eingriffs gerichteten Abwehranspruch der Vermögenscharakter abgesprochen werden.

Allerdings gewährt die neuere Rechtsprechung bei bereits erfolgten schwerwiegenden Verletzungen des allgemeinen Persönlichkeitsrechts einen Geldersatzanspruch auch für die erlittene ideelle Einbuße, soweit Naturalrestitution nach § 249 Abs. 1 (wie etwa ein Widerruf ehrverletzender Äußerungen) nicht ausreicht oder ganz unmöglich ist.[12] Mit dieser auf die Wertentscheidung des Grundgesetzes in Art. 1 Abs. 1 und 2 Abs. 1 gestützten Judikatur wird aber der immaterielle (d.h. nicht vermögensmäßige) Charakter der jeweiligen Beeinträchtigung nicht in Frage gestellt. Es handelt sich der Sache nach vielmehr um eine Zubilligung von Geldentschädigung für ideelle Schäden, die über die in § 253 Abs. 2 enumerativ aufgezählten Fälle hinausgeht.

III. Das grundrechtliche Gebot postmortalen Persönlichkeitsschutzes

Auf erbrechtlichem Weg lässt sich ein postmortaler Persönlichkeitsschutz des G somit nicht begründen. Die Gewährleistung eines solchen Schutzes ist aber die unabweisbare Konsequenz des verfassungsverbürgten Gebots der Unverletzlichkeit der Menschenwürde (Art. 1 Abs. 1 GG). Zwar ist die Fortwirkung eines auf Art. 2 Abs. 1 GG gestützten Persönlichkeitsrechts nach dem Tode zu verneinen, weil Träger dieses Grundrechts nur die lebende Person ist.[13] Das Grundrecht der allgemeinen Handlungsfreiheit setzt die Existenz einer handlungsfähigen Person unabdingbar voraus. Das ändert jedoch nichts daran, dass die freie Entfaltung zu Lebzeiten auch durch die Erwartung eines zureichenden postmortalen Persönlichkeitsschutzes gewährleistet wird.[14] Grundlage eines solchen Persönlichkeitsschutzes nach dem Tode ist Art. 1 Abs. 1 GG; geschützt ist in diesem Rahmen neben dem allgemeinen Achtungsanspruch „der sittliche, personale und soziale Geltungswert, den die Person durch ihre eigene Lebensleistung erworben hat".[15] Es wäre mit dem verfassungsverbürgten Gebot der Unverletzlichkeit der Menschenwürde unvereinbar, „wenn der Mensch, dem Würde kraft seines Personseins zukommt, [...] nach seinem Tode herabgewürdigt oder erniedrigt werden dürfte".[16]

Die Einsicht, dass ein Schutz vor Entstellungen des Lebensbildes eines Verstorbenen verfassungsrechtlich geboten ist, besagt jedoch nichts über die rechtstechnische Form, in der die Rechtsordnung diese Aufgabe zu lösen hat.

1. Eigene Persönlichkeitsrechte der Angehörigen

Naheliegend, aber im Ergebnis nicht befriedigend ist der Lösungsvorschlag, den Schutz der ideellen Persönlichkeitsgüter eines Toten über die Persönlichkeitsrechte der hinterbliebenen Angehörigen zu realisieren.[17] Zwar erübrigen sich – folgt man die-

---

[12] BGHZ 26, 349 ff. – Herrenreiter; BGHZ 35, 363 (367) – Ginseng-Wurzel; BGHZ 39, 124 (130 ff.) – Fernsehansagerin; BGHZ 95, 212 (214 f.) – Nachtigall; BGHZ 128, 1 (15); *BGH NJW* 2005, 212 – Caroline von Monaco; *BGH NJW* 2006, 605 (608); BGHZ 169, 193 (195) – Klaus Kinski.
[13] BVerfGE 30, 173 (194).
[14] So BGHZ 50, 133 (138 f.); *Heldrich*, FS Heinrich Lange, 1970, S. 167.
[15] *BVerfG* NJW 2006, 3409 – Marlene Dietrich; *BVerfG* NVwZ 2008, 549 (550) – Ehrensache.
[16] BVerfGE 30, 173 (194).
[17] So Soergel/*Stein*, § 1922 Rn. 23 und nachdrücklich *Stein*, FamRZ 1986, 7 (8 f.); ausführlich *H. P. Westermann*, FamRZ 1969, 561 (566 ff.).

sem Weg – verschiedene dogmatische Einordnungsprobleme, da die rechtliche Reaktion allein an die Rechtsposition der noch lebenden Angehörigen geknüpft werden kann. Indessen ist zweifelhaft, ob über das Recht der Angehörigen auf Respektierung ihrer emotionalen und sozialen Beziehungen zu dem Toten ein vollwertiger Persönlichkeitsschutz des Verstorbenen erzielt werden kann.[18] Ein Angriff auf die Persönlichkeitssphäre des **Verstorbenen** stellt nicht notwendig zugleich eine Verletzung des Persönlichkeitsrechts der Angehörigen dar.[19] Das Interesse des Toten braucht sich mit dem seiner Hinterbliebenen zudem nicht unbedingt zu decken: Wird von dem christlich-demokratischen Politiker fälschlich behauptet, er sei Zeit seines Lebens ein verkappter Kommunist gewesen, so dürfte dies den einzigen Sohn, der überzeugter Anhänger des demokratischen Sozialismus ist, kaum treffen.[20] Denkbar ist sogar, dass das Persönlichkeitsbild des Verstorbenen gerade von seinen Angehörigen verfälscht wird.[21] In jedem Fall ließe sich außerdem die Berechtigung eines vom Verstorbenen zu Lebzeiten Ermächtigten, dessen Persönlichkeitsinteressen nach dem Tode zu verteidigen, bei der Ableitung des Persönlichkeitsschutzes aus dem eigenen Persönlichkeitsrecht der Hinterbliebenen schwer begründen.[22] Aus diesen Gründen empfiehlt es sich, zwischen dem Persönlichkeitsschutz eines Verstorbenen und der Verletzung des allgemeinen Persönlichkeitsrechts seiner Hinterbliebenen zu unterscheiden.

2. Postmortale Teilrechtsfähigkeit

Die Annahme einer auf das allgemeine Persönlichkeitsrecht beschränkten postmortalen Teilrechtsfähigkeit vermag ebenfalls nicht zu befriedigen.[23] Zwar wird eine pränatale Teilrechtsfähigkeit zum Schutz der Leibesfrucht in der Literatur verschiedentlich vorgeschlagen.[24] Sie lässt sich für diesen Bereich mit der Erwägung begründen, dass es sich um eine rechtlich zu sichernde Durchgangsphase des werdenden Menschen handelt, der in der Entwicklung zur vollen Rechtsfähigkeit hin begriffen ist. Die Annahme einer beschränkten Rechtsfähigkeit Verstorbener wäre demgegenüber eine bloße Mystifikation des unleugbaren Tatbestands, dass mit seinem Tode dieser Mensch als selbständiger Bezugspunkt von Rechten und Pflichten wegfällt.[25] Auch die Anerkennung einer allgemeinen Rechtssubjektivität, die über das Ende der Rechtsfähigkeit hinausreichen soll,[26] läuft im Ergebnis auf die Konstruktion einer postmortalen Teilrechtsfähigkeit hinaus, die mangels eines Zuordnungssubjekts abzulehnen ist.[27]

3. Persönlichkeitsrecht als subjektloses Recht

Der BGH scheint sich im Falle *Cosima Wagner* ursprünglich dafür ausgesprochen zu haben, dass das allgemeine Persönlichkeitsrecht nach dem Tod seines Trägers als subjektloses Recht weiterexistiert, an dessen Verletzung deliktsrechtliche Ansprüche geknüpft

---

[18] Für ein „Recht auf ungestörte Trauer" daher *OLG Jena* NJW-RR 2005, 1566; vgl. hierzu allg. Soergel/*Stein*, § 1922 Rn. 26 und *Stein*, FamRZ 1986, 7 (9) zu *OLG Hamburg* AfP 1983, 466.
[19] Vgl. *BGH* GRUR 1974, 794 (795) – Todesgift; *BGH* GRUR 1974, 797 (800) – Fiete Schulze; *Brox/Walker*, Rn. 13.
[20] Beispiel nach *Lange/Kuchinke*, § 5 III 5a Fn. 121.
[21] Vgl. *Koebel*, NJW 1958, 936 (938), der auf den Fall Elisabeth Förster-Nietzsche hinweist.
[22] MünchKomm/*Leipold*, § 1922 Rn. 100; *Heldrich*, FS Heinrich Lange, 1970, S. 171.
[23] So MünchKomm/*Schmitt*, § 1 Rn. 55.
[24] Vgl. MünchKomm/*Schmitt*, § 1 Rn. 31; offengelassen von BGHZ 58, 48 (50).
[25] *H.P. Westermann*, FamRZ 1969, 561 (563).
[26] So *Buschmann*, NJW 1970, 2081 (2087).
[27] Vgl. Staudinger/*Hager*, 13. Bearb. 1999, § 823 Rn. C 39; abl. zur postmortalen Teilrechtsfähigkeit auch MünchKomm/*Rixecker*, Anh. § 12 Rn. 33 und Soergel/*Stein*, § 1922 Rn. 24.

werden können.²⁸ Auch diese Lösung erscheint vom dogmatischen Standpunkt aus nicht glücklich. Die Figur des subjektlosen Rechtes ist bisher dazu verwandt worden, Rechtspositionen, die vorübergehend ohne Inhaber sind, im Interesse des künftigen Rechtsträgers eine gesicherte Existenz zu verschaffen.²⁹ Das Persönlichkeitsrecht eines Verstorbenen wird aber seiner Natur nach mit Sicherheit niemals einen neuen Träger finden.

4. Schutz des Persönlichkeitsrechts als allgemeine Rechtspflicht

Vorzugswürdig erscheint daher ein anderer Weg, auf den der BGH in der Mephisto-Entscheidung aufmerksam gemacht hat: „Die Rechtsordnung kann Gebote und Verbote für das Verhalten der Rechtsgenossen zum Schutz verletzungsfähiger Rechtsgüter auch unabhängig vom Vorhandensein eines lebenden Rechtssubjektes vorsehen und namentlich Unterlassungsansprüche der in Rede stehenden Art durch jemanden wahrnehmen lassen, der nicht selbst Subjekt eines entsprechenden Rechts ist, wenn der ursprüngliche Träger dieses Rechts durch den Tod die Rechtsfähigkeit verloren hat."³⁰ Die Respektierung des Persönlichkeitsbildes Verstorbener stellt sich danach für die weiterlebenden Mitbürger als Ausfluss einer allgemeinen Rechtspflicht dar, die von der Rechtsordnung ohne korrespondierende individuelle Berechtigung eines einzelnen Rechtssubjekts statuiert wird. Eine positivrechtliche Konkretisierung hat diese Pflicht u.a. in den §§ 168 und 189 StGB erfahren, soweit man in diesen Bestimmungen eine Nachwirkung des Schutzes der Persönlichkeit erblickt, „die in der postmortalen Respektierung der menschlichen und sozialen Leistungen des Verstorbenen ihren Ausdruck findet".³¹ Eine Verletzung dieser Rechtspflicht beinhaltet einen Verstoß gegen ein Schutzgesetz i.S. des § 823 Abs. 2, das von der höchstrichterlichen Judikatur durch eine Präzisierung des nach Art. 1 Abs. 1 GG gebotenen Persönlichkeitsschutzes entwickelt worden ist.³² Die Qualifizierung der Rechtspflicht zur Achtung des Persönlichkeitsbildes Verstorbener gem. Art. 1 Abs. 1 GG als Schutzgesetz i.S. des § 823 Abs. 2 erübrigt die Annahme eines subjektlosen Persönlichkeitsrechts, an dessen drohende Verletzung ein negatorischer Unterlassungsanspruch geknüpft werden kann. Gegenüber § 823 Abs. 1 wird der zivilrechtliche Güterschutz durch § 823 Abs. 2 gerade in der Hinsicht erweitert, dass die Verletzung eines subjektiven Rechts nicht zur Voraussetzung des Normverstoßes erhoben wird. Dass der Verstorbene als der durch das Schutzgesetz Begünstigte nicht mehr am Rechtsverkehr teilnimmt,³³ schließt

---

²⁸ So deutlich BGHZ 15, 249 (259): „Das Persönlichkeitsrecht wirkt über den Tod des ursprünglichen Rechtsträgers fort . . . denn die schutzwürdigen Werte der Persönlichkeit überdauern die Rechtsfähigkeit ihres Subjekts, die mit dessen Tode erlischt." Für eine entsprechende Deutung der Mephisto-Entscheidung BGHZ 50, 133 vgl. die Nachweise bei Staudinger/*Hager*, 13. Bearb. 1999, § 823 Rn. C 38. Dazu sogleich im Text bei Fn. 33.
²⁹ Vgl. dazu *Heldrich*, FS Heinrich Lange, 1970, S. 168; *Schwerdtner*, Das Persönlichkeitsrecht in der deutschen Zivilrechtsordnung, 1977, S. 108.
³⁰ BGHZ 50, 133 (137). Vgl. auch BGHZ 50, 133 (138): „Nach Anerkennung des allgemeinen Persönlichkeitsrechts sind die erwähnten näher geregelten Einzelfälle des Schutzes von Persönlichkeitsgütern Verstorbener als Ausdruck einer allgemeinen Rechtspflicht aufzufassen, wonach Persönlichkeitsgüter der hier strittigen Art . . . auch nach dem Tode ihres Inhabers von den Rechtsgenossen zu beachten sind . . .".
³¹ So Schönke/Schröder/*Lenckner*, StGB, 27. Aufl. 2006, § 189 Rn. 1 unter Hinweis auf die Parallelität zu § 168 StGB. Eingehend zum strittigen Rechtsgut des § 189 StGB: *Hassemer*, Theorie und Soziologie des Verbrechens, 1972, S. 177 ff.
³² Ähnlich *Brox/Walker*, Rn. 13; vgl. ferner *Küchenhoff*, FS Geiger, 1974, S. 45 (49), der Art. 1 Abs. 1 Satz 2 GG unmittelbar als Schutzgesetz ansieht.
³³ Vgl. die Kritik von *Schwerdtner*, Das Persönlichkeitsrecht in der deutschen Zivilrechtsordnung, 1977, S. 109 f.; MünchKomm/*Leipold*, § 1922 Rn. 100.

nur seine Anspruchsinhaberschaft, nicht aber die Existenz der Rechtspflicht überhaupt aus. Auch der drohenden Übertretung eines Schutzgesetzes i.S. des § 823 Abs. 2 kann mit Hilfe eines quasinegatorischen Unterlassungsanspruchs begegnet werden.[34]

IV. Sachliche Legitimation des A

Zu fragen bleibt aber, ob A sachlich legitimiert ist, diesen Unterlassungsanspruch geltend zu machen. Will man die Annahme subjektloser Rechte auch bezüglich der Abwehransprüche vermeiden, die aus der Verfälschung des Persönlichkeitsbildes Verstorbener erwachsen können, so müssen – da der Tote selbst nicht mehr als Träger eines Rechts gedacht werden kann – andere als Treuhänder Inhaber der Ansprüche werden.[35]

Der höchstpersönliche Charakter des Persönlichkeitsrechts gebietet zum einen, dass sein Träger zu Lebzeiten eine Person zur Wahrnehmung des postmortalen Persönlichkeitsschutzes berufen kann.[36] Diese Berufung **kann** in einer Verfügung von Todes wegen erfolgen, da die §§ 1937 ff. deren Inhalt nicht abschließend regeln, so dass in ihr auch nicht-erbrechtliche Erklärungen enthalten sein können. Die Beachtung der erbrechtlichen **Form**vorschriften ist aber **nicht erforderlich**.[37] Als Adressat der Berufung kommt auch eine **juristische** Person in Betracht.[38]

Zum anderen sind die nächsten Angehörigen des Verstorbenen als wahrnehmungsbefugt anzusehen, wie sich aus einer Analogie zu § 77 Abs. 2 StGB, § 22 KunstUrhG, § 60 Abs. 2 UrhG ergibt.[39] Eine Rangordnung zwischen Beauftragtem und Angehörigen oder unter den Angehörigen[40] empfiehlt sich nicht, da ein umfassender Persönlichkeitsschutz nach Möglichkeit auch bei Gleichgültigkeit rangbesserer Wahrnehmungsbefugter oder gar bei Persönlichkeitsverletzungen durch diese Personen selbst gewährleistet sein muss. Allerdings kann das Einverständnis einzelner Wahrnehmungsbefugter mit der beanstandeten Handlung unter Umständen als Indiz dafür gewertet werden, dass ein Verstoß gegen die Rechtspflicht zum Schutz des Verstorbenen nicht gegeben ist.[41] Im vorliegenden Fall besteht an der Aktivlegitimation des A kein Zweifel.[42] A ist von G vor seinem Ableben ausdrücklich beauftragt worden,

---

[34] MünchKomm/*Wagner*, Vorbem. §§ 823ff. Rn. 35.
[35] Vgl. Staudinger/*Hager*, 13. Bearb. 1999, § 823 Rn. C 39; *Lange/Kuchinke*, § 5 III 5a.
[36] Vgl. BGHZ 50, 133 (139 f.); bestätigend *BGH* WRP 1984, 681 (682 f.) – Frischzellentherapie.
[37] So offensichtlich auch *BGH* WRP 1984, 681 (683 f.) und im Ergebnis *Stein*, FamRZ 1986, 7 (15).
[38] Vgl. *BGH* WRP 1984, 681 (682 f.) – Frischzellentherapie; *BGH* NJW 1990, 1986 (1987) – Emil Nolde für eine Stiftung, die satzungsgemäß den Nachlass des Künstlers zu pflegen hat.
[39] So BGHZ 50, 133 (140); vgl. dazu MünchKomm/*Leipold*, § 1922 Rn. 98 N. 254 m.w.N.; *Brox/Walker*, Rn. 13; *Lange/Kuchinke*, § 5 III 5b; krit. *Stein*, FamRZ 1986, 7 (16), der die zitierten Bestimmungen nicht für analogiefähig hält und sich deshalb, sofern der Verstorbene nichts anderes bestimmt hat, für eine alleinige Wahrnehmungsbefugnis der Erben ausspricht. Zur Wahrnehmungsbefugnis von Lebenspartnern *OLG München* NJW 2002, 305.
[40] Für eine Rangordnung unter den Angehörigen, insbes. in Analogie zu § 77 Abs. 2 StGB, *LG Bückeburg* NJW 1977, 1065 (1066); zust. MünchKomm/*Leipold*, § 1922 Rn. 98; für einen Vorrang des Beauftragten BGHZ 50, 133 (139 f.); *BGH* WRP 1984, 681 (683); zust. *Stein*, FamRZ 1986, 7 (15) für den Fall spezieller Aufgabenzuweisung.
[41] BGHZ 50, 133 (140); *Heldrich*, FS Heinrich Lange, 1970, S. 172.
[42] Da A nach der hier vertretenen Auffassung als Treuhänder des Verstorbenen einen eigenen Unterlassungsanspruch geltend macht, ist lediglich die Frage der sachlich-rechtlichen Aktivlegitimation zu erörtern, nicht auch das davon zu unterscheidende Problem der Prozessführungsbefugnis, das insbesondere bei Verfolgung eines fremden materiellen Rechts in eigenem Namen (Prozessstandschaft) auftaucht. Vgl. dazu Zöller/*Vollkommer*, ZPO, 28. Aufl. 2010, Vor § 50 Rn. 18 ff.

die Verbreitung des Mephisto-Romans zu verhindern. Er gehört ferner als Adoptivsohn auch zu den nächsten Angehörigen (vgl. § 1754).[43]

V. Widerrechtliche Verletzung der allgemeinen Rechtspflicht

Die Frage, ob eine widerrechtliche Verletzung der allgemeinen Rechtspflicht zur Respektierung der Persönlichkeitsgüter eines Verstorbenen vorliegt, ist nach den gleichen Gesichtspunkten zu beantworten, die von der Judikatur zu der entsprechenden Problematik bei Beeinträchtigungen des allgemeinen Persönlichkeitsrechts entwickelt worden sind. Hier wie dort bedarf es einer umfassenden Güter- und Interessenabwägung, um angesichts der generalklauselartigen Weite des Unrechtstatbestandes zu einer sachgerechten Lösung des Einzelfalles zu gelangen. Aufgrund der mittelbaren Drittwirkung, die die Grundrechte im Zivilrecht gerade bei der Auslegung von Generalklauseln entfalten, sind als Wertentscheidung des Verfassungsgebers insbesondere kollidierende Grundrechte auf Seiten des Verletzers zu berücksichtigen.[44] Dass der postmortale Persönlichkeitsschutz aus der Menschenwürde als vorbehaltlos gewährleistetem Grundrecht abgeleitet wird, steht dieser Abwägung nicht entgegen. Ein Eingriff in die Menschenwürde, der dann keiner Rechtfertigung mehr zugänglich ist, kann nämlich nur unter Berücksichtigung der im konkreten Fall widerstreitenden, verfassungsrechtlich geschützten Interessen festgestellt werden.[45]

Im vorliegenden Fall ist in erster Linie das Grundrecht der **Freiheit der Kunst** (Art. 5 Abs. 3 Satz 1 GG) zu beachten, das im Gegensatz zu Art. 5 Abs. 1 GG vorbehaltlos gewährleistet und nicht der Schranke des Art. 5 Abs. 2 GG unterworfen ist.[46] Hingegen ist das Grundrecht der freien Meinungsäußerung (Art. 5 Abs. 1 GG) thematisch nicht einschlägig, da der Roman als Kunstwerk von Art. 5 Abs. 3 Satz 1 GG als lex specialis erfasst wird.[47] Durch den Zugriff des Künstlers auf Persönlichkeits- und Lebensdaten von Menschen seiner Umwelt – ein für zeitkritische Kunstwerke wie den vorliegenden Schlüsselroman typisches Verfahren – kann die Kunstfreiheitsgarantie mit dem verfassungsverbürgten Persönlichkeitsschutz in Konflikt geraten. Bei der Lösung der Spannungslage zwischen diesen beiden Verfassungswerten kommt es darauf an, „ob und inwieweit das ‚Abbild' gegenüber dem ‚Urbild' durch die künstlerische Gestaltung des Stoffes ... so verselbständigt erscheint, dass das Individuelle, Persönlich-Intime zugunsten des Allgemeinen, Zeichenhaften der ‚Figur' objektiviert ist".[48] Ist das der Fall, liegt eine widerrechtliche Persönlichkeitsverletzung nicht vor. Die Grenze des durch die Freiheit der Kunst Erlaubten ist aber überschritten, „wenn das Lebensbild einer bestimmten Person, die derart deutlich

---

[43] Entspricht § 1757 Abs. 1 a.F. im Zeitpunkt des Todes von G.
[44] Grundlegend zur mittelbaren Drittwirkung BVerfGE 7, 198 (205 f.) – Lüth. Vgl. als Beispiele einer solchen Abwägung *BVerfG* NJW 1984, 1741 – Springer-Wallraff; BGHZ 84, 237 (238 ff.) – Satirisches Gedicht. Zur Grundrechtswirkung im Privatrecht vgl. auch Fall 4.
[45] Vgl. bereits BVerfGE 45, 187 (242). So wohl auch *BVerfG* NJW 2001, 2957 (2959) – Kaisen, das eine „sorgfältige Begründung" für die Bejahung einer Menschenwürdeverletzung fordert. Vgl. dazu auch *BVerfG* NJW 2001, 594 – Willy Brandt Gedenkmünze; *OLG Hamm* NJW 2002, 609 – Fritz Winter Schule.
[46] BVerfGE 30, 173 (191). Zu den verfassungsunmittelbaren Schranken bei vorbehaltlos gewährleisteten Grundrechten vgl. *Alexy*, Theorie der Grundrechte, 1985, S. 107 f. u. S. 258 ff.
[47] BVerfGE 30, 173 (200); a.M. BGHZ 50, 133 (143 f.).
[48] BVerfGE 30, 173 (195); allg. zum Abwägungsvorgang bei Prinzipienkollisionen *Alexy*, Theorie der Grundrechte, 1985, S. 84 ff.; zum Konflikt zwischen Kunstfreiheit und Persönlichkeitsrecht, für dessen Lösung die Mephisto-Entscheidung des BVerfG grundlegend geworden ist, vgl. auch BGHZ 84, 237 – Satirisches Gedicht; *Eidenmüller*, NJW 1991, 1439 ff.

erkennbar als Vorbild gedient hat wie im vorliegenden Falle, durch frei erfundene Zutaten grundlegend negativ entstellt wird, ohne dass dies als satirische oder sonstige Übertreibung erkennbar ist".[49]

Im Ergebnis ist damit die angekündigte Veröffentlichung des Mephisto-Romans als drohende widerrechtliche Verletzung der allgemeinen Rechtspflicht zur Achtung des Persönlichkeitsbildes Verstorbener anzusehen. Der quasinegatorische Unterlassungsanspruch des A gegen die angekündigte Publikation ist also begründet. Auf ein etwaiges Verschulden des V kommt es dabei nicht an.

Frage 2: Einziehung und Einstampfung der noch nicht verkauften Exemplare

Wäre die Veröffentlichung des Mephisto-Romans bereits erfolgt und damit die Rechtspflicht zur Achtung des Persönlichkeitsbildes Verstorbener schon verletzt, so könnte A die **Beseitigung** der entstandenen rechtswidrigen Beeinträchtigung verlangen. Ein solcher Beseitigungsanspruch wird von der herrschenden Auffassung in Rechtsprechung und Schrifttum gewährt, wenn eine fortdauernde widerrechtliche Beeinträchtigung eingetreten ist, der – wäre sie noch nicht erfolgt – durch einen Unterlassungsanspruch vorgebeugt werden könnte.[50] Seinen Rechtsgrund findet dieser Anspruch in einer Rechtsanalogie zu denjenigen gesetzlichen Vorschriften, in welchen dem Betroffenen das Recht eingeräumt wird, Beseitigung einer bestehenden Beeinträchtigung zu verlangen (vgl. namentlich §§ 12, 862 Abs. 1, 1004 Abs. 1 BGB, 97 Abs. 1 UrhG). Die Problematik dieses an ein Verschulden nicht geknüpften Anspruchs liegt in der Abgrenzung von dem verschuldensabhängigen deliktischen Schadensersatzanspruch gem. § 823 Abs. 1 bzw. Abs. 2. Der negatorische oder quasinegatorische Beseitigungsanspruch zielt auf die Beendigung einer noch fortwirkenden Beeinträchtigung. Es handelt sich hierbei nicht um den Ersatz eines bereits entstandenen, sondern um die Verhütung der Entstehung eines Schadens, und zwar durch Maßnahmen, die nur der „Störer" zu treffen vermag und die ihm nach Lage der Dinge zuzumuten sind.[51] Das Verlangen des A, die von V noch nicht verkaufte Auflage vom Büchermarkt zurückzuziehen und die in seinem Besitz befindlichen Exemplare einzustampfen, bezweckt die Beseitigung einer Quelle fortdauernder Beeinträchtigungen des Persönlichkeitsbildes des G. Auch dieser Anspruch ist deshalb als bestehend anzusehen.

Frage 3: Schmerzensgeldanspruch

Soweit ein Verschulden des V gegeben ist, käme im Fall einer bereits erfolgten Publizierung auch ein Schadensersatzanspruch des A gem. § 823 Abs. 2 in Betracht. Dieser könnte sicherlich auf Naturalrestitution gerichtet sein. Ob auch ein von A als Treuhänder des G geltend gemachter Geldersatzanspruch besteht, ist jedoch zweifelhaft, da dem Verstorbenen selbst ein Vermögensschaden aus der postmortalen Beeinträchtigung seiner ideellen Persönlichkeitsgüter nicht mehr erwachsen kann.[52] In Betracht käme allerdings ein Anspruch auf Geldersatz für die **ideelle** Einbuße des

---

[49] BGHZ 50, 133 (146 f.), von BVerfGE 30, 173 (198 f.) gebilligt. Krit. zur Güterabwägung im Mephisto-Fall die Sondervoten von *Stein* und *Rupp-v. Brünneck*, BVerfGE 30, 173 (200, 218); *Meyer/Cording*, JZ 1976, 737 (741); *Canaris*, JuS 1989, 161 (172).
[50] Vgl. etwa *Larenz/Canaris*, Schuldrecht II 2, § 86 I; *Medicus/Petersen*, Rn. 629. Speziell zum postmortalen Persönlichkeitsschutz vgl. *BGH* GRUR 1974, 797 (798) (Widerrufsanspruch bei Entstellung des Lebensbildes eines Verstorbenen).
[51] So *Larenz/Canaris*, Schuldrecht II 2, § 86 VI 1; weitergehend *BGH* VersR 1986, 687 (688).
[52] *Lange/Kuchinke*, § 5 III 5 e; *Koebel*, NJW 1958, 936 (938).

Toten, wie er von der Rechtsprechung bei einer schwerwiegenden Verletzung des allgemeinen Persönlichkeitsrechts unter Lebenden gewährt wird, wenn Naturalrestitution nach § 249 Abs. 1 zur Schadenskompensation nicht ausreicht.[53] Es ist nicht zu verkennen, dass die Zuerkennung eines entsprechenden Schmerzensgeldanspruches eine generalpräventive Wirkung haben mag, die auch den postmortalen Persönlichkeitsschutz effizienter gestalten könnte.[54] Indessen schreckt die damit verbundene Konsequenz, dass die Diffamierung eines Toten im Ergebnis zu einem lukrativen Geschäft für die wahrnehmungsbefugten Hinterbliebenen werden könnte. Vor allem aber würde die Zuerkennung eines Schmerzensgeldes die Funktion einer solchen Geldentschädigung verfehlen.[55] Auch nach neuer Rechtsprechung des BGH treten die generalpräventiven Gesichtspunkte nämlich lediglich neben den Zweck, dem Geschädigten Genugtuung und die Kompensation erlittener Unbill zu gewähren.[56] Dem Verstorbenen kann aber mit den Mitteln der irdischen Gerechtigkeit Genugtuung nicht mehr zuteil werden, und der Zweck der Generalprävention allein vermag einen Schadensersatzanspruch in diesem Fall nicht zu tragen. Ein Schmerzensgeldanspruch scheidet somit aus.

Frage 4: Der Einfluss des Zeitablaufs auf die Rechtslage

Es ist offenkundig, dass postmortaler Persönlichkeitsschutz von der Rechtsordnung zeitlich nicht unbegrenzt gewährleistet werden kann. Das Bedürfnis nach einem solchen Schutz schwindet in dem Maße, in dem die Erinnerung an den Verstorbenen verblasst und im Laufe der Zeit das Interesse an der Nichtverfälschung seines Lebensbildes abnimmt.[57] Umgekehrt wächst das Gegeninteresse der Lebenden, „nicht wegen eines Fehlers in der Darstellung historischer Vorgänge Rechtsansprüchen ausgesetzt zu werden".[58] Eine starre Befristung des Schutzes empfiehlt sich indes nicht.[59] Eine **zeitliche Begrenzung** ergibt sich zum einen bereits daraus, dass Unterlassungsansprüche nur zu Lebzeiten der Wahrnehmungsbefugten geltend gemacht werden können.[60] Außerdem kann bei der erforderlichen Güter- und Interessenabwägung das geschrumpfte Schutzbedürfnis berücksichtigt werden. Nachdem nunmehr bald 50 Jahre seit dem Tod von G vergangen sind und die Erinnerung an den einst so

---

[53] Vgl. die Nachweise oben Fn. 12.
[54] So *Storch*, GRUR 1974, 800 mit dem Hinweis auf das geringe Risiko der Presse bei ehrabschneidenden Meinungsäußerungen ohne Tatsachenkern.
[55] So *BGH*, GRUR 1974, 797 (800) – Fiete Schulze; BGHZ 165, 203; *Brox/Walker*, Erbrecht Rn. 13; a.M. für besonders schwerwiegende Eingriffe *OLG München* GRUR-RR 2002, 341; krit. ebenso Soergel/*Stein*, § 1922 Rn. 26 und *H.P. Westermann*, FamRZ 1969, 561 (571), die einen Schmerzensgeldanspruch für möglich halten, weil sie an die Verletzung des Persönlichkeitsrechts der Hinterbliebenen anknüpfen.
[56] Vgl. BGHZ 128, 1 (12) – Caroline von Monaco; vgl. MünchKomm/*Leipold*, § 1922 Rn. 99 m.w.N.
[57] BGHZ 50, 133 (140); BVerfGE 30, 173 (196); *LG Berlin* GRUR 1980, 187 (188); vgl. *Heldrich*, FS Heinrich Lange, 1970, S. 173; MünchKomm/*Rixecker*, Anh. § 12 Rn. 36; krit. *Stein*, FamRZ 1986, 7 (10).
[58] BGHZ 50, 133 (141).
[59] Für den Schutz der *vermögenswerten* Bestandteile des Persönlichkeitsrechts hat sich der BGH jedoch in Analogie zu § 22 KunstUrhG für eine feste Grenze von zehn Jahren entschieden und dies einerseits mit einem abnehmenden Schutzbedürfnis des Toten und dessen Angehörigen, andererseits mit dem Gedanken der Rechtssicherheit begründet, BGHZ 169, 193 (195) – Klaus Kinski (mit zahlreichen Nachweisen); dazu *Röthel*, LMK 2007, 213345; krit. Götting/Schertz/Seitz/*Brändel*, Handbuch des Persönlichkeitsrechts, 2008, § 37 Rn. 46 ff.
[60] BGHZ 50, 133 (141).

berühmten Schauspieler geschwunden ist,[61] kann die Unterlassung der Veröffentlichung heute nicht mehr verlangt werden.[62]

---

[61] Vgl. die bei *Spangenberg* in: Klaus Mann, Mephisto – Roman einer Karriere, Neuausgabe, 1980, S. XII f. mitgeteilte Umfrage. Zur Neuausgabe des Mephisto-Romans *Kastner*, NJW 1982, 601 (605). Vgl. ferner LG Berlin GRUR 1980, 187 (188 f.) – Der eiserne Gustav. Dort lag die (verfilmte) Droschkenfahrt des Verstorbenen bereits 50 Jahre zurück.
[62] Bei einem bekannten Maler ist der postmortale Persönlichkeitsschutz 30 Jahre nach dessen Tod demgegenüber noch nicht entfallen (BGHZ 107, 384 – Emil Nolde).

Fall 2. Vererbung von Gesellschaftsanteilen

Testamentsform – gesetzliche Erbfolge – Nachfolge in die Gesellschafterstellung bei der OHG – Eintrittsklausel – einfache Nachfolgeklausel – qualifizierte Nachfolgeklausel

Sachverhalt

Alfons Alt (A) ist zusammen mit Bert Bunte (B) und Carl Clever (C) Mitglied einer Offenen Handelsgesellschaft. Im Gesellschaftsvertrag ist festgelegt, dass jeder Gesellschafter berechtigt sei, eine Person seiner Wahl durch letztwillige Verfügung zu seinem Nachfolger in der Gesellschaft zu berufen. Ohne eine solche Bestimmung soll die Gesellschaft mit der Witwe des verstorbenen Mitglieds fortgesetzt werden.

Alfons Alt verfasst gemeinsam mit seiner Frau Xenia (X) ein mit Schreibmaschine geschriebenes gemeinschaftliches Testament, in welchem sich die Ehegatten gegenseitig zu Erben einsetzen. Die beiden aus der Ehe hervorgegangenen Kinder Yvonne (Y) und Zeno (Z) sollen den beiderseitigen Nachlass ihrer Eltern beim Tod des zuletzt versterbenden Ehegatten erhalten.

Fragen:
1. Wie wird Alfons Alt beerbt?
2. Wer erwirbt den Gesellschaftsanteil, und welche Konsequenzen ergeben sich daraus für die übrigen Miterben?
3. Hätte Alfons Alt in Bezug auf den Gesellschaftsanteil testamentarisch Verwaltungsvollstreckung anordnen können?

Ausgangsfälle:
BGH 22. 11. 1956 (II ZR 222/55) BGHZ 22, 186;
BGH 10. 2. 1977 (II ZR 120/75) BGHZ 68, 225;
BGH 14. 5. 1986 (IVa ZR 155/84) BGHZ 98, 48;
BGH 3. 7. 1989 (II ZB 1/89) BGHZ 108, 187.

Lösung

Frage 1: Die Beerbung des A

I. Wirksamkeit des gemeinschaftlichen Testaments von A und X

Gemäß § 1937 kann der Erblasser durch Testament seine Erben bestimmen. Von dieser gesetzlich eingeräumten Testierfreiheit hat A durch Errichtung des gemeinschaftlichen Testaments mit seiner Ehefrau (vgl. § 2265) Gebrauch gemacht.[1] Fraglich ist

---

[1] Gemäß § 10 Abs. 4 Satz 1 LPartG besteht nunmehr auch für Lebenspartner im Sinne von § 1 Abs. 1 LPartG die Möglichkeit, ein gemeinschaftliches Testament zu errichten. Auf ein

jedoch, ob dieses Testament formgültig errichtet worden ist. Die Frage der Formgültigkeit eines gemeinschaftlichen Testaments beurteilt sich grundsätzlich nach den allgemeinen Vorschriften der §§ 2231 ff. über die Form letztwilliger Verfügungen.[2] § 2231 regelt als ordentliche Testamentsformen die Errichtung zur Niederschrift eines Notars (sog. öffentliches Testament) oder durch eine vom Erblasser nach § 2247 abgegebene Erklärung (sog. eigenhändiges Testament).[3] Für die Errichtung eines gemeinschaftlichen Testaments in der Form des eigenhändigen Testaments gemäß §§ 2231 Nr. 2, 2247 sieht § 2267 gewisse Erleichterungen vor. Ausreichend, aber auch notwendig ist es, dass einer der Ehegatten bzw. Lebenspartner das Testament in der in § 2247 Abs. 1 vorgeschriebenen Form errichtet und der andere die gemeinschaftliche Erklärung eigenhändig mitunterzeichnet.[4] Diese Voraussetzungen sind hier nicht erfüllt. Gemäß § 2247 Abs. 1 muss das privatschriftliche Testament vom Erblasser eigenhändig geschrieben, also von ihm selbst geformt und auf den Schriftträger gezeichnet werden, um eine Nachprüfung der Echtheit aufgrund der individuellen handschriftlichen Züge zu ermöglichen. Ein maschinengeschriebener Text wie der des A entspricht den Anforderungen des § 2247 Abs. 1 daher ebenso wenig wie die Errichtung des Testaments auf andere, den Schluss von der Schrift auf ihren Urheber nicht zulassende mechanische Weise.[5] Das gemeinschaftliche Testament ist folglich wegen Mangels der vorgeschriebenen Form nichtig (§ 125 Satz 1).

II. Beerbung des A nach gesetzlicher Erbfolge

Da eine wirksame Verfügung von Todes wegen nicht vorliegt, tritt die gesetzliche Erbfolge ein.[6] Es ist davon auszugehen, dass A im gesetzlichen Güterstand der Zugewinn-

---

gemeinschaftliches Testament von Lebenspartnern finden gem. § 10 Abs. 4 Satz 2 LPartG die Vorschriften der §§ 2266 bis 2272 entsprechende Anwendung.

[2] Das Erbrecht enthält für letztwillige Verfügungen zwingend bestimmte Formerfordernisse. Zweck des erbrechtlichen Formzwangs ist es, den wirklichen Willen des Erblassers zur Geltung kommen zu lassen, nach Möglichkeit die Selbständigkeit dieses Willens zu verbürgen und die Echtheit seiner Erklärung sicherzustellen. Außerdem soll der Erblasser dazu veranlasst werden, sich über den Inhalt seiner Verfügungen selbst klar zu werden und seinen Willen möglichst deutlich zum Ausdruck zu bringen. Vgl. BGHZ 80, 242 (246).

[3] Außerdem kennt das BGB mit dem Bürgermeistertestament (§§ 2249, 2250 Abs. 1), dem Dreizeugentestament (§ 2250 Abs. 1 und 3) und dem Seetestament (§ 2251 i.V.m. § 2250 Abs. 3) eine Reihe von außerordentlichen Testamentsformen.

[4] § 2247 sieht als Mindesterfordernisse die eigenhändige Errichtung der gesamten testamentarischen Erklärung sowie die eigenhändige Unterschrift des Erblassers vor. Die Angabe von Zeit und Ort der Errichtung sowie der Gebrauch einer vollständigen Unterschrift sind dagegen, wie sich aus dem Wortlaut des § 2247 Abs. 2 und 3 („soll") ergibt, keine zwingenden Voraussetzungen der Formgültigkeit des Testaments. Es genügt daher beispielsweise die Unterschrift nur mit dem Vornamen oder mit der Familienbezeichnung. Auch der Gebrauch von Abkürzungen wird als zulässig erachtet. Erforderlich ist nur, dass von der Unterschrift auf die Urheberschaft des Erblassers und die Ernstlichkeit seiner Erklärung geschlossen werden kann. Vgl. hierzu Palandt/*Edenhofer*, § 2247 Rn. 10 f.; MünchKomm/*Burkart*, § 2247 Rn. 29. Räumlich hat die Unterschrift grundsätzlich am Schluss der Testamentsurkunde zu erfolgen, um spätere Zusätze auszuschließen (Abschlussfunktion), vgl. Palandt/*Edenhofer*, § 2247 Rn. 11 f.; MünchKomm/*Burkart*, § 2247 Rn. 25 ff.

[5] BGHZ 47, 68 (70 f.). In dieser Entscheidung stellt der BGH auch klar, dass das verwendete Schreibgerät sowie das Material des Schriftträgers für die Wirksamkeit eines eigenhändigen Testaments grundsätzlich nicht von Bedeutung sind, sofern sie sich nur zur Fixierung der Schriftzüge eignen und nicht etwa aus der Wahl des Schreibmaterials erkennbar wird, dass der Erblasser eine letztwillige Verfügung ernstlich gar nicht hat treffen wollen, BGHZ 47, 68 (72).

[6] „Verfügung von Todes wegen" ist der vom BGB gebrauchte Oberbegriff für die verschiedenen Rechtsgeschäfte, mittels derer der Erblasser seine Beerbung regeln kann (vgl. z.B.

gemeinschaft gelebt hat. Daher erhält seine Ehefrau X gemäß § 1931 Abs. 1 und 3 i.V.m. § 1371 Abs. 1 die Hälfte des Nachlasses.[7] Die andere Hälfte fällt zu gleichen Teilen an die Kinder Y und Z als gesetzliche Erben der ersten Ordnung (§ 1924 Abs. 1 und 4).[8]

Frage 2: Die Auswirkungen der gesetzlichen Erbfolge auf die gesellschaftliche Beteiligung des A

Seit der Neufassung des § 131 HGB durch das am 1. 7. 1998 in Kraft getretene Handelsrechtsreformgesetz werden OHG und KG im gesetzlichen Regelfall unter den verbliebenen Gesellschaftern (soweit die persönlich haftenden Gesellschafter betroffen sind) fortgeführt.[9] Gemäß § 131 Abs. 3 Satz 1 Nr. 1, Satz 2 HGB scheidet der Gesellschafter mit seinem Tod mangels abweichender vertraglicher Bestimmung aus der Gesellschaft aus. Sein Anteil am Gesellschaftsvermögen wächst folglich gemäß §§ 105 Abs. 3 HGB, 738 Abs. 1 Satz 1 BGB den übrigen Gesellschaftern zu.[10]

---

§§ 1937, 1944 Abs. 2, 1948 Abs. 1). Mit der Wendung „von Todes wegen" wird angedeutet, dass die Rechtswirkungen des Rechtsgeschäfts erst mit dem Tod des Erklärenden eintreten sollen (Gegensatz: Rechtsgeschäfte unter Lebenden, durch die bereits zu Lebzeiten des Erklärenden Rechtswirkungen begründet werden). Man unterscheidet einseitige und vertragliche Verfügungen von Todes wegen. Die *einseitige* Verfügung von Todes wegen nennt das Gesetz Testament oder letztwillige Verfügung (vgl. § 1937). Danach ist die letztwillige Verfügung ein Unterfall der Verfügung von Todes wegen. Eine *vertragliche* Verfügung von Todes wegen ist der Erbvertrag (§§ 1941, 2274 ff.). Das gemeinschaftliche Testament ist eine *mehrseitige* Verfügung von Todes wegen, die *nicht vertraglicher* Natur ist und daher zwischen Testament und Erbvertrag steht (vgl. *Brox/Walker*, Rn. 88, 176 ff.; *Schlüter*, Erbrecht, Rn. 126 ff.).

[7] Der überlebende Lebenspartner in einer Lebenspartnerschaft erbt bei Eintritt der gesetzlichen Erbfolge nach den Regeln für den Güterstand der Zugewinngemeinschaft, sofern nicht im Rahmen eines Lebenspartnerschaftsvertrages (§ 7 Satz 1 LPartG) etwas anderes vereinbart wurde, § 6 Satz 1 LPartG. Neben Verwandten der ersten Ordnung steht ihm die Hälfte des Nachlasses zu, § 6 Satz 2 LPartG, § 1371 Abs. 1.

[8] Das nichteheliche Kind galt vor Inkrafttreten des Gesetzes über die rechtliche Stellung der nichtehelichen Kinder am 1. 7. 1970 (BGBl. I 1970, S. 1243) mangels rechtlicher Verwandtschaft mit seinem Erzeuger (§ 1589 Abs. 2 a.F.) nicht als Abkömmling im Sinne des § 1924. Seit dem 1. 4. 1998 sind durch das Erbrechtsgleichstellungsgesetz (BGBl. I 1997, S. 2968) auch die Sonderregelungen des § 1934–1934e a.F. aufgehoben, die im Zuge der ersten Reform neu eingeführt worden waren; vgl. dazu *Böhm*, NJW 1998, 1043. Nicht angeglichen wurde jedoch bisher die rechtliche Stellung nichtehelicher Kinder, die vor dem 1. 7. 1949 geboren worden sind. Ein am 21. 7. 2010 beschlossener Regierungsentwurf sieht auch für diese Personen eine erbrechtliche Gleichstellung mit ehelichen Kindern vor, vgl. Gesetzentwurf der Bundesregierung für ein Zweites Gesetz zur erbrechtlichen Gleichstellung nichtehelicher Kinder, BR-Drucksache Nr. 486/10 vom 13. 8. 2010, S. 1 f.

[9] § 131 Nr. 4 HGB a.F. sah im Falle des Todes eines Gesellschafters demgegenüber grundsätzlich die Auflösung der OHG vor. Gesellschaftsvertraglich konnte jedoch durch eine sog. einfache Fortsetzungsklausel bestimmt werden, dass die Gesellschaft von den überlebenden Gesellschaftern fortgesetzt werden soll (§ 138 HGB a.F.). Hieraus ergaben sich die gleichen Rechtsfolgen, wie sie seit Inkrafttreten des Handelsrechtsreformgesetzes am 1. 7. 1998 nunmehr nach dem gesetzlichen Regelfall eintreten. Die Auflösung der Gesellschaft durch den Tod eines Gesellschafters sieht heute § 727 BGB für die Gesellschaft bürgerlichen Rechts als Regelfall vor. Bei Fehlen einer einfachen Fortsetzungsklausel kommt es damit zur Abwicklung der Gesellschaft bürgerlichen Rechts. Der Erbe bzw. die Erbengemeinschaft tritt in der Liquidationsgesellschaft an die Stelle des verstorbenen Gesellschafters. Dabei ist zu beachten, dass die Erbengemeinschaft in ihrer gesamthänderischen Verbundenheit Mitglied der Liquidationsgesellschaft wird, vgl. *BGH* NJW 1982, 170 (171); *BGH* NJW 1995, 3314 (3315) (zur abweichenden Rechtslage bei Eintritt von Miterben in eine noch werbend tätige Gesellschaft siehe unten II. 2.).

[10] Dem Erben bzw. den Miterben als Gesamthandsgemeinschaft (§§ 1922, 2032 Abs. 1) steht nur der mit dem Ausscheiden des verstorbenen Gesellschafters gemäß §§ 105 Abs. 3 HGB, 738 Abs. 1 S. 2 BGB entstehende Abfindungsanspruch gegen die überlebenden Gesellschafter zu.

Der Anteil eines Gesellschafters an einer werbenden OHG ist also grundsätzlich nicht vererblich.[11] Der Gesellschaftsvertrag kann aber vorsehen, dass beim Ableben eines Mitglieds die Gesellschaft mit dessen Erben fortgesetzt werden soll. Dabei sind verschiedene Regelungen denkbar und praktisch bedeutsam. Grundlegend ist die Unterscheidung zwischen Eintritts- und Nachfolgeklauseln.

I. Eintrittsklausel

Die sog. Eintrittsklausel gibt als Vertrag zugunsten Dritter der durch sie begünstigten Person nach § 328 Abs. 1 einen Anspruch gegen die überlebenden Gesellschafter auf Aufnahme in die Gesellschaft. Mit dem Tod des Gesellschafters wächst dessen Gesellschaftsanteil daher gemäß der gesetzlichen Regelung der §§ 105 Abs. 2 HGB, 738 Abs. 1 Satz 1 BGB zunächst den übrigen Gesellschaftern zu. Die Aufnahme des durch die Eintrittsklausel Begünstigten wird dann durch Abschluss eines Aufnahmevertrages zwischen diesem und den überlebenden Gesellschaftern, also durch Rechtsgeschäft unter Lebenden, vollzogen.[12] Erst dadurch wird der durch die Eintrittsklausel Begünstigte Mitglied der Gesellschaft und erwirbt nach allgemeinen gesellschaftsrechtlichen Grundsätzen im Wege der Anwachsung von den anderen Gesellschaftern einen entsprechenden Gesellschaftsanteil.[13]

Die Eintrittsklausel ist jedoch für die fortbestehende Gesellschaft in verschiedener Hinsicht nachteilig: Zum einen entsteht in der Zeit zwischen dem Tod des Vorgänger-Gesellschafters und der Entscheidung des ausersehenen Nachfolgers darüber, ob er die ihm eingeräumte Möglichkeit des Eintritts wahrnehmen will, ein Schwebezustand, der die wirtschaftliche Handlungsfähigkeit der Gesellschaft lähmen kann.[14] Zum anderen ist die Gesellschaft mit dem Ausscheiden des verstorbenen Gesellschafters (§ 131 Abs. 3 Satz 1 Nr. 1, Satz 2 HGB) regelmäßig Abfindungsansprüchen seiner Erben (§ 105 Abs. 3 HGB i.V.m. § 738 Abs. 1 Satz 2 BGB) und damit einem häufig schwer tragbaren Kapitalentzug ausgesetzt, der erst durch die Erfüllung der Einlageverpflichtung seitens des Eintretenden wieder kompensiert wird.[15] Angesichts dieser Interessenlage ist eine gesellschaftsvertragliche Klausel, die einem Gesellschaf-

---

[11] BGHZ 22, 186 (191); Palandt/*Edenhofer*, § 1922 Rn. 14, 16; krit. Staudinger/*Marotzke*, § 1922 Rn. 169 ff. Dasselbe gilt für den Anteil des persönlich haftenden Gesellschafters einer Kommanditgesellschaft (§ 161 Abs. 2 HGB); der Anteil des Kommanditisten ist dagegen vererblich (vgl. § 177 HGB).

[12] Die Eintrittsklausel bietet für die Gesellschafter – im Gegensatz zu den sogleich zu besprechenden Nachfolgeklauseln – den Vorteil, dass auch außenstehenden Dritten ein Eintrittsrecht gewährt werden kann. Daher kann eine Nachfolgeklausel, die etwa daran gescheitert ist, dass der ausersehene Nachfolger nicht Erbe wurde, häufig in eine (gültige) Eintrittsklausel umgedeutet werden, vgl. MünchKomm/*Ulmer/Schäfer*, § 727 Rn. 28, 62; Palandt/*Edenhofer*, § 1922 Rn. 15. Zu den mit Eintrittsklauseln generell verbundenen Problemen vgl. *Hopt*, Gesellschaftsrecht, Rn. 680 ff. m.w.N.

[13] Vgl. MünchKomm/*Ulmer/Schäfer*, § 718 Rn. 8.

[14] Vgl. dazu *Ulmer*, BB 1977, 805 (807).

[15] Die Problematik der Abfindungsansprüche stellt sich insbesondere dann, wenn der Eintrittsberechtigte nicht Alleinerbe des verstorbenen Gesellschafters ist. In diesem Fall werden die – selbst nicht eintrittsberechtigten – Erben sicher unverzüglich die ihnen zustehenden Abfindungsansprüche geltend machen, während unsicher ist, ob und wann eine Aufnahme des durch die Eintrittsklausel Begünstigten mit der Verpflichtung zur Leistung einer entsprechenden Geldeinlage und folglich ein entsprechender Kapitalzufluss erfolgt. Vgl. dazu MünchKomm/*Ulmer/Schäfer*, § 727 Rn. 58 f. (zur gleich gelagerten Fragestellung bei der Gesellschaft bürgerlichen Rechts).

ter die Befugnis zur Benennung eines Nachfolgers einräumt, im Zweifel nicht als Eintrittsklausel auszulegen.[16]

II. Nachfolgeklausel

Dem Willen und Interesse der Gesellschafter entspricht vielmehr regelmäßig die Vereinbarung einer sog. Nachfolgeklausel. Darunter ist eine Regelung im Gesellschaftsvertrag zu verstehen, nach der im Falle des Todes eines Gesellschafters der Gesellschaftsanteil auf dessen Erben übergehen soll. In der Praxis der gesellschaftsrechtlichen Vertragsgestaltung kommt die Nachfolgeklausel in zwei Varianten vor: Als „einfache Nachfolgeklausel" und als „qualifizierte Nachfolgeklausel". Beide führen – im Unterschied zur Eintrittsklausel – mit dem Tod des verstorbenen Gesellschafters zu einem unmittelbaren Übergang des Gesellschaftsanteils auf den Nachfolger.

Im Falle der **einfachen Nachfolgeklausel** soll die Gesellschaft mit allen Erben des verstorbenen Mitglieds fortgesetzt werden. Die Problematik einer solchen Regelung besteht zum einen darin, dass je nach der Zahl der vorhandenen Erben u.U. eine „Übervölkerung" der Gesellschaft die Folge sein kann, zum anderen darin, dass auch ganz ungeeignete Personen als Mitglieder in die Gesellschaft einrücken können. Deshalb wird in der Praxis vielfach eine **qualifizierte Nachfolgeklausel** vereinbart. Bei ihr sollen nur einzelne oder einer von mehreren Miterben in die Gesellschaft einrücken. Die Zulässigkeit einer derartigen Regelung ergibt sich daraus, dass der Übergang des Gesellschaftsanteils auf einer entsprechenden Bestimmung des Gesellschaftsvertrages beruht und dass es diesem Vertrag daher auch vorbehalten bleiben muss, eine nähere Auswahl unter den in Betracht kommenden Miterben zu treffen. Im vorliegenden Fall bestimmt der Gesellschaftsvertrag, dass in Ermangelung einer besonderen Regelung durch den Verstorbenen die Gesellschaft mit seiner Witwe fortgesetzt werden soll. Es liegt also eine qualifizierte Nachfolgeklausel vor.

Die rechtliche Konstruktion der Nachfolge in die Gesellschafterstellung bereitet allerdings erhebliche Schwierigkeiten. Zwar ergeben sich keine Probleme, wenn der durch den Gesellschaftsvertrag berufene Nachfolger zugleich Alleinerbe des Verstorbenen ist. Er wird dann mit dem Tod des bisherigen Gesellschafters automatisch an dessen Stelle Mitglied in der OHG, ohne dass sich Konflikte zwischen gesellschafts- und erbrechtlichen Prinzipien ergeben. Vielfach – wie auch im vorliegenden Fall – wird aber der Verstorbene mehrere Miterben hinterlassen, die sämtlich oder zum Teil in die Gesellschaft eintreten sollen. Hier ergeben sich schwer zu behebende Unstimmigkeiten aus der unterschiedlichen Struktur von Erb- und Gesellschaftsrecht. Schwierigkeiten bereitet namentlich das in § 1922 Abs. 1 zum Ausdruck kommende Prinzip der Universalsukzession, wonach mit dem Erbfall der Nachlass als Ganzes auf den oder die Erben übergeht, d.h. zunächst ungeteilt als Einheit erhalten bleibt. Mehrere Miterben erwerben den Nachlass daher in ihrer Verbundenheit in Form einer Gesamthandsgemeinschaft, der Erbengemeinschaft (vgl. § 2032 Abs. 1). Bei folgerichtiger Anwendung der erbrechtlichen Regeln müsste also auch der durch eine Nachfolgeklausel vererblich gestellte Gesellschaftsanteil in den Nachlass fallen, an dem die Miterben zur gesamten Hand beteiligt sind. Die Erbengemeinschaft würde damit bis zur Auseinandersetzung Mitglied der OHG. Dieses Ergebnis ist aber nach h.M. mit dem Charakter der Offenen Handelsgesellschaft als persönlichkeitsbezogener Arbeits- und Haftungsgemeinschaft unvereinbar.[17] Im Gegensatz

---

[16] So BGHZ 68, 225 (233); krit. demgegenüber *Tiedau*, MDR 1978, 353 (354 f.).
[17] BGHZ 22, 186 (192); BGHZ 68, 225 (237) u. *BGH* NJW 1983, 2376 (2377) mit Hinweis auf den Wortlaut des § 139 Abs. 1 HGB; vgl. auch Staudinger/*Marotzke*, § 1922 Rn. 178;

zu den Mitgliedern einer Personengesellschaft verbindet die Erbengemeinschaft nämlich kein persönliches, sondern lediglich ein vermögensmäßiges Interesse. Außerdem ist die Erbengemeinschaft von vornherein auf Auseinandersetzung und Auflösung angelegt. Hinzu kommt die in § 2059 Abs. 1 bis zur Auflösung vorgesehene Haftungsbeschränkung der Miterben auf den Nachlass. Die Spannungen, die sich aus den unterschiedlichen Anforderungen des Erb- und Gesellschaftsrechts ergeben, werden noch erhöht, wenn – wie bei der qualifizierten Nachfolgeklausel – nicht alle Erben des verstorbenen Gesellschafters in die Gesellschaft eintreten sollen. Hier kollidiert die gesellschaftsrechtlich erwünschte Singularsukzession mit dem erbrechtlichen Grundprinzip der Universalsukzession.

Die Unvereinbarkeit erbrechtlicher Prinzipien mit den gesellschaftsrechtlichen Gegebenheiten darf allerdings nicht dazu führen, dass die Nachfolge in den Gesellschaftsanteil eines verstorbenen Gesellschafters überhaupt ausgeschlossen ist. Eine solche Lösung würde die OHG und damit eine volkswirtschaftlich erwünschte und bedeutsame Gesellschaftsform in ihrer Existenz gefährden.[18] Zur Behebung des Konflikts der beiden Rechtsgebiete werden verschiedene Auffassungen vertreten.

1. Gesellschaftsrechtliche Lösung

Die aufgezeigten Spannungen lassen sich vermeiden, wenn die Nachfolge in die Gesellschafterstellung als gesellschaftsrechtlicher Vorgang gedeutet wird, der sich außerhalb des Erbrechts vollzieht. Die Nachfolgeklausel soll danach auf rechtsgeschäftlichem Wege, durch Vertrag zugunsten Dritter und ohne Rückgriff auf die erbrechtliche Rechtsnachfolge, den Anteilsübergang im Todeszeitpunkt auf die begünstigten Personen bewirken.[19] Für diese Auffassung spricht, dass die Aufnahme eines Nachfolgers in die Gesellschaft ohnehin die gesellschaftsvertragliche Zulassung voraussetzt. Auch erklärt die gesellschaftsrechtliche Lösung zwanglos die Sonderzuordnung des Gesellschaftsanteils außerhalb der Erbengemeinschaft. Es lässt sich ferner darauf hinweisen, dass die Mitgliedschaft in einer OHG aus einer Vielzahl von Rechten und Pflichten besteht, die nicht ausschließlich vermögensmäßiger Natur sind. Der Erwerb der Gesellschafterstellung kraft Erbgangs wird insofern von der Formulierung des § 1922 Abs. 1 nicht ganz gedeckt, die dem Erbrecht nur die Aufgabe zuerkennt, den Übergang des Vermögens einer Person auf bestimmte Rechtsnachfolger vorzusehen.

Indessen wird bereits in den Motiven festgestellt, dass § 1922 Abs. 1 dem erbrechtlichen Übergang von Nichtvermögensrechten nicht schlechthin entgegensteht.[20] Gegen die gesellschaftsrechtliche Lösung sprechen aber vor allem die Schwierigkeiten

---

MünchKomm/*Ulmer/Schäfer*, § 705 Rn. 81; ausführliche Begründung der h.M. bei *H. P. Westermann*, JuS 1979, 761 (766). Die Problematik der Abfindungsansprüche stellt sich insbesondere dann, wenn der Eintrittsberechtigte nicht Alleinerbe des verstorbenen Gesellschafters ist. In diesem Fall werden die – selbst nicht eintrittsberechtigten – Erben sicher unverzüglich die ihnen zustehenden Abfindungsansprüche geltend machen, während unsicher ist, ob und wann eine Aufnahme des durch die Eintrittsklausel Begünstigten mit der Verpflichtung zur Leistung einer entsprechenden Geldeinlage und folglich ein entsprechender Kapitalzufluss erfolgt. Vgl. dazu MünchKomm/*Ulmer/Schäfer*, § 727 Rn. 58 f. (zur gleich gelagerten Fragestellung bei der Gesellschaft bürgerlichen Rechts).

[18] Zur wirtschaftlichen Interessenlage vgl. *H. P. Westermann*, JuS 1979, 761 (762 f.).
[19] Dafür *Flume*, Allgemeiner Teil des Bürgerlichen Rechts I/1, Die Personengesellschaft, 1977, § 18 IV, VII; ähnlich auch *Lange/Kuchinke*, § 5 VI 4.
[20] Mot. V 2; vgl. dazu *Kipp/Coing*, § 91 II 2 und III 1 f.

ihrer rechtsdogmatischen Konstruktion: Sie setzt nämlich nicht nur die Annahme eines **verfügenden** Vertrages zugunsten Dritter voraus, der nach der Rechtsprechung des BGH für unzulässig gehalten wird,[21] sondern darüber hinaus auch diejenige eines Vertrages **zu Lasten** Dritter, da mit der Mitgliedschaft in der OHG auch die persönliche Haftung für die Gesellschaftsschulden verbunden ist. Ein solcher Vertrag zu Lasten Dritter ist aber dem deutschen Recht fremd.[22] Im Übrigen werden durch die Annahme eines Übergangs der Gesellschafterstellung durch Rechtsgeschäft unter Lebenden die Interessen der übrigen Miterben, der Pflichtteilsberechtigten und Nachlassgläubiger beeinträchtigt, denen der Wert des Gesellschaftsanteils entzogen wird.[23] Schließlich liegt der vorrangige Zweck von Nachfolgeklauseln auch nicht darin, einen **Erwerbsgrund** unter Lebenden zu schaffen. Es soll vielmehr die Rechtsfolge der §§ 131 Abs. 3 Satz 1 Nr. 1, Satz 2, 105 Abs. 3 HGB, 738 Abs. 1 BGB vermieden und die Situation derjenigen beim Tod eines Kommanditisten angeglichen werden (§ 177 HGB).[24]

2. Erbrechtliche Lösung

Nach h.M. in der Literatur, der sich auch der BGH in den hier besprochenen Urteilen angeschlossen hat, wird der gesellschaftsvertraglich zugelassene Übergang der Mitgliedschaft auf den oder die Nachfolger eines verstorbenen Gesellschafters deshalb als erbrechtlicher Vorgang angesehen.[25]

Der BGH verweist in diesem Zusammenhang insbesondere auf § 177 HGB, der davon ausgehe, „dass der Tod nicht etwa zum Ausscheiden des Kommanditisten unter Abfindung der Erben führt, sondern dass diese als Rechtsnachfolger des Erblassers in der KG an dessen Stelle treten".[26] § 177 HGB setze die rechtliche Möglichkeit der Vererbung des Anteils an einer Personengesellschaft stillschweigend voraus.[27]

Kraft des sog. Vonselbsterwerbs der Erbschaft treten die Erben mit dem Tod des bisherigen Gesellschafters automatisch an dessen Stelle in die Gesellschaft ein, ohne dass es einer besonderen Erklärung von ihrer Seite bedarf.[28] Allerdings werden gewisse Modifikationen der erbrechtlichen Regelung unumgänglich, wenn es sich – wie im vorliegenden Fall – nicht um einen Alleinerben handelt, der als Nachfolger des verstorbenen Gesellschafters im Gesellschaftsvertrag vorgesehen ist. Die erbrechtliche Lösung impliziert nicht, dass die Nachfolge in den Gesellschaftsanteil uneingeschränkt **allen** erbrechtlichen Regeln unterliegt. Die Normen des Erbrechts finden

---

[21] BGHZ 68, 225 (231); vgl. auch Staudinger/*Jagmann*, § 328 Rn. 5.
[22] BGHZ 68, 225 (231 ff.); vgl. ferner Staudinger/*Jagmann*, Vorbem. zu § 328 Rn. 110 mit zahlreichen Nachweisen. Die gesellschaftsrechtliche Lösung, häufig auch als „gesellschaftsrechtliche" oder „rechtsgeschäftliche Nachfolgeklausel" bezeichnet, begegnet allerdings ausnahmsweise dann keinen Bedenken, wenn der Begünstigte selbst am Vertrag beteiligt wird, etwa einer der Mitgesellschafter als Nachfolger bezeichnet ist. Vgl. dazu MünchKomm/ *Ulmer/Schäfer*, § 727 Rn. 51 und die Vertragsauslegung bei BGHZ 68, 225 (234).
[23] *Kipp/Coing*, § 91 IV 8 b, c; vgl. aber auch *Ulmer*, ZGR 1972, 324 (332 ff., 337 f.).
[24] *K. Schmidt*, Gesellschaftsrecht, § 45 V 3.
[25] BGHZ 22, 186 (191); BGHZ 68, 225 (229 f.) m.w.N.
[26] So die Zusammenfassung der Argumentation des BGH bei *Ulmer*, BB 1977, 805 (807).
[27] Vgl. BGHZ 68, 225 (230); zweifelnd insoweit *H. P. Westermann*, JuS 1979, 761 (765).
[28] BGHZ 22, 186 (191) m.w.N. Vgl. ferner MünchKomm/*Ulmer/Schäfer*, § 727 Rn. 31; Palandt/*Edenhofer*, § 1922 Rn. 18. – Anders im Fall der oben angesprochenen Eintrittsklausel, die den Erwerb der Gesellschafterstellung von der Abgabe einer Eintrittserklärung abhängig macht.

auf die Nachfolge in den Gesellschaftsanteil vielmehr nur insoweit Anwendung, als sie „mit dem Wesen der Mitgliedschaft oder anderen gesellschaftlichen Sonderregeln vereinbar sind".[29]

a) Einfache Nachfolgeklausel

Bei der **einfachen Nachfolgeklausel**, durch die sämtliche Erben zu Nachfolgern des verstorbenen Gesellschafters berufen werden, führt dies dazu, dass „die allgemein gefasste erbrechtliche Regelung einer Gesamtnachfolge in Form der Erbengemeinschaft zurücktreten muss".[30] Die Miterben erwerben die Mitgliedschaft also nicht – wie es den Grundsätzen der §§ 1922 Abs. 1 und 2032 Abs. 1 entsprechen würde – im Wege der Universalsukzession zur gesamten Hand in ihrer Verbundenheit als Erbengemeinschaft. Es kommt hier vielmehr ausnahmsweise zu einer **Sonderrechtsnachfolge** mit der Wirkung, dass sie den „Gesellschaftsanteil unmittelbar geteilt erwerben und demgemäß mit dem Tode ihres Erblassers automatisch Gesellschafter nach Maßgabe ihres so erworbenen Gesellschaftsanteils werden".[31] Der unmittelbare Übergang der gesellschaftsrechtlichen Stellung des Erblassers auf die einzelnen, zu seinen Nachfolgern berufenen Erben wird anscheinend auch in § 139 Abs. 1 HGB vorausgesetzt, der jedem einzelnen „Erben" das Recht gibt, sein Verbleiben in der Gesellschaft von der Einräumung einer Kommanditistenstellung abhängig zu machen.[32]

b) Qualifizierte Nachfolgeklausel

Der Gesichtspunkt der Sonderrechtsnachfolge wird vom BGH in Übereinstimmung mit der überwiegenden Auffassung im Schrifttum auch herangezogen, um einer sog. **qualifizierten Nachfolgeklausel** Wirksamkeit zu verschaffen, bei der – wie im vorliegenden Fall – nur einer von mehreren Miterben als Nachfolger des Verstorbenen im Gesellschaftsvertrag vorgesehen ist. Auch hier geht danach die **Gesellschafterstellung** des Erblassers in Sondererbfolge unmittelbar auf den nachfolgeberechtigten Erben über, ohne in das Gesamthandsvermögen der Erbengemeinschaft zu fallen.[33]

Begrifflich zu trennen von der Gesellschafterstellung ist jedoch die Frage nach dem Umfang der **vermögensmäßigen** Beteiligung des Nachfolgers.[34] Hierfür kommen zwei Lösungsmöglichkeiten in Betracht: Entweder soll der Nachfolger die Vermögensbeteiligung seines Vorgängers in vollem Umfang übernehmen oder von dieser Beteiligung nur einen – etwa seiner Erbquote entsprechenden – Bruchteil erhalten.[35]

Im Rahmen der letztgenannten Lösung wächst der vom Nachfolger-Gesellschafter nicht übernommene Anteil gemäß § 105 Abs. 3 HGB i.V.m. § 738 Abs. 1 Satz 1

---

[29] *Großfeld/Rohlff*, JZ 1967, 705 (706); vgl. auch MünchKomm/*Ulmer/Schäfer*, § 727 Rn. 39.
[30] BGHZ 22, 186 (192).
[31] BGHZ 22, 186 (193); BGHZ 68, 225 (237); *BGH* NJW 1983, 2376 (2377). Diese Konstruktion einer Sondererbfolge in den unmittelbar geteilten Gesellschaftsanteil außerhalb der Erbengemeinschaft entspricht auch der h.M. im Schrifttum, vgl. die Nachweise bei MünchKomm/*Ulmer/Schäfer*, § 727 Rn. 33 sowie Staudinger/*Marotzke*, § 1922 Rn. 179.
[32] So auch *K. Schmidt*, Gesellschaftsrecht, § 45 V 3 m.w.N.
[33] Vgl. MünchKomm/*Ulmer/Schäfer*, § 727 Rn. 41; *Kipp/Coing*, § 91 IV 8 c–e; *Reimann*, ZEV 2002, 487 (488).
[34] MünchKomm/*Ulmer/Schäfer*, § 718 Rn. 6 ff.
[35] Vgl. *Baumbach/Hopt*, HGB § 139 Rn. 16 f. Die Entscheidung hängt von der Auslegung der Nachfolgeklausel im jeweiligen Gesellschaftsvertrag ab. Der Gesellschaftsvertrag entscheidet also nicht nur darüber, ob überhaupt und gegebenenfalls zu wessen Gunsten die Vermögensbeteiligung des Vorgänger-Gesellschafters vererblich ist, sondern auch, in welchem Umfang sie vererbt werden kann.

BGB daher zunächst den übrigen Gesellschaftern zu.³⁶ Die Erbengemeinschaft erhält stattdessen zur gesamten Hand (§§ 1922 Abs. 1, 2032 Abs. 1) den in § 105 Abs. 3 HGB i.V.m. § 738 Abs. 1 Satz 2 BGB vorgesehenen Abfindungsanspruch gegen die Gesellschaft. Ein Nachteil dieser Lösung liegt darin, dass die Abfindungspflicht das Gesellschaftskapital erheblich belasten, unter Umständen sogar die Fortführung der Gesellschaft insgesamt gefährden kann. Es liegt deshalb im Interesse der Gesellschaft, Abfindungsansprüche nicht nachfolgeberechtigter Erben eines verstorbenen Gesellschafters auszuschließen. Eine entsprechende Bestimmung des Gesellschaftsvertrags ist nach allgemeiner Auffassung rechtswirksam,³⁷ da die Regelung des § 738 Abs. 1 dispositiv ist und ein Gesellschafter im Gesellschaftsvertrag bezüglich des Gesellschaftsvermögens Bindungen eingehen kann, die auch für seine Erben maßgebend sind.

Um aber die mit diesem Ausschluss zunächst verbundene unerwünschte Stärkung der Altgesellschafter zu vermeiden, nahm der BGH in BGHZ 22, 168 (193 ff.) ursprünglich im Gegenzug eine *gesellschaftsvertragliche* Verpflichtung der Altgesellschafter mit dem Inhalt an, den ohne Gegenleistung erhaltenen Gesellschaftsanteil wiederum auf den Nachfolger-Gesellschafter zu übertragen.³⁸ Im Ergebnis erhielt der eintretende Erbe damit einen Gesellschaftsanteil in einer dem Erblasseranteil entsprechenden Höhe.

Diese Lösung ist unnötig kompliziert. Deshalb erwirbt nach inzwischen ganz herrschender Ansicht, der sich der BGH in BGHZ 68, 225 (237 f.) angeschlossen hat,³⁹ der durch eine qualifizierte Nachfolgeklausel berechtigte Miterbe den **vollen Anteil** des verstorbenen Gesellschafters im Wege einer uneingeschränkten **Sondererbfolge** („unmittelbare Vollnachfolge").⁴⁰ Der BGH weist in diesem Zusammenhang zu Recht darauf hin, dass die unmittelbare Vollnachfolge in den Gesellschaftsanteil nicht etwa dadurch verhindert wird, dass dem Nachfolger-Gesellschafter im Verhältnis zu den Miterben nur eine vielleicht geringere Erbquote zukommt. Die Bedeutung der Erbquote liegt vor allem darin, dass sie den Anteil am **Wert** des Gesamtnachlasses bestimmt, der dem Miterben nach der Erbauseinandersetzung im Endergebnis zufließen soll. Dagegen bestimmt sie nicht zwingend über die Zusammensetzung der Mitberechtigung an einzelnen Nachlassgegenständen.⁴¹

Für die Annahme einer derartigen Sondererbfolge sprechen namentlich die unbilligen Ergebnisse,⁴² zu denen der vom BGH in BGHZ 22, 186 noch befürwortete Lösungs-

---

³⁶ Vgl. Staudinger/*Marotzke*, § 1922 Rn. 181.
³⁷ BGHZ 22, 186 (194 f.); BGHZ 50, 316 (318); vgl. auch Baumbach/*Hopt*, HGB § 138 Rn. 34; MünchKomm/*Ulmer/Schäfer*, § 738 Rn. 61; ein erbrechtlichen Formvorschriften unterfallendes Schenkungsversprechen i.S. des § 2301 Abs. 1 liegt darin nicht, da aufgrund der Gegenseitigkeit des Versprechens jeder Gesellschafter selbst möglicherweise von dem Ausschluss der Abfindungsansprüche begünstigt ist, sofern er nicht als erster stirbt.
³⁸ Vgl. Staudinger/*Marotzke*, § 1922 Rn. 181.
³⁹ Vgl. auch *BGH* NJW 1983, 2376; BGHZ 108, 187 (192); Zu einer (teilweisen) Anwachsung des Gesellschaftsanteils des verstorbenen Gesellschafters bei den übrigen Gesellschaftern und einer Entstehung von Abfindungsansprüchen gemäß § 738 Abs. 1 BGB kommt es bei dieser Lösung folglich nicht.
⁴⁰ Vgl. Baumbach/*Hopt*, HGB § 139 Rn. 17; MünchKomm/*Leipold*, § 1922 Rn. 75; MünchKomm/*Ulmer/Schäfer*, § 727 Rn. 44; MünchKomm/*K. Schmidt*, HGB § 139 Rn 18; Soergel/*Stein*, § 1922 Rn. 66.
⁴¹ BGHZ 68, 225 (238).
⁴² Die in der Literatur vorgetragenen Versuche einer dogmatischen Begründung der Sondererbfolge gehen weit auseinander, vgl. die Übersicht bei *Ulmer*, ZGR 1972, 195 (206 ff.); häufig

weg im Einzelfall führen kann. Wird nämlich über das Vermögen eines der „Altgesellschafter" vor Übertragung des ihm zugewachsenen Teils vom Gesellschaftsanteil des Verstorbenen das Insolvenzverfahren eröffnet, so bleibt dem nachfolgeberechtigten Miterben lediglich die Stellung eines Insolvenzgläubigers. Benachteiligungen können sich bei Zugrundelegung der früheren Auffassung des BGH auch für die Nachlassgläubiger ergeben, wenn man trotz der uneingeschränkten Sondererbfolge an der Nachlasszugehörigkeit des vererbten Gesellschaftsanteils festhält (dazu unten Frage 3). Da der nachfolgeberechtigte Miterbe die zunächst fehlenden Restanteile vom Gesellschaftsanteil des Erblassers von den übrigen Gesellschaftern durch Rechtsgeschäft unter Lebenden außerhalb des Erbrechts erwirbt, würde die Mitgliedschaft dann **insoweit** nicht zum Nachlass gehören und deshalb dem Haftungszugriff der Nachlassgläubiger nicht unterliegen.[43]

Der Gedanke der unmittelbaren Vollnachfolge führt jedoch nicht zu der Konsequenz, dass der Wert des Gesellschaftsanteils bei der Auseinandersetzung zwischen den Miterben unberücksichtigt bleiben müsste. Vielmehr behält insoweit die Erbquote ihre volle Bedeutung.[44] Der nachfolgeberechtigte Miterbe muss sich daher den Wert der Beteiligung bei der Erbauseinandersetzung anrechnen lassen und gegebenenfalls im Innenverhältnis die übrigen Miterben abfinden.[45]

III. Ergebnis

Im Ergebnis ist daher mit der h.M. in Literatur und Rechtsprechung von der Theorie der uneingeschränkten Sondererbfolge („unmittelbare Vollerbfolge") auszugehen.[46] Danach erwirbt hier X den Gesellschaftsanteil des A ungeteilt automatisch mit dem Erbfall. Da aber der Anteil an sich einen Bestandteil des der Vererbung unterliegenden Vermögens des A ausmacht, sind an seinem wirtschaftlichen Wert – in Ermangelung einer abweichenden letztwilligen Bestimmung des Erblassers – alle Miterben zu beteiligen. X erwirbt den Gesellschaftsanteil des A gleichsam „als Repräsentant der Erbengesamtheit" und hat im Innenverhältnis, um der erbrechtlichen Regelung Rechnung zu tragen, Y und Z entsprechend ihrer Erbquote abzufinden.[47]

Frage 3: Hätte A in Bezug auf den Gesellschaftsanteil testamentarisch Verwaltungsvollstreckung anordnen können?

Der Erblasser kann durch Testament einen Testamentsvollstrecker ernennen, dessen Aufgabe es ist, die letztwilligen Verfügungen des Erblassers zur Ausführung zu brin-

---

wird BGHZ 68, 225 (237 ff.) auch als Ausdruck einer auf praktischen Erwägungen gegründeten Rechtsfortbildung akzeptiert, so etwa von *Windbichler*, § 16 I 1 Rn. 4; *H. P. Westermann*, JuS 1979, 761 (767); vgl. auch Staudinger/*Marotzke*, § 1922 Rn. 182.

[43] Zur Stellung der Nachlassgläubiger und Pflichtteilsberechtigten vgl. näher *Ulmer*, ZGR 1972, 324 (326 ff.); *ders.*, JuS 1986, 856 (860).

[44] BGHZ 68, 225 (338).

[45] Die dogmatische Begründung der Ausgleichspflicht ist umstritten: Richterrecht (*Wiedemann*, JZ 1977, 689 (691); *Medicus/Petersen*, Rn. 402), Analogie zu den Regeln der Teilungsanordnung, § 2048 (*Ulmer*, ZGR 1972, 324 (327)), Analogie zu den für die Ausgleichung lebzeitiger Zuwendungen geltenden Vorschriften der §§ 2050 ff. (*Brox/Walker*, Rn. 794) bzw. Treu und Glauben, § 242 (BGHZ 22, 186 (197)). Vgl. MünchKomm/*Ulmer/Schäfer*, § 727 Rn. 45; *Hopt*, Gesellschaftsrecht, Rn. 639; *K. Schmidt*, Gesellschaftsrecht, § 45 V 4, jeweils m.w.N.

[46] Vgl. etwa *BGH* NJW 1996, 1284 (1285); *BGH* NJW 1983, 2376; BGHZ 108, 187 (192); vgl. auch Staudinger/*Marotzke*, § 1922 Rn. 181.

[47] *A. Hueck*, JZ 1957, 222 (223); vgl. auch BGHZ 68, 225 (238); MünchKomm/*Ulmer/Schäfer*, § 727 Rn. 45.

gen (Abwicklungsvollstreckung, § 2203) oder aber lediglich den Nachlass zu verwalten (Verwaltungsvollstreckung, § 2209).

Das Verwaltungs- und Verfügungsrecht des Testamentsvollstreckers (§ 2205) beschränkt sich jedoch auf den Nachlass. Die Anordnung einer Testamentsvollstreckung würde die mit dem OHG-Anteil verbundenen Mitgliedschaftsrechte jedenfalls nicht vollumfänglich erfassen können, wenn die Sondererbfolge die Konsequenz hätte, dass der Gesellschaftsanteil – bis auf die Ansprüche auf Gewinn und das künftige Auseinandersetzungsguthaben – aus dem Nachlass ausscheidet.[48]

Diese Auffassung wurde vor allem damit gerechtfertigt, dass dem Schutzbedürfnis der Nachlassgläubiger durch die Zuordnung der vermögensrechtlichen Ansprüche zum Nachlass Genüge getan sei. Die Einbeziehung der Gesellschafterstellung als solcher in den Nachlass sei dazu nicht erforderlich. Der Gesellschaftsanteil sei im Übrigen aufgrund der Sondererbfolge dem Nachfolger-Gesellschafter notwendig persönlich zugeordnet. Auch wurden gesellschaftsrechtliche Bedenken im Hinblick auf den Charakter einer Personengesellschaft als Arbeits- und Haftungsgemeinschaft erhoben.[49]

Indes lässt sich aus der Sondererbfolge in den Anteil einer Personengesellschaft nicht ableiten, dass der vom gesamthänderisch gebundenen Nachlass getrennte Gesellschaftsanteil nicht die Qualität eines Nachlassgegenstandes habe. Die Zuweisung eines Nachlassgegenstandes an einen oder mehrere Miterben unter Ausschluss der anderen Miterben besagt vielmehr zunächst nur etwas über seine dingliche Zuordnung. Eine ganz andere Frage ist, ob der Gegenstand damit auch aus dem Nachlass ausscheidet. Dagegen spricht, dass im Falle des Vorhandenseins nur eines Alleinerben an der Nachlassqualität des unmittelbar auf den Alleinerben übergegangenen Vermögens des Erblassers keine Zweifel bestehen. Zu diesem Vermögen gehört selbstverständlich auch ein Gesellschaftsanteil des Erblassers, da hier eine Differenzierung hinsichtlich der dinglichen Zuordnung des Gesellschaftsanteils und des übrigen Vermögens des Erblassers aus gesellschaftsrechtlichen Gründen nicht notwendig und überdies auch gar nicht möglich ist. Die Nachlasszugehörigkeit des vererbten Gesellschaftsanteils kann jedoch nicht davon abhängen, wie viele Erben vorhanden sind.[50] Bedenken gegen eine Verwaltungsvollstreckung wegen der Besonderheiten der von den Gesellschaftern gebildeten Arbeits- und Haftungsgemeinschaft schließlich betreffen nicht die grundsätzliche Frage, ob der aus dem Gesamthandsvermögen der Miterben ausgegliederte Gesellschaftsanteil in den Nachlass fällt. Vielmehr geht es hier um die weitere Frage, welche Grenzen das Gesellschaftsrecht dem Verwaltungsrecht des fremdnützig tätigen, grundsätzlich nicht persönlich haftenden Sachwalters zieht.

Im Anschluss an den für das Erbrecht zuständigen IV. Zivilsenat des BGH geht daher seit 1998 auch der für das Gesellschaftsrecht zuständige II. Zivilsenat unter ausdrücklicher Aufgabe seiner früheren Rechtsprechung davon aus, dass ein im Gesellschaftsvertrag vererblich gestellter Anteil des Erblassers an einer Personengesellschaft zum Nachlass gehört.[51] Testamentsvollstreckung an einem solchen Anteil

---

[48] So früher der II. Zivilsenat des BGH, zuständig für Gesellschaftsrecht: *BGH* NJW 1981, 749 (750); *BGH* NJW 1984, 2104 (2105); *BGH* NJW 1985, 1953 (1954); *BGH* JZ 1987, 880.
[49] Einzelheiten bei MünchKomm/*Ulmer*, § 705 Rn. 110 m.w.N.
[50] BGHZ 98, 48 (54); BGHZ 108, 187 (194).
[51] Für den IV. Senat: BGHZ 98, 48 (52 f.); *BGH* NJW 1996, 1284 (1285). Für den II. Senat: BGHZ 108, 187 (195); bestätigt in *BGH* NJW 1998, 1313 = JZ 1998, 468 m. Anm. *Ulmer*. Ebenso die h.M. in der neueren Erbrechtsliteratur, vgl. Staudinger/*Marotzke*, § 1922 Rn. 107

ist daher nicht schlechthin ausgeschlossen. Das Verwaltungsrecht des Testamentsvollstreckers wird in solchen Fällen aber aus im Gesellschaftsrecht wurzelnden Gründen begrenzt. Auch die Testamentsvollstreckung darf nämlich nicht zu einem unlösbaren Konflikt mit gesellschaftsrechtlichen Grundsätzen führen. Dieser Konflikt besteht im Wesentlichen darin, dass sich die Verpflichtungsmacht des Testamentsvollstreckers auf den Nachlass beschränkt (§ 2206), während ein OHG-Gesellschafter nach der gesetzlichen Regelung des § 128 HGB unbeschränkt persönlich haftet. Außerdem ist der Charakter der Personengesellschaft als Zusammenschluss auf persönlicher Grundlage zu beachten.

Es ist daher wie folgt zu differenzieren: Die Verwaltungsbefugnisse des Testamentsvollstreckers erfassen jedenfalls die mit dem Anteil verbundenen verkehrsfähigen Vermögensrechte.[52] In die inneren Angelegenheiten der Gesellschaft kann der Testamentsvollstrecker dagegen nicht eingreifen. Insbesondere stehen ihm daher Befugnisse, die unmittelbar die Mitgliedschaftsrechte der Erben berühren, nicht zu.[53] Auch ist der Testamentsvollstrecker aufgrund seiner auf den Nachlass beschränkten Verpflichtungsmacht (§ 2206) von solchen Verwaltungsrechten ausgeschlossen, die zu einer Verpflichtung des Gesellschafter-Erben persönlich führen können.[54]

Dagegen begegnet die Wahrnehmung anderer mit der Beteiligung verbundener Verwaltungsrechte seitens des Testamentsvollstreckers keinen grundsätzlichen Bedenken. Auch die beschränkte Verpflichtungsmacht des Testamentsvollstreckers steht einer Ausübung der Verwaltungsrechte dann nicht entgegen, wenn der Gesellschafter-Erbe in einen Kommanditanteil eingetreten ist, da er als Kommanditist gemäß § 171 HGB selbst nur beschränkt haftet. Aus gesellschaftsrechtlicher Sicht ist hier jedoch aufgrund der persönlichen Verbundenheit der Gesellschafter einer Personengesellschaft untereinander eine im Gesellschaftsvertrag oder ad hoc erteilte Zustimmung der Mitgesellschafter erforderlich.[55]

Im Ergebnis ist daher davon auszugehen, dass eine von A testamentarisch angeordnete Verwaltungsvollstreckung über den vererbten OHG-Anteil (§ 2209) zwar möglich, das Verwaltungsrecht des Vollstreckers jedoch aus gesellschaftsrechtlichen Gründen entsprechend den soeben dargelegten Grundsätzen begrenzt ist.

---

und MünchKomm/*Ulmer*, § 705 Rn. 111 (unter ausdrücklicher Aufgabe seiner früheren Ansicht) m.w.N.

[52] Ganz h.M.; vgl. aus der Rechtsprechung des II. Zivilsenates des BGH, zuständig für Gesellschaftsrecht: *BGH* NJW 1981, 749 (750); *BGH* NJW 1985, 1953 (1954); *BGH* NJW 1998, 1313 (1314); aus der Rechtsprechung des für Erbrecht zuständigen IV. Zivilsenates: *BGH* NJW 1996, 1284 (1285 f.); *BGH* NJW 1986, 2431 (2433). Aus der Lit. vgl. MünchKomm/*Ulmer*, § 705 Rn. 116; zusammenfassend Palandt/*Edenhofer*, § 2205 Rn. 11.

[53] Ganz h.M.; vgl. aus der Rechtsprechung des Erbrechtssenates BGHZ 98, 48 (57); *BGH* NJW 1996, 1284 (1286) mit der Beschränkung der Verwaltungsbefugnisse auf die „Außenseite" des Gesellschaftsanteils; aus der Rechtsprechung des für Gesellschaftsrecht zuständigen II. Zivilsenates *BGH* NJW 1998, 1313 (1314). Aus der Lit. vgl. *K. Schmidt*, Gesellschaftsrecht, § 45 V 7 b; *Hopt*, Gesellschaftsrecht, Rn. 644 m.w.N.; *Flume*, NJW 1988, 161 (163).

[54] BGHZ 108, 187 (195); MünchKomm/*Ulmer*, § 705 Rn. 120; *Ulmer*, JZ 1998, 468 (469).

[55] BGHZ 98, 48 (55); Einzelheiten bei MünchKomm/*Ulmer*, § 705 Rn. 115 ff.

Fall 3. Haftung für Nachlassverbindlichkeiten

Eintritt des Erben in Rechts- und Haftungslagen – Rechtsstellung des vorläufigen Erben – Beschränkung der Erbenhaftung

Sachverhalt

Junggeselle A hat aus dem Zweiten Weltkrieg eine Handgranate als „Souvenir" mit nach Hause gebracht, die er als Briefbeschwerer auf seinem Schreibtisch liegenlässt. Er kommt bei einem Verkehrsunfall ums Leben, ohne eine Verfügung von Todes wegen zu hinterlassen. Sein einziger näherer Verwandter ist ein Sohn seiner bereits verstorbenen Schwester, der Neffe N. N befindet sich beim Ableben des A an Bord eines Flugzeuges, das von einer Guerilla-Organisation zur Landung in der Wüste gezwungen worden ist und dort mit allen Passagieren für mehrere Tage festgehalten wird.

Einige Stunden nach dem Tod des A erscheint der Handwerksmeister H im Auftrag des Hauseigentümers in der Wohnung des Verstorbenen, um eine notwendige Reparatur durchzuführen. Sein Auge fällt auf die Handgranate. Neugierig untersucht H den ihm unbekannten Gegenstand. Dabei kommt es zu einer Explosion, durch die H schwere Verletzungen erleidet. Als N vier Tage später von seiner Reise zurückkehrt, erfährt er von dem Erbfall und dem Unglück des H. Dieser verlangt von N Ersatz des ihm aus dem Unfall entstandenen und in Zukunft entstehenden Schadens einschließlich eines Schmerzensgeldes in angemessener Höhe.

Frage: Hat H einen Schadensersatz- bzw. Schmerzensgeldanspruch gegen N?

Ausgangsfälle:

LG Freiburg 11. 3. 1938 (1 S 70/37) JW 1938, 1819;

RG 10. 2. 1942 (VI 117/41) HRR 1942 Nr. 522;

BGH 7. 6. 1991 (V ZR 214/89) NJW 1991, 2558.

Lösung

I. Schadensersatzanspruch gem. § 823 Abs. 1 BGB

H könnte seine Schadensersatzforderung damit begründen, dass N **selbst** den eingetretenen Schaden in einer ihm zurechenbaren Weise verursacht habe. Da vertragliche Ersatzansprüche wegen des Fehlens eines Vertragsverhältnisses zwischen H und N ausscheiden, kommt nur eine deliktische Anspruchsgrundlage im weiteren Sinn in Betracht. Von einem der spezialgesetzlich normierten Tatbestände der Gefährdungshaftung wird der hier eingetretene Schadensfall nicht erfasst.[1] Eine Ersatzpflicht des

---

[1] Das geltende Recht kennt keine Generalklausel der Gefährdungshaftung. Es gilt hier vielmehr das Enumerationsprinzip. Neue Tatbestände der Gefährdungshaftung können deshalb nicht ohne weiteres von der Rechtsprechung im Wege der Analogie entwickelt werden. Vgl. *Larenz/Canaris*, Schuldrecht II 2, § 84 I 1. Für die Einführung einer Generalklausel de lege ferenda plädiert mit überzeugenden Gründen *Kötz*, AcP 170 (1970), 1 ff. Zu den Reformvor-

N könnte sich deshalb nur aus den §§ 823 ff. ergeben. Durch die Explosion der Handgranate ist der Körper des H verletzt worden. Gemäß § 823 Abs. 1 haftet N für den daraus entstehenden Schaden, wenn er die Verletzung rechtswidrig und schuldhaft verursacht hat. In Betracht kommt hier nur eine Verursachung des Verletzungserfolgs durch **Unterlassen**.[2] Die Verletzung des H kann dem N aber nur dann als Folge seiner Untätigkeit zugerechnet werden, wenn er eine Rechtspflicht zur Abwendung des Schadens missachtet hat.[3] Zu denken wäre hier an eine Verletzung der sog. **allgemeinen Verkehrssicherungspflicht**. Aus ihr ergibt sich u.a. der Grundsatz, dass derjenige, der eine gefährliche Sache beherrscht, für Schäden, die durch sie entstehen, insoweit aufzukommen hat, als er sie bei zumutbarer Rücksichtnahme auf die Interessen anderer hätte verhüten können.[4] Durch eine weniger sorglose Aufbewahrung der Handgranate wäre die Verletzung des H zu vermeiden gewesen. Fraglich ist aber, ob N insoweit als verkehrspflichtig angesehen werden kann. Träger der in den §§ 836–838 für einen Sonderfall ausdrücklich geregelten Erfolgsabwendungspflicht ist derjenige, der die tatsächliche Herrschaft über die gefährliche Sache ausübt. N ist als alleiniger gesetzlicher Erbe (vgl. § 1925 Abs. 1 und 3 i.V.m. § 1924 Abs. 3) mit dem Erbfall – vorbehaltlich seines Ausschlagungsrechts (§ 1942 Abs. 1) – gem. § 1922 Abs. 1 Eigentümer der Handgranate geworden. Auch der Besitz an dem Sprengkörper ist mit dem Tod des A nach § 857 auf N übergegangen, ohne dass es auf eine Kenntnis des Erben vom Eintritt des Erbfalls ankäme.[5] Aus der damit gegebenen **rechtlichen** Möglichkeit der Einflussnahme auf die Gefahrenquelle lässt sich aber eine Verkehrssicherungspflicht des Erben nicht begründen. Erforderlich wäre die **tatsächliche Sachherrschaft**, d.h. die Möglichkeit, die zur Abwendung der Gefahr erforderlichen Maßnahmen zu treffen und zur Beherrschung der Gefahr in der Lage zu sein.[6] Eine Verkehrssicherungspflicht des Erben, der vom Erbfall noch keine Kenntnis erlangt hat, besteht deshalb nicht.[7] Damit scheidet eine persönliche Haftung des N aus § 823 Abs. 1 aus, ohne dass auf die – gleichfalls zu verneinende – Frage seines Verschuldens einzugehen wäre. Aus den gleichen Gründen kommt eine Ersatzpflicht nach § 823 Abs. 2 i.V.m. § 229 StGB nicht in Betracht.

II. Haftung des Erben für Nachlassverbindlichkeiten gem. § 1967 Abs. 1 BGB

Gemäß § 1967 Abs. 1 haftet N als Erbe allerdings für die Nachlassverbindlichkeiten.[8] Zu diesen gehören nach § 1967 Abs. 2 insbesondere die „vom Erblasser herrührenden Schulden". Zu fragen ist also, ob die Ersatzpflicht für den von H erlittenen Schaden als eine Nachlassverbindlichkeit anzusehen ist, für die N als Gesamtrechtsnachfolger des A einzustehen hat.

---

schlägen vgl. den zusammenfassenden Überblick bei *Deutsch*, Allgemeines Haftungsrecht, 2. Aufl. (1996), Rn. 707 ff. Zum heutigen Stand der Diskussion vgl. *Medicus/Petersen*, Rn. 637.

[2] Kritisch zur Differenzierung zwischen Unterlassen und positivem Tun als Begehungsformen im Rahmen des Deliktstatbestandes des § 823 *Medicus/Petersen*, Rn. 644.

[3] Vgl. *Larenz/Canaris*, Schuldrecht II 2, § 76 III 3.

[4] *BGH* NJW 1958, 627 (629); vgl. *Larenz/Canaris*, Schuldrecht II 2, § 76 III 3a; *Looschelders*, Schuldrecht BT, Rn. 1178.

[5] *BGH* JZ 1953, 706.

[6] Vgl. Palandt/*Sprau*, § 823 Rn. 48; *Larenz/Canaris*, Schuldrecht II 2, § 76 III 3. A.M. wohl auch *Boehmer*, JW 1938, 2634 (2639).

[7] Vgl. auch *BGH* JZ 1953, 706; *LG Freiburg* JW 1938, 1819.

[8] Überblick bei *Joachim*, ZEV 2005, 99. Auf die rein akademische Frage, ob sich die Haftung des Erben für die Nachlassverbindlichkeiten bereits aus der in § 1922 Abs. 1 angeordneten Universalsukzession ergibt oder auf die Sondervorschrift des § 1967 gestützt werden muss, braucht hier nicht eingegangen zu werden. Vgl. dazu etwa MünchKomm/*Leipold*, § 1922 Rn. 16.

1. Ersatzpflicht des A gem. § 823 Abs. 1 BGB

Eine Verpflichtung des A zum Ersatz des dem H entstandenen Schadens bestand zum Zeitpunkt des Erbfalls nicht, da die Verletzung noch nicht eingetreten war. Hätte sich der Unfall vor dem Tod des Erblassers ereignet, so wäre es aber unzweifelhaft zu einer Haftung des A gekommen. Zwar kommt eine Schadensersatzpflicht auf vertraglicher Grundlage nicht in Betracht, da A mit H kein Vertragsverhältnis verband und dieser auch nicht in den Schutzbereich des von A mit dem Hauseigentümer abgeschlossenen Mietvertrages einbezogen war.[9] Dagegen wäre eine deliktische Haftung des A gem. § 823 Abs. 1 zu bejahen. Durch die offene Aufbewahrung des Sprengkörpers auf seinem Schreibtisch hatte der Erblasser die ihn aufgrund seiner tatsächlichen Sachherrschaft treffende Rechtspflicht verletzt, Schäden anderer durch ihm zumutbare Vorsichtsmaßregeln zu verhindern. Die Tatsache, dass A in seiner Wohnung keinen Verkehr für Dritte eröffnet hatte, ist insoweit unerheblich, da die spezifische, aus dem Rechtsgedanken des § 836 abgeleitete Vorsorgepflicht für gefährliche Sachen unabhängig von der Frage einer Verkehrseröffnung besteht.[10] Auch an der Kausalität der Pflichtverletzung des A für die Verletzung eines Dritten wäre nicht zu zweifeln, da durch eine der Gefährlichkeit des Gegenstandes entsprechende Aufbewahrungsart der schädigende Erfolg verhindert worden wäre.[11] Die Verletzung der Erfolgsabwendungspflicht erfolgte schließlich auch fahrlässig und damit schuldhaft, da A damit rechnen musste, dass sich mitunter Dritte – befugt oder unbefugt – Zugang zu seiner Wohnung verschaffen und so durch die leichtfertige Aufbewahrung der Granate Schaden erleiden könnten. Wenn es zu einer Ersatzpflicht des A vor seinem Ableben nicht gekommen ist, so also nur deshalb, weil die vom Erblasser pflichtwidrig und schuldhaft nicht genügend abgesicherte Gefahrenquelle „zufällig" noch keinen Schaden angerichtet hatte. Die Verletzung, welche die bereits bestehende Haftungslage zu einer Ersatzpflicht konkretisiert hätte, hat sich erst **nach** dem Erbfall, aber **vor** der Entstehung einer selbständigen Haftung des Erben durch Erlangung der tatsächlichen Herrschaft über die gefährliche Sache ereignet. Es handelt sich also um das Problem eines rechtlich erheblichen Vorgangs, der sich gleichsam „zwischen zwei Rechtsleben" abspielt.[12]

2. Unbilligkeit einer völligen Freistellung des Erben

In einem derartigen Fall sowohl die Existenz einer Nachlassverbindlichkeit als auch diejenige einer reinen Eigenschuld des Erben zu leugnen,[13] wäre offenbar unbillig, da

---

[9] Zum Schutzbereich von Mietverträgen vgl. etwa Palandt/*Grüneberg*, § 328 Rn. 28 m.w.N.
[10] Vgl. MünchKomm/*Wagner*, § 823 Rn. 244 m.w.N.
[11] Zur Kausalität des Unterlassens siehe Palandt/*Grüneberg*, vor § 249 Rn. 51.
[12] *Boehmer*, JW 1938, 2634 (2635).
[13] Im Anschluss an *Boehmer*, Erbfolge und Erbenhaftung, 1927, S. 120 f.; ders., JW 1938, 2634 (2636 f.) sind drei Arten von Verbindlichkeiten des Erben zu unterscheiden:
1. *reine Nachlassschulden*: Das sind sowohl die allein vom Erblasser herrührenden *Erblasserschulden* als auch die erst durch den Erbfall selbst entstehenden *Erbfallschulden* (z.B. Pflichtteilsansprüche, Vermächtnisse und Auflagen), vgl. § 1967 Abs. 2; hierzu gehören auch die nach dem Erbfall entstehenden Nachlasskosten- und Nachlassverwaltungsschulden;
2. *gemischte Nachlass- und Erbenschulden* (Nachlasserbenschulden), die ihren Entstehungsgrund sowohl im Rechtsbereich des Erblassers als auch im persönlichen Handeln des Erben haben und daher sowohl als Nachlassverbindlichkeiten wie als Eigenschulden des Erben mit der Folge einer gesamtschuldnerischen Haftung des Nachlasses und des Erbenvermögens zu behandeln sind, z.B. Verbindlichkeiten, die der Erbe zur Abwicklung des Nachlasses eingegangen ist, und

ein geschädigter Dritter beim Eintritt eines Erbfalls während der Entwicklung einer Haftungslage zu einer Schadensersatzpflicht ohne ausgleichspflichtigen Schuldner bliebe. Eine solche Lösung wäre mit dem Grundsatz der Universalsukzession unvereinbar, wonach der Erbe mit dem Erbfall in das gesamte Rechts- und Pflichtenleben des Erblassers eintritt, soweit es nicht ausschließlich an dessen Person gebunden ist und deshalb mit seinem Tod erlischt. Von der Erbfolge werden daher nicht nur vollendete subjektive Rechte und Pflichten erfasst, sondern auch Anwartschaften, bedingte und künftige Rechte, begünstigende Rechtslagen, Bindungen, Lasten und Haftungslagen.[14] „Der Tod unterbricht das Rechtsleben des Menschen in dem Zustande, in dem sich seine sozialen Beziehungen zur Mitwelt, die rechtlich erheblich sind, zufällig gerade befinden. Diese können ‚fertige', abgeschlossene Rechtsverhältnisse sein, aber auch ‚unfertige', erst werdende Rechtsbeziehungen, deren Begründungstatbestand zwar schon begonnen hatte, aber noch nicht vollendet war."[15] Will man eine willkürliche Zäsur durch den Tod vermeiden – und gerade darin besteht eines der Grundanliegen des Erbrechts –, so muss man eine „Fortsetzung der Persönlichkeit" des Erblassers annehmen,[16] die sich nicht auf seine vollentwickelten Rechte und Pflichten beschränkt. Dieser Gedanke hat auch in zahlreichen Einzelvorschriften des BGB Ausdruck gefunden (vgl. z.B. §§ 130 Abs. 2, 153, 185 Abs. 2 Satz 1, 791, 857, 943).

3. Vererblichkeit von Haftungslagen gem. § 1967 BGB

Vererblich sind danach insbesondere „Haftungslagen", die im Zeitpunkt des Erbfalles noch nicht den Charakter bestehender Verpflichtungen haben, aber potenziell den Entstehungsgrund einer Verbindlichkeit in sich bergen, z.B. die Rechtslage, die durch die Abgabe eines bindenden Vertragsangebots eingetreten ist. Diese Auffassung findet eine gewisse Bestätigung im Wortlaut des § 1967 Abs. 2. Danach gehören zu den Nachlassverbindlichkeiten auch die vom Erblasser „herrührenden" Schulden. In dieser Wendung mag man zum Ausdruck gebracht finden, „dass die Schulden im Zeitpunkt des Erbfalls noch nicht vorhanden zu sein brauchen, dass demnach der Verpflichtungstatbestand noch nicht vollständig verwirklicht zu sein braucht."[17] Nach-

---

3. *reine Eigenschulden* des Erben (Erbenschulden), die ausschließlich in der individuellen Lebenssphäre des Erben begründet sind und nicht mehr den Charakter von Nachlassverbindlichkeiten tragen.
Wenn ein zum Schadensersatz verpflichtender Tatbestand – wie im vorliegenden Fall – „in seinem entscheidenden, die Verantwortlichkeit tragenden Teil noch völlig in die Lebenssphäre des Erblassers fällt und den Erben selbst kein fortwirkendes Verschulden trifft", kommt nur eine reine Nachlassschuld in Betracht (*Boehmer*, JW 1938, 2634 (2637)).
[14] Vgl. *BGH* NJW 1991, 2558 f.; *LG Freiburg* JW 1938, 1819 (1820); Palandt/*Edenhofer*, § 1922 Rn. 26; *Lange/Kuchinke*, § 47 II 1 b; *Brox/Walker*, Rn. 655; *Boehmer*, Erbfolge und Erbenhaftung, 1927, S. 25 ff.; *ders.*, JW 1938, 2634. Eine Ausnahme von diesem Grundsatz ist allerdings für deliktische Schadensersatzverpflichtungen Dritter gegenüber dem *Erblasser* selbst zu machen. Diese sind auf die dem verletzten Erblasser selbst zugefügten Nachteile zu begrenzen, und entsprechende Ansprüche stehen daher nur in diesem Umfang den Erben zu, vgl. *BGH* JZ 1962, 708 mit insoweit zust. Anm. von *Larenz*, JZ 1962, 709 (711) u. Palandt/*Edenhofer*, § 1922 Rn. 27. Eine Sukzession des Erben in eine bloße deliktische „Anspruchsgrundlage" findet nicht statt.
[15] *Boehmer*, JW 1938, 2634 (2635); vgl. auch *BGH* NJW 1991, 2558 f.
[16] Vgl. *Kipp/Coing*, § 1 II 1a. Um den Mystizismus einer „transzendenten Unsterblichkeits- oder Seelenwanderungslehre im juristischen Gewand" handelt es sich dabei nicht; vgl. dazu *Boehmer*, JW 1938, 2634.
[17] *LG Freiburg* JW 1938, 1819 (1820); *RG* HRR 1942 Nr. 522 m.w.N.; *BGH* NJW 1991, 2558 f. m.w.N.

lassverbindlichkeiten können sich demnach für den Erben insbesondere auch aus **außervertraglichen** Haftungslagen ergeben, die vom Erblasser in einer ihm zurechenbaren Weise geschaffen wurden und die das Risiko einer Schädigung Dritter einschließen, für das der Erblasser hätte einstehen müssen, wenn er nicht vor Eintritt des Verletzungserfolges gestorben wäre. Wo eine Gefährdungshaftung besteht, haftet der Erbe daher auch für Schäden, die erst nach dem Erbfall durch die betreffende Gefahrenquelle verursacht worden sind, auch wenn der Erbe selbst noch nicht als „Halter" oder „Inhaber" der betreffenden Anlage angesehen werden kann.[18] Bei einer **unerlaubten Handlung** entsteht eine Nachlassverbindlichkeit, wenn der Erblasser – wie im vorliegenden Fall – rechtswidrig und schuldhaft die Ursache zu dem nach seinem Tod eingetretenen adäquaten Verletzungserfolg gesetzt hat.[19]

4. Ergebnis

N hat H daher gem. § 1967 Abs. 1 i.V.m. § 823 Abs. 1 den diesem entstandenen Schaden – einschließlich eines Schmerzensgeldes (§ 253 Abs. 2) – zu ersetzen. Wegen des mitwirkenden Verschuldens des H kommt es allerdings zu einer angemessenen Minderung der Ersatzpflicht des N gem. § 254 Abs. 1.

III. Haftungsbeschränkung gem. § 1942 Abs. 1 BGB

Die Erbschaft ist aber gem. § 1942 Abs. 1 auf N vorbehaltlich seines **Ausschlagungsrechts** übergegangen. Solange N die Erbschaft nicht angenommen hat oder die Ausschlagungsfrist noch nicht verstrichen ist (§ 1943), ist er nur vorläufiger Erbe, der die ihm zugefallene Gesamtheit der nicht höchstpersönlichen Rechtsbeziehungen des Erblassers durch Ausschlagung mit Rückwirkung (§ 1953 Abs. 1) aufgeben kann. Macht N von seinem Ausschlagungsrecht Gebrauch, so fällt die Erbschaft gem. § 1953 Abs. 2 dem nächstberufenen gesetzlichen Erben an. Auch als vorläufiger Erbe haftet N für die Nachlassverbindlichkeiten. Da aber mit Rücksicht auf das Ausschlagungsrecht noch nicht feststeht, ob diese Haftung Bestand hat, ist er gem. § 1958 bis zur Annahme der Erbschaft (als solche gilt gem. § 1943 auch der Ablauf der Ausschlagungsfrist) gegen die gerichtliche Geltendmachung von Nachlassverbindlichkeiten geschützt. Eine außergerichtliche Geltendmachung vor diesem Zeitpunkt bleibt H dagegen unbenommen.

Auch nach der Annahme der Erbschaft ist N gem. § 2014 drei Monate lang berechtigt, die Befriedigung der Ansprüche des H zu verweigern. Zweck dieser aufschiebenden **Einrede**[20] ist es, dem Erben Gelegenheit zu geben, den Umfang des Nachlas-

---

[18] Hätte A im vorliegenden Fall am Steuer seines Kraftfahrzeuges einen Schlaganfall erlitten, und wäre der führerlose Wagen infolgedessen in eine Passantengruppe gerollt, so müsste N gem. § 1967 i.V.m. § 7 Abs. 1 StVG als Alleinerbe auch für den dadurch verursachten Schaden aufkommen. Vgl. dazu auch BGHZ 23, 90: Plötzliche Bewusstlosigkeit des Fahrers ist keine höhere Gewalt i.S. des § 7 Abs. 2 StVG.
[19] *LG Freiburg* JW 1938, 1819 (1821); *RG* HRR 1942 Nr. 522; *BGH* JZ 1962, 708 (obiter); Staudinger/*Marotzke*, § 1967 Rn. 21 ff.; Palandt/*Edenhofer*, § 1967 Rn. 2; *Lange/Kuchinke*, § 47 II 1b; einschränkend *Soergel/Stein*, § 1967 Rn. 3, der annimmt, der Erbe trete grundsätzlich „in die geschaffene Haftungslage ein" (so dass durch Eintritt des Verletzungserfolges eine Erbenschuld bzw. wegen des Zusammenwirkens von Erblasser und Erben eine Nachlasserbenschuld entstehe). Nur wenn, wie hier, der Verletzungserfolg ausschließlich auf ein Verhalten des Erblassers zurückzuführen ist, sei eine Erblasserschuld anzunehmen.
[20] Zur Einteilung der rechtshemmenden Einwendungen (= Einreden) in dilatorische u. peremptorische sowie zu deren Abgrenzung von den rechtshindernden u. rechtsvernichtenden Einwendungen vgl. *Medicus/Petersen*, Rn. 732 f.

ses und der Nachlassverbindlichkeiten festzustellen, um sich schlüssig darüber zu werden, ob er Maßnahmen zur Beschränkung der Haftung ergreifen soll. Deshalb fällt die Einrede gem. § 2014 weg, wenn der Erbe vor Ablauf der Dreimonatsfrist ein Inventar errichtet hat.

N kann die Haftung auf den Nachlass **beschränken**,[21] indem er Nachlassverwaltung oder die Eröffnung des Nachlassinsolvenzverfahrens beantragt (§ 1975 BGB, §§ 315 ff. InsO). Er haftet dem H dann nur mit dem auf ihn übergegangenen Vermögen des A, nicht dagegen auch mit seinem eigenen Vermögen. Sollte der Nachlass des A so geringfügig sein, dass Nachlassverwaltung oder Nachlassinsolvenzverfahren wegen der damit verbundenen Kosten nicht tunlich sind, kann N die Beschränkung seiner Haftung gegenüber H durch Erhebung der Dürftigkeitseinrede gem. § 1990 geltend machen.

---

[21] Überblick bei *Joachim*, ZEV 2005, 99.

Fall 4. Sittenwidrigkeit einer Verfügung von Todes wegen

Auslegung von Verfügungen von Todes wegen – Erbeinsetzung unter auflösender Bedingung – Sittenwidrigkeit von Rechtsgeschäften – mittelbare Drittwirkung der Grundrechte

Sachverhalt

Der später verwitwete und 1939 verstorbene Erblasser, der 5. Fürst zu N., schloss am 14. 4. 1925 mit seiner damals noch lebenden Ehefrau und den Söhnen A, B, und C einen notariell beurkundeten Erbvertrag, um die Nachfolge für das fürstliche Stammgut, bestehend aus Grundstücken und Aktien, zu regeln, das ca. 90 % des gesamten fürstlichen Vermögens ausmachte. Bezogen auf dieses Stammgut setzte er in dem Erbvertrag seine Abkömmlinge als Erben ein. Die Erbfolge sollte sich nach den Bestimmungen des bis 1919 geltenden fürstlichen Hausgesetzes vom 23. 10. 1897 vollziehen,[1] jedoch unter Geltung der §§ 2100-2146 BGB, wobei der Erblasser diese Erbfolge über Generationen hinweg sichergestellt wissen wollte. Die Söhne des Fürsten verpflichteten sich, ihren Nachlass ebenfalls nach den Grundsätzen des Hausgesetzes weiterzugeben. Eine Verfügung über den restlichen Teil seines Vermögens traf der Erblasser nicht. Das Hausgesetz enthält ein Inventar des Stammgutes und hat auszugsweise folgenden Wortlaut:

„§ 4 Zur Succession in dieses Stammgut wird Geburt aus einer hausgesetzmäßigen Ehe (§ 25) und Bekenntnis zum evangelischen Glauben gefordert.

§ 5 Die Succession geschieht im Mannesstamme des Fürstlichen Hauses nach dem Rechte der Erstgeburt und Linealerbfolge. Unter gleichnahen Linien wird die jüngere von der älteren ausgeschlossen.

§ 25 (2) Die Prinzen und Prinzessinnen des Fürstlichen Hauses können sich nur mit vorgängiger schriftlicher Einwilligung des Fürsten vermählen.

(4) Familienmitglieder, welche vorstehenden Bestimmungen zuwider eine eheliche Verbindung eingehen, sind für sich, ihre Ehegatten und Nachkommen von den Rechten und Bezügen ausgeschlossen, welche ihnen dieses Hausgesetz gewährt."

Im Jahre 1946 ging das Stammgut nach dem Tode des A auf dessen ältesten Sohn, den 1930 geborenen 7. Fürsten A 1, über. Dieser setzte mit Testament v. 19. 12. 1984 seinen Ältesten, den Prinzen Z, hinsichtlich seines gesamten Vermögens, soweit es nicht einer Nacherbfolge unterlag, als Alleinerben ein und bezog sich dabei auch auf das fürstliche Hausgesetz. Z war ebenfalls im Jahr 1984 eine von seinem Vater gebilligte Ehe mit der

---

[1] Das Haus N. als ehemals reichsständisches Haus besaß die Rechtssetzungsautonomie, seinen Grundbesitz und die wesentlichen beweglichen Vermögensgegenstände als Stammgut zusammenzufassen und dieses im Wege einer *gesetzlichen Erbfolge* durch Hausgesetz zu vererben. Der Sache nach handelte es sich hierbei um eine familienfideikommissrechtliche (vgl. hierzu *Kipp/Coing*, § 47 VI) Regelung, die eine Sonderrechtsnachfolge außerhalb der gewillkürten Erbfolge vorsah. Diese Hausgesetze galten nach Inkrafttreten des BGB zwar nach Art. 59 EGBGB fort, wurden aber sukzessive durch Landesgesetze beseitigt. Mit dem Fideikommisserlöschensgesetz v. 6. 7. 1938 (RGBl. I 1938, S. 825) entfielen für das gesamte Reichsgebiet die noch geltenden fideikommissrechtlichen Bindungen.

bürgerlichen E 1 eingegangen. E 1 verstarb jedoch 1989 bei einem Autounfall. Am 24. 5. 1991 heiratete Z erneut, und zwar die promovierte Juristin E 2, ohne jedoch die Zustimmung seines Vaters erhalten zu haben. A 1 verfasste daraufhin am 9. 10. 1991 ein weiteres Testament, in dem er seine Verfügung vom 19. 12. 1984 ausdrücklich widerrief und den jüngeren Bruder des Z zum Alleinerben einsetzte. Kurz darauf verstarb A 1. Z focht daraufhin das Testament vom 9. 10. 1991 mit der Begründung an, die Enterbung beruhe auf seinem Verstoß gegen die Konsensklausel des Hausgesetzes, die ihn in seiner Eheschließungsfreiheit verletze und daher unwirksam sei. Er sei Erbe sowohl nach dem 5. Fürsten als auch nach A 1.

Frage: Ist Z Erbe geworden?

Ausgangsfälle:

BGH 2. 12. 1998 (IV ZB 19/97) BGHZ 140, 118;

BayObLG 4. 8. 1999 (1Z BR 187/97) FamRZ 2000, 380;

BVerfG 22. 3. 2004 (1 BvR 2248/01) NJW 2004, 2008.

Lösung

A. Erbrecht nach dem 5. Fürsten

Mit dem Tode seines Vaters kann Z nicht nur diesen beerben, sondern auch seinen Urgroßvater – den 1939 verstorbenen 5. Fürsten zu N. Möglicherweise ergibt sich ein solches Erbrecht aus dem 1925 geschlossenen Erbvertrag. Es kommt aber gem. §§ 1941 Abs. 1, 2100 nur dann in Betracht, wenn A und A 1 Vorerben des 5. Fürsten geworden sind und Z sein Nacherbe war, der Erblasser also eine **gestaffelte Nacherbfolge** vorgesehen hätte. Bei einer Nacherbschaft wird gem. § 2100 jemand Erbe – der Nacherbe –, erst nachdem zunächst ein anderer Erbe geworden ist – der Vorerbe. Beide (Vorerbe und Nacherbe) beerben den Erblasser.[2] Eine Abfolge von Vor- und Nacherbschaften über mehrere Generationen in einer Verfügung von Todes wegen ist von der Testierfreiheit gedeckt und in den zeitlichen Grenzen des § 2109 zulässig,[3] so dass Z hiernach seinen Urgroßvater beerbt haben könnte.

I. Auslegung des Erbvertrags

Der Erbvertrag müsste dafür eine solche gestaffelte Nacherbfolge allerdings tatsächlich anordnen. Er sieht vor, dass das Stammgut nach dem Hausgesetz vererbt wird. Nach § 5 Hausgesetz gilt die Beschränkung auf den Mannesstamm, die Primogenitur (Erstgeburt) und die Linearerbfolge. Der 5. Fürst sollte von seinem ersten Sohn A, dem 6. Fürsten, beerbt werden. Dieser wiederum hatte sich in dem Erbvertrag selbst verpflichtet, seinen Nachlass gemäß den hausgesetzlichen Regelungen an seinen ältesten Sohn, den A 1, weiterzugeben, der wiederum von seinem ältesten Abkömmling, dem Z, gefolgt werden sollte.

1. Gestaffelte Nacherbfolge

Ob von den Parteien mit dieser Regelung eine mehrstufige Vor- und Nacherbschaft beabsichtigt war, ist eine Auslegungsfrage (§§ 133, 157). Dem Erblasser und seinen

---

[2] *Brox/Walker*, Rn. 343; *Schlüter*, Rn. 727.
[3] *Leipold*, Rn. 673.

Söhnen kam es darauf an, den Kernbestand des fürstlichen Vermögens zu bewahren und dazu das Stammgut über Generationen hinweg jeweils in der Person des Kronprinzen, also des ältesten männlichen Abkömmlings, zusammenzuhalten. Dieser sollte mit dem Tode seines Vaters gleichzeitig Vorstand des fürstlichen Hauses und Erbe des Stammgutes werden, dies bis an sein Lebensende bleiben und danach als Eigentümer des Stammgutes wie als Fürst von seinem ältesten Sohn ersetzt werden. In Anbetracht der Tatsache, dass der Erbvertrag auch ausdrücklich auf die §§ 2100–2146 verweist, entspricht es dem Parteiwillen am ehesten, eine gestaffelte Nacherbfolge anzunehmen. Nacherbfall ist dabei der Tod des jeweiligen Vorerben.[4] A wäre demnach als Erbe des 5. Fürsten Vorerbe für A 1, der wiederum als Nacherbe gem. § 2139 mit dem Tode seines Vaters dem 5. Fürsten nachfolgen und zugleich Vorerbe für seinen Sohn Z werden würde, der schließlich als Nacherbe den Erblasser beerben würde. Deutlich wird hiermit auch, dass die jeweiligen Söhne **nach** ihrem Vater erben sollten und nicht **statt** seiner, so dass eine Ersatzerbschaft gem. § 2096 jedenfalls nicht primär gewollt war.[5] Die Nacherbschaft sorgt zudem für den Zusammenhalt des Stammgutes, da der Vorerbe hinsichtlich des Nachlasses den Verfügungsbeschränkungen der §§ 2113 ff. unterliegt. Dem Parteiwillen entspricht damit im Ergebnis eine Abfolge mehrerer Vor- und Nacherbschaften, an deren Ende der Z als Erbe des 5. Fürsten steht. Der Erbvertrag enthält somit auch ein Erbrecht für Z nach seinem Urgroßvater.

2. Aufteilung des Nachlasses

Hieran schließt sich die Frage an, mit welcher **Quote** am Gesamtnachlass Z als Erbe berufen ist. Einer alleinigen Vererbung des Stammgutes widerspricht der erbrechtliche Grundsatz der Universalsukzession. § 1922 verbietet einen gesetzlichen Übergang einzelner Nachlassgegenstände. Möglich ist nur die Übertragung des Nachlasses im Ganzen entweder auf einen Alleinerben oder auf eine Miterbengemeinschaft, deren Mitglieder zu Bruchteilen am gesamten Nachlass beteiligt sind. § 5 Hausgesetz sieht dagegen eine Alleinerbschaft für das Stammgut als Teil des fürstlichen Nachlasses vor, die es aber nach dem soeben Ausgeführten nicht geben kann. Das Hausgesetz i.V.m. dem Erbvertrag ist daher geltungserhaltend auszulegen und so zu verstehen, dass sich die Verfügung nicht lediglich auf das Stammgut als Summe individualisierbarer Gegenstände und Rechte bezieht, sondern vielmehr eine (konkludente) Anordnung für denjenigen Bruchteil des Gesamtnachlasses trifft, den das Stammgut seinem Wert nach ausmacht, also für 9/10. In dem Erbvertrag wird somit nicht etwa gesondert das Stammgut vererbt. Vielmehr wird in ihm für 9/10 des Nachlasses der Kronprinz als Erbe eingesetzt und für dieselbe Quote zugleich eine gestaffelte Nacherbfolge angeordnet. Eine solche Beschränkung der Vor- und Nacherbschaft auf einen Bruchteil des Erbes ist möglich.[6] Sie lässt aber die Frage offen, wie dem Erben nicht nur 9/10 des Nachlasses, sondern gerade das Stammgut übertragen wird. In dessen Genuss kann der Erbe nur kommen, wenn man in dem Verweis auf das Hausgesetz, in dem das Stammgut genau beschrieben ist, eine konkludente **Teilungsanordnung** gem. § 2048 erblickt. Diese gäbe dem Bedachten einen Anspruch gegen eine etwaige Miterbengemeinschaft auf die Übertragung der bezeichneten Nachlass-

---

[4] Zum Nacherbfall s. *Leipold*, Rn. 487.
[5] Eine Ersatzerbschaft liegt vor, wenn ein Erbe ausfällt und rückwirkend durch einen anderen ersetzt wird. Die Ersatzerbschaft ist im Zweifelsfall in der Berufung zum Nacherben eingeschlossen (§ 2102 Abs. 1).
[6] *BGH* NJW 1980, 1276; *Schlüter*, Rn. 733.

gegenstände bei der Nachlassauseinandersetzung. Dies dürfte dem Willen des 5. Fürsten entsprochen haben. Er hat demnach im Jahre 1925 in dem Wunsch, nur das Stammgut zu vererben, tatsächlich eine Vor- und Nacherbschaft i.H.v. 9/10 verbunden mit einer entsprechenden Teilungsanordnung verfügt, so dass auch Z in Höhe dieses Bruchteils Erbe geworden sein könnte.

Zusätzlich erhält er möglicherweise auch noch das verbleibende Zehntel am Nachlass, über das allerdings jedenfalls nicht explizit von Todes wegen verfügt wurde. Da einerseits der Erbvertrag für 90% des Nachlasses eine detaillierte Regelung trifft, was dafür spricht, die übrigen 10% ebenfalls dieser Anordnung zu unterwerfen, sich andererseits die Verfügung ausdrücklich nur auf das Stammgut bezog, bleiben Zweifel. Diese können jedoch durch § 2088 Abs. 1 beseitigt werden: Hat der Erblasser nur einen Erben eingesetzt und die Erbeinsetzung auf einen Bruchteil des Nachlasses beschränkt, so tritt für den übrigen Teil die gesetzliche Erbfolge ein. Dementsprechend fällt das letzte Zehntel unter die Erbengemeinschaft bestehend aus A, seinen Brüdern (§ 1924 Abs. 1 und 4) und der Fürstin (§ 1931), ohne dass dieser Teil der Nacherbschaft unterläge. Z kann hieraus somit kein Erbrecht für sich herleiten. Es bleibt für ihn bei einer Nacherbschaft i.H.v. 9/10 und der sachlichen Beschränkung auf das urgroßväterliche Stammgut.

II. Formwirksamkeit des Erbvertrages

Voraussetzung dafür ist allerdings weiter die Formwirksamkeit des Erbvertrages. Die besonderen Formerfordernisse der §§ 2274-2276, 2232 sind gewahrt. Fraglich ist aber, ob der Verweis auf das Hausgesetz im Erbvertrag zulässig ist. Nach § 9 Abs. 1 Satz 2 BeurkG gelten Schriftstücke, auf die in der notariellen Niederschrift verwiesen wird, als Teil der Niederschrift nur, wenn sie ihr beigefügt sind. Hieran fehlt es für das Hausgesetz. Auch können Dokumente, die selbst nicht den Formerfordernissen entsprechen, nicht durch einen Verweis in der letztwilligen Verfügung in diese einbezogen werden.[7] Dieser Grundsatz gilt indes nicht für den Verweis auf Rechtsvorschriften.[8] Denn bei diesen besteht keine Fälschungsgefahr. Das Hausgesetz des Fürstenhauses N. hatte Gesetzesqualität im materiellen Sinne, wobei es nicht darauf ankommt, dass die Regelungen im Jahr 1925 bereits außer Kraft waren. Somit ist das Hausgesetz wirksam Teil des Erbvertrages geworden.

III. Materielle Gültigkeit des Erbvertrages

Problematisch ist aber die materielle Gültigkeit des Erbvertrages. Gemäß § 2109 Abs. 1 wird die Einsetzung zum Nacherben unwirksam, wenn seit dem Erbfall 30 Jahre vergangen sind, ohne dass der Nacherbfall eingetreten ist. Dieser Zeitraum ist mit dem Versterben des A 1 im Jahre 1991 deutlich überschritten, so dass insoweit die gestaffelte Nacherbfolge zu Z unterbrochen wäre. Gemäß § 2109 Abs. 1 Satz 2 Nr. 1 bleibt die 30-jährige Frist aber außer Betracht, wenn der Nacherbfall an ein Ereignis in der Person des zur Zeit des Erbfalls lebenden Vorerben gekoppelt ist. Hier sollte der Nacherbfall erst mit dem Tode des zur Zeit des Erbfalls (1939) lebenden A 1 eintreten und war damit von diesem Ereignis in seiner Person abhängig. Die Nacherbeinsetzung ist folglich nicht mit Ablauf der 30 Jahre unwirksam geworden. Allerdings verhält es sich so, dass Z der letzte Nacherbe sein würde und von dem Erbvertrag über den Tod des A 1 hinaus keine weitere Bindung ausginge. Als

---

[7] *BGH* WM 1980, 1039 (1039 f.); BayObLGZ 1979, 215 (218).
[8] BayObLGZ 1996, 204 (224).

dessen Erbe könnte Z also das Stammgut, das insoweit freies Vermögen geworden ist, nach eigenem Ermessen weitergeben.

1. Wirksamkeit der Konsensklausel

Zweifelhaft ist allerdings die Wirksamkeit der Konsensklausel in § 25 Abs. 2 Hausgesetz i.V.m. der **Ausschlussklausel** gem. § 25 Abs. 4 Hausgesetz. Danach dürfen sich die Kinder nur mit vorheriger Einwilligung des Fürsten verheiraten. Verstoßen sie gegen diese Regelung, droht ihnen die Enterbung. Dieser Einwilligungsvorbehalt könnte mit § 2065 Abs. 2, der gem. § 2279 Abs. 1 auch auf Erbverträge anwendbar ist, kollidieren. Hiernach darf der Erblasser die Bestimmung der Person des Bedachten nicht der Entscheidung eines Dritten überlassen. Dies gilt auch für die Bestimmung des Nacherben.[9] Nacherbe war jeweils der älteste männliche Abkömmling. Dies war im Erbvertrag festgesetzt und bedurfte keiner weiteren Willensbildung eines Dritten. Gemäß § 25 Hausgesetz konnte die Erbenstellung nur wieder entfallen, wenn der als Erbe Eingesetzte eine vom Fürsten nicht gebilligte Ehe einging. Damit steht die Erbeinsetzung unter der auflösenden Bedingung der standeswidrigen Heirat.[10] Eine solche Potestativbedingung, deren Eintritt von einem bestimmten Verhalten des Bedachten abhängt, verstößt nicht gegen den Grundsatz der Höchstpersönlichkeit der Errichtung letztwilliger Verfügungen und steht daher mit § 2065 Abs. 2 in Einklang.[11]

2. Sittenwidrigkeit des Hausgesetzes

Zu prüfen bleibt jedoch, ob die Klauseln des Hausgesetzes gegen § 138 Abs. 1 verstoßen. Ein Rechtsgeschäft ist sittenwidrig und somit nichtig, sofern es dem Anstandsgefühl aller billig und gerecht Denkenden widerspricht.[12]

a) Mittelbare Drittwirkung der Grundrechte

Dies könnte im vorliegenden Fall insbesondere dann der Fall sein, wenn die Verfügungen des Erblassers Grundrechte verletzen. Grundrechte haben neben ihrer Abwehrfunktion gegen staatliche Eingriffe auch eine **Schutzgebotsfunktion**.[13] Diese verpflichtet den Staat unter anderem, seine Bürger im privaten Rechtsverkehr zu beschützen,[14] also vor Personen, die selbst nicht Adressat der Grundrechte sind.[15] Daraus folgt jedoch keine unmittelbare Geltung der Grundrechte zwischen Privaten, sondern lediglich eine **mittelbare Drittwirkung**:[16] Rechtsgeschäfte sind an den zivilrechtlichen Generalklauseln zu messen, und bei deren Konkretisierung sind die rechtsanwendenden Gerichte an die Grundrechte in ihrer Funktion als Schutzgebote

---

[9] MünchKomm/*Grunsky*, § 2101 Rn. 3.
[10] Vgl. § 2075, der die Zulässigkeit solcher Bedingungen voraussetzt, Palandt/*Edenhofer*, § 2075 Rn. 1. Vgl. *BayObLG* FamRZ 2000, 380.
[11] *BayObLG* FamRZ 2000, 380; Staudinger/*Otte*, § 2065 Rn. 15; zweifelnd MünchKomm/ *Leipold*, § 2065 Rn. 11.
[12] So die berühmte Formel aus den Motiven des BGB (*Mugdan* II, 406), die in Rechtsprechung und Literatur allgemeine Zustimmung gefunden hat. Vgl. etwa RGZ 80, 219 (221); RGZ 128, 92 (96); RGZ 150, 1 (5); BGHZ 52, 17; *Schlüter*, Rn. 216; *Brox/Walker*, Rn. 263; *Leipold*, Rn. 243.
[13] Erstmals BVerfGE 39, 1 (41) für die Schutzpflicht des Staates gegenüber dem werdenden Leben.
[14] *Canaris*, Grundrechte und Privatrecht, 1999, S. 38.
[15] *Hesse*, Grundzüge des Verfassungsrechts, 20. Auflage 1999, Rn. 350.
[16] Grundlegend BVerfGE 7, 198 (206 f.) – Lüth; BVerfGE 89, 214 (229).

gebunden (vgl. Art. 1 Abs. 3 GG). Zu beachten ist in diesem Zusammenhang zweierlei: Zum einen kommt es nicht darauf an, dass die Grundrechtsverletzung bei einer Partei oder einem Beteiligten des Rechtsgeschäftes festzustellen ist. Es genügen vielmehr verfassungswidrige Konsequenzen bei einem Rechtssubjekt in auch nur indirekter Berührung mit dem jeweiligen Rechtsgeschäft. Der Erbvertrag ist also bereits dann sittenwidrig, wenn er die als standeswidrig abgelehnte Ehefrau des Bedachten oder deren Kinder in grundrechtlich geschützten Positionen verletzt. Zum anderen ist die verminderte Schutzintensität zu berücksichtigen, die den Grundrechten als Schutzgeboten zukommt.[17] Die nur mittelbare Grundrechtswirkung wäre wieder aufgehoben, wenn an Rechtsgeschäfte Privater dieselben inhaltlichen Maßstäbe angelegt würden, wie sie für staatliche Maßnahmen gelten. Die Grundrechte fungierten dann der Sache nach als Verbotsgesetze i.S.v. § 134, ohne dass es noch auf eine Vermittlung durch Generalklauseln wie in § 138 Abs. 1 ankäme.[18] Eine Rechtsfolge, die als staatlicher Eingriff den Adressaten in seinen Grundrechten verletzte, kann somit gleichwohl zwischen Bürgern rechtens sein, da hier die durch Art. 2 Abs. 1 GG geschützte Privatautonomie zu berücksichtigen ist. Stehen staatliche Regelungen unter dem Vorbehalt des Übermaßverbotes, also der strikten Anwendung des Erforderlichkeitsprinzips und des Prinzips der Verhältnismäßigkeit im engeren Sinne, so kann der Bürger bei der Kontrolle privater Regeln vom Gericht nur die Einhaltung eines Untermaßverbotes und damit die Gewährung eines einzelfallabhängigen Schutzminimums verlangen.[19]

b) Verletzung von Grundrechten

Möglicherweise verstoßen aus dem Hausgesetz die Anordnung der Alleinerbschaft des Erstgeborenen, die Mannesstammklausel (beide gem. § 5) und die Konsensklausel nach § 25 Abs. 4 gegen Grundrechte und sind deshalb sittenwidrig. In Betracht kommt eine Verletzung der Grundrechte aus Art. 3 Abs. 1–3 GG sowie aus Art. 6 Abs. 1 GG.

Diese Grundrechte sind indes nur dann Prüfungsmaßstab für den Erbvertrag, wenn es für die Entscheidung auf den **gegenwärtigen Sittlichkeitsmaßstab** ankommt und nicht auf den aus dem Jahre 1925. Es stellt sich mithin die Frage, ob die Werturteile zur Zeit der Verfügung oder aber diejenigen bei Anfall der Erbschaft maßgebend sind. Der BGH stellte bisher auf den Zeitpunkt der Errichtung ab.[20] Dafür scheint folgender Gesichtspunkt zu sprechen: In dem Zeitpunkt, in dem der Erblasser seine Verfügung von Todes wegen errichtet, nimmt er ein Rechtsgeschäft vor, dessen Wirkungen für die Erben zwar erst später mit dem Erbfall eintreten. Die das Rechtsgeschäft tragende Willensbildung ist jedoch bereits mit Vollendung des bloßen Errichtungsaktes abgeschlossen. Der Erblasser muss also nichts weiter tun, um eine sittlich

---

[17] *Canaris*, Grundrechte und Privatrecht, 1999, S. 43.
[18] So die Lehre von der unmittelbaren Drittwirkung, *Nipperdey*, RdA 1950, 121 (125); *Laufke*, FS Lehmann, 1956, S. 145 (154). Vgl. zum Ganzen auch *Guckelberger*, JuS 2003, 1151 (1153).
[19] Dieser Begriff wurde von *Canaris*, AcP 184 (1984), 201 (228) und *ders.*, JuS 1989, 161 (163) entwickelt und wird mittlerweile auch vom Bundesverfassungsgericht verwendet, vgl. BVerfGE 88, 203 (254 ff.). Vgl. auch *Eidenmüller*, JuS 1998, 789 (789 f).
[20] BGHZ 20, 71 (74); *BGH* JZ 1984, 583 (584); im Ergebnis auch *Schmoeckel*, AcP 197 (1997), 1 (55, 78); offenlassend BGHZ 140, 118 (128). Der darauf bezogene Beschluss *BVerfG* NJW 2004, 2008, deutet demgegenüber auf die Relevanz auch des *gerichtlichen Beurteilungszeitpunktes* hin, vgl. dazu *Otte*, ZEV 2004, 393 (396); *Staudinger*, FamRZ 2004, 768 (770); dafür *Lange/Kuchinke*, § 35 IV 9 b. Diese Auffassung bringt jedoch eine erhebliche Rechtsunsicherheit mit sich (Auf welche Instanz kommt es ggf. an? Wenn es auf die letzte Instanz ankommt, wann ist deren Entscheidung zu erwarten?) und ist deshalb abzulehnen.

zu missbilligende Rechtswirkung eintreten zu lassen.[21] Daher liegt es auch nahe, bei der Beurteilung dieser Willenserklärung auf den Zeitpunkt der Willensbildung und damit die Wertvorstellungen der damaligen Zeit abzuheben. Entgegenzuhalten ist dieser Auffassung jedoch der Zweck des § 138 Abs. 1. Die Vorschrift will nicht zu missbilligende Gesinnungen des Erblassers bestrafen, sondern den Eintritt verwerflicher Rechtsfolgen verhindern.[22] Gestützt wird die Ansicht von der Maßgeblichkeit des Zeitpunktes des Erbfalles auch durch § 2171, wonach es für die Gesetzeswidrigkeit eines Vermächtnisses darauf ankommt, ob das gesetzliche Verbot besteht, wenn das Vermächtnis anfällt. Es ist kein Grund ersichtlich, warum Gleiches nicht einerseits für alle Verfügungen von Todes wegen und andererseits für die Frage der Sittenwidrigkeit gelten soll.[23] Der Erbfall ist demnach der maßgebliche Zeitpunkt für die Beurteilung der Sittenwidrigkeit.[24] Aus diesem Grund ist der Erbvertrag auch an den Grundrechten zu messen.

aa) Art. 3 Abs. 1, 2 GG

Die Regelungen in § 5 Hausgesetz könnten gegen **Gleichheitsgrundrechte** verstoßen. Für die Anordnung des Erstgeborenenerbrechts gilt dies im Hinblick auf den allgemeinen Gleichheitssatz gem. Art. 3 Abs. 1 GG, da sie alle Söhne außer dem ältesten von der Erbfolge ausschließt und insoweit das Alter als Differenzierungskriterium verwendet. Die Mannesstammklausel verletzt möglicherweise das Diskriminierungsverbot in Art. 3 Abs. 2 Satz 1 GG, indem sie nur männliche Abkömmlinge als Erben zulässt und damit eine geschlechtsspezifische Ungleichbehandlung enthält. Dem Erbvertrag entsprechende staatliche Regelungen wären ohne weiteres verfassungswidrig und nichtig. Der Erblasser jedoch darf willkürlich bestimmte Personen oder ein bestimmtes Geschlecht bevorzugen, ohne hierfür sachgerechte Gründe zu haben oder gar dem Verhältnismäßigkeitsgrundsatz verpflichtet zu sein. Dieses Recht gibt ihm ganz allgemein seine Privatautonomie und hier im Besonderen die Testierfreiheit aus Art. 14 Abs. 1 GG. Dieses Grundrecht gewährt dem Erblasser, konkretisiert in § 1937, die individuelle Freiheit, seine Vermögensnachfolge weitgehend nach persönlichen Wünschen und Vorstellungen zu regeln.[25] Er ist insbesondere nicht zur Gleichbehandlung seiner Abkömmlinge verpflichtet.[26] Der verfassungsrechtlich gebotene Mindestschutz der enterbten Personen ist gesichert durch deren Pflichtteilsrecht als Inhalts- und Schrankenbestimmung der Testierfreiheit,[27] so dass das Erstgeborenenerbrecht und die Mannesstammklausel nicht gegen Art. 3 Abs. 1 GG und Art. 3

---

[21] Vgl. hierzu *Schlüter*, Rn. 219; *Soergel/Stein*, § 1937 Rn. 24. Der BGH sieht in der späteren Berufung auf eine solche Rechtswirkung allerdings u.U. eine unzulässige Rechtsausübung, der mit dem Einwand aus § 242 entgegengetreten werden kann, vgl. BGHZ 20, 71 (75).
[22] *Schlüter*, Rn. 219; *Brox/Walker*, Rn. 263.
[23] *Brox/Walker*, Rn. 263; *Otte*, JA 1985, 192 (201). A.A. im Hinblick auf die Entstehungsgeschichte des § 2171 *Schmoeckel*, AcP 197 (1997), 1 (65 ff.).
[24] Ebenso *RG* DR 1943, 91 (93); *OLG Hamm* OLGZ 1979, 425 (427 f.); *Soergel/Stein*, § 1937 Rn. 24; *Brox/Walker*, Rn. 263; *Leipold*, Rn. 249; *Schlüter*, Rn. 219; *Gernhuber*, FamRZ 1960, 326 (334); *Eckert*, AcP 199 (1999), 337 (359); der Auffassung einer a.M., es komme auf den Zeitpunkt der gerichtlichen Beurteilung an, ist wegen der damit verbundenen Rechtsunsicherheit nicht zu folgen, vgl. Fn. 21.
[25] Vgl. BVerfGE 91, 346 (359); BVerfGE 99, 341 (350 f.); *BayObLG* DNotZ 2001, 138 (139).
[26] Vgl. BVerfGE 67, 329 (345). Eine solche Verpflichtung ergibt sich auch nicht aus dem Allgemeinen Gleichbehandlungsgesetz (in Kraft getreten am 14. 8. 2006, BGBl. I 2006, S. 1897), da dieses auf erbrechtliche Schuldverhältnisse nicht anwendbar ist, § 19 Abs. 4 AGG.
[27] BGHZ 111, 36 (39); BGHZ 123, 368 (371).

Abs. 2 GG verstoßen.[28] Die Regelungen in § 5 Hausgesetz sind daher auch nach heutigem Verständnis sittenkonform gem. § 138 Abs. 1.

bb) Art. 6 Abs. 1 GG

Probleme birgt dagegen die **Konsensklausel** in § 25 Hausgesetz, nach der Erbe nur sein kann, wer eine dem Fürsten genehme Gattin zur Frau nimmt, beziehungsweise aus einer hausgesetzmäßigen Ehe stammt. Diese Regelung berührt sowohl die Eheschließungsfreiheit gem. Art. 6 Abs. 1 GG als auch das Diskriminierungsverbot aus Art. 3 Abs. 3 Satz 1 GG.

Fraglich ist jedoch, ob bereits von der Konsensklausel selbst ein Eingriff in diese Grundrechte ausgeht. Unbestreitbar übt die Klausel Druck auf die Entscheidung des Erbprinzen aus, wen er zur Frau nehmen soll. Heiratet der als Nacherbe eingesetzte Abkömmling eine Frau, die nicht den rigiden Ebenbürtigkeitsvorstellungen des Fürstenhauses entspricht, so droht er seine Erbenstellung zu verlieren. Erteilt der Fürst dagegen der Ehe seine Zustimmung, so gilt das Gegenteil. Denn dann heiratet der Prinz die Frau seiner Wahl und wird auch Nacherbe. Der Erbvertrag von 1925 ist folglich nur die rechtliche Grundlage für eine spätere Einzelfallentscheidung des Fürsten, die Grundrechte unmittelbar verletzen kann. Von ihm geht lediglich eine Grundrechtsgefährdung, aber noch kein Eingriff aus.[29] Entsprechend fehlt es an einer Grundrechtsverletzung durch den Erbvertrag. Zwar scheint diese Argumentation auf den ersten Blick möglicherweise zu formalistisch zu sein. Sie ist jedoch die Konsequenz der Tatsache, dass auch nach der Lehre von der mittelbaren Drittwirkung immer eine konkrete Grundrechtsverletzung durch ein konkretes Rechtsgeschäft erforderlich ist. Die eigentlich kritischen Rechtsfolgen treten indes erst mit Verweigerung der Zustimmung ein, und daher richtet sich gegebenenfalls der konkrete Unrechtsvorwurf auch erst gegen die Handhabung der Konsensklausel im Einzelfall. Deshalb stellt sich auch erst dort die Frage nach einer Grundrechtsverletzung. Da die Entscheidung des Fürsten ein Rechtsgeschäft ist, kann dieses wiederum über die Generalklauseln an den Grundrechten gemessen werden, so dass der Z nicht schutzlos steht.[30] § 25 Hausgesetz i.V.m. dem Erbvertrag ist demnach nicht wegen der Verletzung von Grundrechten sittenwidrig.

c) Sittenwidrige Einflussnahme auf persönliche Entscheidungen

Die Vereinbarkeit der Klauseln des Erbvertrages mit den Grundrechten muss jedoch nicht zwangsläufig zu deren Einklang mit § 138 Abs. 1 führen. Ganz allgemein kann die vom Erbvertrag ausgehende Einflussnahme auf einen Bereich persönlicher Lebensführung sittlich anstößig sein. Dies gilt insbesondere dann, wenn der Erblas-

---

[28] Ohne nähere Begründung kritisch gegenüber solchen Klauseln allerdings *Leipold*, Rn. 255.
[29] So *BVerfG* NJW 2000, 2495 (2496) zu einer identischen Konsensklausel. Anders entschieden hat das BVerfG (NJW 2004, 2008) bezüglich der allein auf die Herkunft der gewählten Ehepartnerin aus einem ehemals regierenden Adelshaus abstellenden „Ebenbürtigkeitsklausel" des Fürstenhauses Hohenzollern, die der BGH noch für wirksam befunden hatte (BGHZ 140, 118). Das BVerfG hielt dessen Prüfung hinsichtlich einer Verletzung der Eheschließungsfreiheit aus Art. 6 Abs. 1 GG für unzureichend; nicht berücksichtigt worden sei vom BGH, dass das Ebenbürtigkeitskriterium nach Abschaffung der Monarchie seine staatsrechtliche Funktion – die Absicherung einer standesgemäßen Thronfolge – ohnehin nicht mehr erfüllen könne und deshalb möglicherweise nicht mehr geeignet sei, Eingriffe in Art. 6 Abs. 1 GG der Nachkommen zu rechtfertigen, vgl. *BVerfG* NJW 2004, 2008 (2011); krit. dazu *Gutmann*, ZEV 2004, 393 (396 ff.); *Isensee*, DNotZ 2004, 754 (756 ff.).
[30] Vgl. dazu unten Abschnitt A. IV.

ser an bestimmte Handlungen seiner Erben finanzielle Konsequenzen knüpft, um damit deren Verhalten zu steuern.[31] Die Steuerungsmittel selbst sind auf die Gewährung der Teilhabe am Nachlass oder eben den Ausschluss hiervon beschränkt, also rein finanzieller Natur und daher unbedenklich. Der Zweck der Verfügung richtet sich dagegen auf das zukünftige **persönliche** Verhalten der Erben, und es ist einleuchtend, dass nicht jedes vom Erblasser verfolgte Ziel vor § 138 Abs. 1 Bestand haben und durch die Testierfreiheit gedeckt sein kann. Entscheidend ist folglich, was der Erblasser mit seiner Verfügung bezweckte.[32]

Dem Fürsten ging es darum, für den aus früheren Generationen stammenden Nachlass einen Nachfolger zu finden, der in der Lage ist, die auf Abstammung Wert legende Familientradition zu wahren und fortzuführen. Hierzu musste der Nachfolger einer dem Hausgesetz entsprechenden Ehe entstammen und, da ja dessen ältester Sohn wieder Erbe werden sollte, auch eine hausgesetzgemäße Ehe eingehen. Nur dann war sichergestellt, dass sich das ehemalige Hausgut auch weiterhin in hochadeligen Händen befinden würde. Der Erblasser hatte als ersten Erben seinen Sohn vor Augen und wollte gewährleisten, dass alle zukünftigen Nacherben eben diesem Bild entsprechen. Diese Zielsetzung ist zwar (erz-)konservativ, doch entbehrt sie nicht eines sachlichen Grundes.[33] Der Testierwille des Erblassers war daher nachvollziehbar auf die Regelung des Nachlasses und nicht auf eine Diffamierung der benachteiligten Abkömmlinge und deren Ehepartner gerichtet. Der Erbvertrag i.V.m. dem Hausgesetz verstößt folglich auch unter diesem Gesichtspunkt nicht gegen § 138 Abs. 1.

Zu erwägen ist schließlich noch, ob sich die Sittenwidrigkeit jedenfalls der Konsensklausel möglicherweise daraus ergeben könnte, dass sie **immanente Grenzen** der Testierfreiheit überschreitet. In der Literatur wird nämlich vereinzelt die Auffassung vertreten, dass die Testierfreiheit dem Erblasser lediglich das Recht gebe, vermögensbezogene Verfügungen zu treffen, nicht aber, das Verhalten der (potentiellen) Erben zu steuern.[34] Erbrecht sei primär ein Recht der Vermögenszuordnung und habe nicht in erster Linie die Aufgabe, die Persönlichkeitsentfaltung des Erblassers zu gewährleisten.[35] Eine Verfügung, die eine verhaltensbezogene Bedingung setzen wolle, verlasse folglich den Rahmen der dem Erblasser eingeräumten, privatautonomen Gestaltungsmacht und sei daher nichtig, ohne dass es des Rückgriffs auf rechtshindernde Einwendungen wie § 138 Abs. 1 bedürfe.[36] Der Erbvertrag von 1925 überschritte mit der Eheklausel in § 25 Hausgesetz die Grenzen des reinen Vermögensbezugs und wäre daher nicht mehr von der Testierfreiheit gedeckt.

Einer solchen Sichtweise der Testierfreiheit ist zugute zu halten, dass sie mit der Lehre vom **Institutsmissbrauch** auf eine bekannte dogmatische Figur zurückgreift. So ist beispielsweise anerkannt, dass bei der missbräuchlichen Verwendung der Rechtsform einer Kapitalgesellschaft die Durchgriffshaftung auf den oder die Gesellschafter möglich ist.[37] Im Ergebnis lässt sich die Lehre vom Institutsmissbrauch

---

[31] Vgl. Palandt/*Ellenberger*, § 138 Rn. 49.
[32] BGHZ 140, 118; insoweit bestätigend *BVerfG* NJW 2004, 2008 (2010).
[33] Gewiss handelt es sich hier um eine sehr schwierig zu beurteilende Wertungsfrage, die man auch anders beantworten kann.
[34] *Keuk*, FamRZ 1972, 9 (15); *Schlüter*, FS Zivilrechtslehrer 1934/1935 (1999), S. 575 (579 ff.).
[35] *Schlüter*, FS Zivilrechtslehrer 1934/1935 (1999), S. 575 (580).
[36] *Schlüter*, FS Zivilrechtslehrer 1934/1935 (1999), S. 575 (585).
[37] *Schlüter*, FS Zivilrechtslehrer 1934/1935 (1999), S. 575 (580); vgl. hierzu *K. Schmidt*, Gesellschaftsrecht, § 9.

gleichwohl nicht zu dem Zweck fruchtbar machen, verhaltensbezogene Verfügungen des Erblassers auszuschließen. Gemäß §§ 2074, 2075 können letztwillige Zuwendungen nämlich ohne weiteres unter verhaltensbezogene aufschiebende oder auflösende Bedingungen gestellt werden. Entsprechende Bedingungen sind somit Teil des Rechtsinstituts der Testierfreiheit. Die Verfügung des A geht deshalb auch nicht über die Grenzen der Testierfreiheit hinaus. Im Ergebnis ist der Erbvertrag also wirksam. Z ist Nacherbe nach seinem Urgroßvater unter der auflösenden Bedingung der nicht konsentierten Heirat geworden.

IV. Eintritt der auflösenden Bedingung

Diese Bedingung könnte gem. § 158 Abs. 2 i.V.m. § 25 Abs. 4 Hausgesetz eingetreten sein, indem Z die Ehe mit E 2 einging, obwohl A 1 die Zustimmung nach § 25 Abs. 2 Hausgesetz verweigerte. Gemäß § 162 Abs. 2 gilt jedoch der Eintritt einer Bedingung als nicht erfolgt, wenn er von der Partei, zu deren Vorteil er gereicht, wider **Treu und Glauben** herbeigeführt wurde. Hier hat Z den Bedingungseintritt durch seine Heirat selbst verwirklicht, so dass eine direkte Anwendung der Vorschrift nicht in Betracht kommt. Zu Recht ist aber anerkannt, dass § 162 Abs. 2 entsprechend anzuwenden ist, wenn eine Partei durch ihre treuwidrig verweigerte Mitwirkung den Eintritt einer (sie begünstigenden) auflösenden Bedingung ermöglicht.[38] Fraglich ist daher, ob die Verweigerung der Einwilligung gegen Treu und Glauben verstößt.

Die Erklärung des A 1 ist ein Rechtsgeschäft, das wiederum nur dann wirksam ist, wenn es keine **Grundrechte** verletzt. Die Anwendbarkeit der Grundrechte in ihrer Funktion als Schutzgebote wird in diesem Fall durch die Generalklausel „Treu und Glauben" in § 162 Abs. 2 vermittelt. Art. 6 Abs. 1 GG gewährt das subjektive Recht, die Ehe mit einem selbst gewählten Partner einzugehen.[39] Indem A 1 seine Zustimmung zu der neuen Ehe des Z verweigert, entfällt dessen Erbrecht nach § 25 Abs. 4 Hausgesetz. A 1 greift damit unmittelbar in die Eheschließungsfreiheit seines Sohnes aus Art. 6 Abs. 1 GG ein. Dieser Eingriff könnte aber gerechtfertigt sein, da das Handeln von A 1 der Durchsetzung des Testierwillens seines Großvaters dient und somit unter dem Schutz von Art. 14 Abs. 1 Satz 1 GG steht. Beide Positionen sind im Wege **praktischer Konkordanz** zum Ausgleich zu bringen.[40] Maßgeblich für die Abwägung ist das Ziel, das A 1 mit seiner verweigerten Zustimmung verfolgte. Der Nachlass des 5. Fürsten stand weiterhin unter einer Zweckbindung, da er gerade auch nach dem Fortfall der erbvertraglichen Bindung den Grundstock des fürstlichen Vermögens bilden sollte.[41] A 1 wollte daher Sorge dafür tragen, dass die zukünftige Familie des Fürstenhauses dieses ehemalige Stammgut im Sinne des Hausgesetzes verwaltet und insbesondere zusammenhält. Hierzu war es zweckmäßig, nur eine solche Ehefrau für Z zu akzeptieren, die auf Grund ihrer eigenen Herkunft verlässlich die Familientradition wahren und auch ihre Abkömmlinge in diesem Sinne erziehen würde. Die Ablehnung einer bürgerlichen Gattin für den ältesten Sohn verfolgt damit einen nicht rechtlich zu missbilligenden Zweck. Weiterhin ist zu berücksichtigen, dass Z durchaus die Frau seiner Wahl heiraten kann, ohne gleichzeitig zu verarmen. Zumindest der Pflichtteil nach seinem Vater A 1 verbleibt ihm. Die Entscheidung des Fürsten verletzt daher nicht das durch die mittelbare Drittwirkung der

---

[38] *BayObLG* FamRZ 2000, 380 (385).
[39] BVerfGE 31, 58 (67).
[40] *BayObLG* FamRZ 2000, 380 (386); *Staudinger*, Jura 2000, 467 (470).
[41] S.o. im Text Abschnitt A. III.

Grundrechte gebotene Schutzminimum des Art. 6 Abs. 1 GG im Privatrechtsverkehr und ist insoweit nicht als treuwidrig anzusehen.

In Betracht kommt aber eine Verletzung des **Diskriminierungsverbots** aus Art. 3 Abs. 3 Satz 1 GG. Denkbar ist zunächst eine Diskriminierung der bürgerlichen Ehefrau wegen ihrer Herkunft. A 1 beurteilte die E 2 zwar nicht nur unter diesem Gesichtspunkt, sondern bezog auch das zukünftige Ansehen des Fürstenhauses in hochadeligen Kreisen in seinen Entschluss ein. Da er zudem der Ehe des Z mit der ebenfalls bürgerlichen E 1 seine Zustimmung gewährt hatte, war für ihn die Herkunft der zukünftigen Fürstin offenbar auch kein Ausschlusskriterium.[42] Er stützte sich damit nicht ausschließlich auf das von Art. 3 Abs. 3 Satz 1 GG missbilligte Differenzierungskriterium. Die Entscheidung beruhte aber auch auf dem bürgerlichen Hintergrund der E 2 und knüpfte damit an ihre Herkunft an. Der Schutzbereich des Art. 3 Abs. 3 Satz 1 GG ist somit in dieser Hinsicht berührt. Indes ist fraglich, ob der Fürst einen Eingriff in Rechtspositionen der Ehefrau vorgenommen hat, da die diskriminierende Rechtsfolge – die Enterbung – nicht bei ihr, sondern bei ihrem Mann Z eintrat und die E 2 insoweit nur wirtschaftlich betroffen ist. Es spricht somit einiges dafür, dass es bereits an einem Eingriff in eine Grundrechtsposition der E 2 fehlt. Im Ergebnis kann dies jedoch dahinstehen, wenn das Verhalten des A 1 wiederum durch die Testierfreiheit gerechtfertigt ist. Die Schutzintensität von Gleichheitsrechten im Privatrechtsverkehr ist nur gering, da es gerade Ausdruck der Privatautonomie ist, Rechtsgeschäfte willkürlich vorzunehmen. Die Unwirksamkeit einer Willenserklärung wegen der Verletzung eines Gleichheitssatzes muss daher auf Ausnahmefälle beschränkt bleiben.[43] Dem A 1 kam es nicht darauf an, die E 2 zu diffamieren, sondern darauf, dass der Nachlass im Sinne des 5. Fürsten fortgeführt werde. Diese wirtschaftliche und familiäre Zweckbindung fällt gerade unter den Schutz von Art. 14 Abs. 1 Satz 1 GG. Die Ehefrau ist folglich nicht in ihrem Grundrecht aus Art. 3 Abs. 3 Satz 1 GG verletzt.

Für eine Diskriminierung der Abkömmlinge wegen ihrer Abstammung aus dieser Ehe ergibt sich dann im Ergebnis nichts anderes. Für die Kinder bestehen lediglich finanzielle Nachteile, wenn sie ihren Vater beerben. Denn das ehemalige Stammgut gehört dann nicht mehr zum Nachlass des Z. Ob insoweit ein Eingriff in die Grundrechtsposition der Kinder aus Art. 3 Abs. 3 Satz 1 GG vorliegt, kann wiederum offenbleiben, da die Entscheidung des A 1 durch die Testierfreiheit gerechtfertigt ist. Eine Verletzung der zukünftigen Abkömmlinge des Z in ihrem Grundrecht aus Art. 3 Abs. 3 Satz 1 GG besteht daher nicht.

Nach alledem ist die Verweigerung der Zustimmung durch A 1 nicht treuwidrig. Der Bedingungseintritt ist folglich nicht analog § 162 Abs. 2 ausgeblieben. Z ist nicht Nacherbe nach dem 5. Fürsten geworden. Statt seiner nimmt sein jüngerer Bruder die Erbenstellung ein.

B. Erbfolge nach A 1

Z könnte jedoch Erbe seines Vaters geworden sein. A 1 widerrief indes sein Testament vom 19. 12. 1984, das Z als Alleinerben vorgesehen hatte, nach §§ 2253, 2254, 2258 Abs. 1 und setzte mit Testament vom 9. 10. 1991 seinen zweiten Sohn als Erben ein. Dieses zweite Testament ist jedoch gem. § 142 Abs. 1 nichtig, wenn Z es wirksam angefochten hat. Als Anfechtungsgrund kommt ein Motivirrtum nach § 2078

---

[42] Vgl. *BayObLG* FamRZ 2000, 380 (387).
[43] BGHZ 140, 118 (132).

Abs. 2 in Betracht. A 1 müsste irrig von der Wirksamkeit der Konsensklausel im Hausgesetz ausgegangen sein und dürfte nur deshalb den Z enterbt haben. Da die Klausel rechtmäßig ist, hatte A 1 indes keine irrige Vorstellung. Es fehlt deshalb bereits an einem Anfechtungsgrund. Z ist daher auch nicht Erbe des A 1 geworden.

C. Gesamtergebnis

Z hat weder den 5. Fürsten als Nacherbe noch seinen Vater A 1 beerbt.

Fall 5. Höchstpersönlichkeit der Testamentserrichtung

Stellvertretungsverbot – Drittbestimmungsverbot – Einsetzung des „am besten Geeigneten"

Sachverhalt

Gutsbesitzer G ist am 7. 11. 1936 auf seinem Landgut Kr. gestorben, ohne eigene Abkömmlinge zu hinterlassen. In seinem privatschriftlichen Testament vom 20. 6. 1934 hatte er seine Nichte N ermächtigt, unter ihren Söhnen X, Y und Z denjenigen als seinen Erben auszuwählen, „den sie als den geeignetsten erachten werde, unter den heutigen schwierigen Verhältnissen Kr. zu bewirtschaften und in sozialem Geiste zu wirken." G hatte diese Anordnung damit begründet, er sei auch unter den gegenwärtigen Umständen noch immer der Ansicht, dass Grundbesitz in den Familien erhalten werden müsse. Da Kr. seines Erachtens eine höhere Belastung nicht mehr tragen könne, sei es ihm zu seinem schmerzlichen Bedauern nicht möglich, alle zu bedenken, die ihm nahe ständen.

Aufgrund dieser Ermächtigung hat N ihren Sohn Z als den geeignetsten Erben des G bezeichnet. Eine Großnichte des Erblassers und Enkelin seines vor ihm verstorbenen Bruders B, die G bei gesetzlicher Erbfolge zu 1/27 beerben würde, hält das Testament für ungültig.

Fragen:
1. Ist das Testament wirksam?
2. Wäre der Fall anders zu entscheiden, wenn G in seinem Testament bestimmt hätte, er lege die Entscheidung, wer sein Alleinerbe werden solle, insofern in die Hand der Vorsehung, als X, Y und Z darum losen sollten, wer von ihnen das Gut erhalten solle?
3. Wie wäre zu entscheiden, wenn G sich damit begnügt hätte, zu verfügen, sein Erbe solle derjenige von den Großneffen X, Y und Z werden, der am besten für die Landwirtschaft geeignet ist?

Ausgangsfälle:

RG 18. 3. 1937 (IV 250/36) Seufferts Archiv 91 (1937), Nr. 106;

RG 6. 2. 1939 (IV 188/38) RGZ 159, 296;

BGH 18. 11. 1954 (IV ZR 152/54) BGHZ 15, 199;

BGH 14. 7. 1965 (V BLw 11/65) NJW 1965, 2201.

Lösung

Frage 1: Die Rechtswirksamkeit der Übertragung der Auswahlbefugnis auf N

I. Grundsatz der materiellen Höchstpersönlichkeit

Bedenken gegen die Gültigkeit des eigenhändigen Testaments ergeben sich aus § 2065 Abs. 2. Danach kann der Erblasser die Bestimmung der Person, die eine Zuwendung erhalten soll, nicht einem anderen überlassen. Verfügungen von Todes wegen sind für den Erblasser **höchstpersönlich**. Bei ihrer Errichtung ist daher einerseits gem. § 2064 Stellvertretung ausgeschlossen (Grundsatz der formellen Höchstpersönlichkeit). Der Erblasser muss andererseits gem. § 2065 auch hinsichtlich des **Inhalts** seiner Verfügung selbst einen bestimmten Entschluss fassen und darf die Entscheidung über die Geltung des Testaments, die Person des Bedachten und den Gegenstand der Zuwendung nicht einem Dritten vorbehalten (Grundsatz der materiellen Höchstpersönlichkeit). Das Prinzip der materiellen Höchstpersönlichkeit letztwilliger Verfügungen dient – wie *Großfeld* herausgearbeitet hat[1] – im Wesentlichen der Verwirklichung der folgenden Ziele: Es soll (1) einem allzu weitgehenden Verzicht auf die Ausübung der Testierfreiheit (und damit der Privatautonomie im Erbrecht) vorbeugen, (2) Eingriffe in die natürliche Familienerbfolge, wie sie sich in den Bestimmungen über das gesetzliche Erbrecht widerspiegelt, der persönlichen Autorität des Erblassers vorbehalten und (3) eine sozial unerwünschte Vermögenskonzentration – insbesondere durch Schaffung „industrieller Erbhöfe" – verhindern.[2] Der Gesetzgeber hat den Grundsatz allerdings durch eine Reihe von **Ausnahmen** durchbrochen. So kann etwa nach § 2048 Satz 2 die Auseinandersetzung des Nachlasses nach dem billigen Ermessen eines Dritten erfolgen. Gemäß § 2151 Abs. 1 kann der Erblasser mehrere Personen in der Weise mit einem Vermächtnis bedenken, dass der Beschwerte oder ein Dritter zu bestimmen hat, wer von ihnen das Vermächtnis erhalten soll.[3]

Gerade die Regelung des § 2065 Abs. 2 führt in der Praxis häufig zu Schwierigkeiten. Nicht selten hat nämlich ein Erblasser den Wunsch, sein Unternehmen oder sein Landgut ungeteilt auf einen geeigneten Nachfolger zu vererben. Er kann sich aber zu seinen Lebzeiten – vor allem wegen des jugendlichen Alters der in Betracht kommenden Familienangehörigen – noch kein klares Bild von deren Eignung für die Fortführung der Firma oder des Hofes machen.[4] Deshalb liegt es in seinem Interesse, die Auswahl des Erben einer Person seines Vertrauens zu übertragen. Um diesem Bedürfnis entgegenzukommen, bestimmt § 14 Abs. 3 der Höfeordnung für die ehemalige britische Besatzungszone,[5] dass der Hofeigentümer dem überlebenden Ehegatten durch Verfügung von Todes wegen die Befugnis erteilen kann, unter seinen Abkömmlingen den Hoferben zu bestimmen. Von dieser Sonderregelung abgesehen, steht einer entsprechenden letztwilligen Anordnung jedoch das in § 2065 Abs. 2 ausgesprochene Verbot entgegen.

---

[1] *Großfeld*, JZ 1968, 113 (116 ff.).
[2] Die Testierfreiheit wird erfahrungsgemäß häufig zu dem Ziel genutzt, das Familienvermögen über den Tod hinaus zusammenzuhalten. Die Auswahlbefugnis eines Dritten dient dabei in erster Linie diesem Zweck, nämlich für eine Vermögenskonzentration zu sorgen und eine sonst durch die gesetzliche Erbfolge drohende Zersplitterung des Vermögens zu verhindern. Es ist indessen nicht Ziel des Erbrechts, den Nachlass des Erblassers über einen längeren Zeitraum als Vermögenseinheit zu erhalten. Der Grundsatz der materiellen Höchstpersönlichkeit sorgt dafür, dass die Aufsplitterung des Vermögens durch die gesetzliche Erbfolge nur in engen Grenzen und nur durch den Erblasser selbst verhindert werden kann, vgl. *Großfeld*, JZ 1968, 113 (118 ff.). Zur dogmatischen Einordnung und den teleologischen Grundlagen des Drittbestimmungsverbotes in § 2065 vgl. auch *Helms*, ZEV 2007, 1 (4 f.); *Goebel*, DNotZ 2004, 101 (104 ff.).
[3] Zu weiteren Ausnahmen vgl. Staudinger/*Otte*, § 2065 Rn. 5 ff.; *Brox/Walker*, Rn. 104; *Großfeld*, JZ 1968, 113 (115).
[4] Vgl. dazu OLG Köln OLGZ 1984, 299 (301).
[5] Die Höfeordnung gilt in Hamburg, Niedersachsen, Nordrhein-Westfalen und Schleswig-Holstein. In den übrigen Ländern finden sich vergleichbare Regeln. S. hierzu Palandt/*Edenhofer*, Art. 64 EGBGB Rn. 2 f.

II. Zulässige Drittbenennung des Erben nach objektiven Kriterien

Das RG hat im vorliegenden Fall das Testament des G gleichwohl als mit dieser Bestimmung vereinbar angesehen. Die Vorschrift des § 2065 Abs. 2 zwinge den Erblasser nicht, seinen Erben namentlich zu **benennen**. Er könne sich vielmehr damit begnügen, „einen begrenzten Kreis von Personen zu bezeichnen, aus dem der Erbe nach bestimmten sachlichen Gesichtspunkten, z.B. seiner Eignung zu einer besonderen Aufgabe, durch einen Dritten bindend ausgewählt werden soll".[6] Erforderlich sei dabei allerdings, dass „der Personenkreis so eng begrenzt ist und die Gesichtspunkte für die Auswahl so genau festgelegt sind, dass für eine **Willkür** des Dritten **kein Raum** bleibt, sondern die Entscheidung auf sein Urteil über das Vorliegen jener Voraussetzungen abgestellt ist, mag dieses auch ein reines Werturteil darstellen oder ein solches einschließen".[7] In einem solchen Falle sei die von dem Dritten getroffene Auswahl nur dann nicht maßgebend, wenn sie offenbar nicht auf den vom Erblasser festgelegten sachlichen Gesichtspunkten beruhe, sondern seiner Anordnung zuwider willkürlich vorgenommen worden sei. Gerade der vorliegende Fall beweise, dass für eine solche letztwillige Regelung ein legitimes Bedürfnis spreche. Der Grundgedanke des § 2065 gehe dahin, dass die gesetzliche Erbfolge nur hinter einen vom Erblasser selbst geäußerten Willen zurücktreten solle, keinesfalls aber der Willkür eines Dritten weichen dürfe. Dieser Intention des Gesetzgebers laufe die Anerkennung der hier getroffenen Anordnung nicht zuwider.[8]

Der BGH hat die Richtigkeit dieser Rechtsansicht bisher dahingestellt sein lassen, obgleich er sie mehrfach referierend wiedergegeben hat.[9] Das Gericht scheint aber dahin zu neigen, schärfere Maßstäbe als das RG anzulegen.[10] Nach seiner Auffassung ist jedenfalls daran festzuhalten, „dass der Erblasser nach § 2065 Abs. 2 nicht die **Bestimmung**, sondern nur die **Bezeichnung** der Person des Bedachten oder des Gegenstandes der Zuwendung einem Dritten überlassen kann".[11] Eine danach statthafte „Bezeichnung" durch einen Dritten sei gegeben, wenn der Erblasser in seiner letztwilligen Verfügung hinsichtlich der Person des Bedachten diejenigen Angaben gemacht habe, die es jeder mit der nötigen Sachkunde ausgestatteten Person ermöglichen würden, den Erben aufgrund dieser Angaben zu benennen, **ohne** dass ihr eigenes **Ermessen** dabei bestimmend oder mitbestimmend sei.[12]

III. Ermächtigung der N zur Auswahl des X, Y oder Z

Ob diese Anforderungen im vorliegenden Fall erfüllt sind, ist zweifelhaft.[13] Zwar hat der Erblasser zwei Entscheidungskriterien in seinem Testament angeführt: die Fähigkeit, das Gut auch unter schwierigen Verhältnissen zu bewirtschaften, und die Bereitschaft, in sozialem Geiste zu wirken. Es ist aber keineswegs ausgeschlossen, dass X, Y und Z insoweit gleich qualifiziert waren. Wäre dies der Fall, so hätte G in seinem

---

[6] RGZ 159, 296 (299).
[7] RGZ 159, 296 (299) [Hervorhebung durch den Verf.].
[8] RGZ 159, 296 (299).
[9] BGHZ 15, 199 (202); BGHZ 45, 199 (201 f.); *BGH* NJW 1965, 2201; *BGH* NJW-RR 2004, 1376 (1377). In der Literatur sind die Auffassungen geteilt; zum Meinungsstand siehe Soergel/*Loritz*, § 2065 Rn. 28-30; Staudinger/*Otte*, § 2065 Rn. 31 ff.
[10] Vgl. *Westermann*, FS Möhring, 1965, S. 183 (192 f.); *Großfeld*, JZ 1968, 113 (114); MünchKomm/*Leipold*, § 2065 Rn. 18; Staudinger/*Otte*, § 2065 Rn. 33.
[11] BGHZ 15, 199 (202) [Hervorhebung durch den Verf.].
[12] BGHZ 15, 199 (203); dem Wortlaut nach wie das RG: BGHZ 45, 199 (201 f.).
[13] Ablehnend zu einem vergleichbaren Fall BGHZ 15, 199 (202).

Testament nicht nur die „Bezeichnung", sondern entgegen § 2065 Abs. 2 auch die „Bestimmung" seines Erben der N überlassen.

Indessen ist fraglich, ob eine exakte Abgrenzung zwischen einer zulässigen Drittbezeichnung und einer unzulässigen Drittbestimmung des Bedachten, zwischen einer mechanischen Ausführung des Erblasserwillens durch einen logischen Subsumtionsprozess und dem Einfließen eigenen Ermessens des Dritten, überhaupt durchführbar ist.[14] In Übereinstimmung mit einer in der **Literatur** vertretenen Ansicht ist deshalb die Übertragung der Auswahlbefugnis auf einen Dritten auch dann mit dem Prinzip der materiellen Höchstpersönlichkeit vereinbar, wenn der Erblasser der Person seines Vertrauens einen gewissen **„Wertungsspielraum"** eingeräumt hat.[15] Freilich darf dies nicht zu einer Flucht des Erblassers vor seiner eigenen Verantwortung führen. Auf Grund der oben genannten rechtspolitischen Zielsetzung der Regelung des § 2065 ist die mit der Übertragung der Auswahlbefugnis verbundene Drittermächtigung nur dann statthaft,[16] wenn der Erblasser „zur Zeit der Errichtung der letztwilligen Verfügung die mit der sofortigen Entscheidung verbundene Verantwortung wegen der Unsicherheit der maßgebenden Umstände billigerweise nicht tragen kann",[17] z.B. weil die als Erben in Betracht kommenden Personen noch zu jung sind. Der Erblasser muss ferner selbst den Dritten benennen und eine Vorauswahl durch Bezeichnung eines eng begrenzten Personenkreises treffen, aus dem der Bedachte nach klaren, leitenden Auswahlgesichtspunkten, die einer gerichtlichen Überprüfung zugänglich sind, bestimmt werden soll.[18]

Im vorliegenden Fall ist zweifelhaft, ob G die ihm vorschwebende Entscheidung vor seinem Ableben nicht selbst hätte treffen können, etwa indem er sich durch Rücksprache mit seiner Nichte persönlich ein Bild von der Eignung der Großneffen verschaffte.[19] Nur wenn ihm das wegen des jugendlichen Alters von X, Y und Z noch nicht möglich war, wäre die Anordnung des G als eine mit § 2065 Abs. 2 vereinbare „Beschränkung der Selbstentscheidung als Folge des Verantwortungsgefühls" anzusehen. Andernfalls handelte es sich um eine unstatthafte „Flucht vor der verantwortlichen Entscheidung",[20] die zur Nichtigkeit der Verfügung gem. § 2065 Abs. 2 führen würde.

Frage 2: Die Rechtswirksamkeit der Anordnung des Losentscheids

Die Wirksamkeit einer Verfügung von Todes wegen kann grundsätzlich wie die eines jeden Rechtsgeschäfts unter eine Bedingung gestellt, d.h. von einem zukünftigen ungewissen Ereignis abhängig gemacht werden. Danach kann insbesondere auch die

---

[14] Vgl. *Großfeld*, JZ 1968, 113 (114); *Kipp/Coing*, § 18 III 4b; Staudinger/*Otte*, § 2065 Rn. 35; Soergel/*Loritz*, § 2065 Rn. 27.

[15] So grundsätzlich Staudinger/*Otte*, § 2065 Rn. 35; Soergel/*Loritz*, § 2065 Rn. 30; *Brox/Walker*, Rn. 97; *Lange/Kuchinke*, § 27 I 4; *Leipold*, Rn. 284; *Großfeld*, JZ 1968, 113 (121); krit. Handkommentar BGB/*Hoeren*, § 2065 Rn. 2.

[16] Zur rechtspol. Zielsetzung vgl. *Großfeld*, JZ 1968, 113 (120 ff.); Beispiele für hinreichend bestimmte bzw. zu unbestimmte Auswahlkriterien bei Soergel/*Loritz*, § 2065 Rn. 31.

[17] *Westermann*, FS Möhring, 1965, S. 183 (195); ebenso *Großfeld*, JZ 1968, 113 (120) m.w.N.; *Klunzinger*, BB 1970, 1197 (1198).

[18] Wie *Großfeld*, JZ 1968, 113 (121) zutreffend feststellt, darf einem Dritten im Prinzip nicht eine Entscheidung zwischen Familienfremden und Familienangehörigen überlassen werden (Verbot eines generellen Kreises); dies gebiete der in der „Normalordnung" der gesetzlichen Erbfolge zum Ausdruck kommende Familiengedanke.

[19] Vgl. *Kipp/Coing*, § 18 III 4 b.

[20] *Westermann*, FS Möhring, 1965, S. 183 (196).

Erbeinsetzung bedingt werden (vgl. dazu §§ 2074 f. und die Auslegungsregeln der §§ 2103 ff.).[21] Das RG hat es deshalb mit Recht für zulässig erachtet, dass der Erblasser das Zufallsergebnis des Losens zur Bedingung der Zuwendung der Erbschaft macht.[22] Das Prinzip der materiellen Höchstpersönlichkeit (§ 2065 Abs. 2) steht einer solchen Regelung nicht entgegen, da der Testator hier nicht auf die Ausübung seiner Testierfreiheit zugunsten des subjektiven Ermessens eines **Dritten** verzichtet und eine Flucht vor der **eigenverantwortlichen** Entscheidung somit nicht gegeben ist. Die Zulässigkeit einer derartigen Anordnung erweist sich zugleich als eine Bestätigung für die Richtigkeit der Ansicht, dass auch bei der Übertragung der Auswahlbefugnis auf einen Dritten ein nach sachlichen Kriterien begrenzter Wertungsspielraum nicht zu beanstanden ist. Wenn der Erblasser die Zuwendung rechtswirksam vom irrationalen Spiel des Zufalls abhängig machen darf, so muss er auch in der Lage sein, einem Dritten aufgrund der ihm genau vorgegebenen, leitenden Auswahlgesichtspunkte die Bestimmung des Erben aus einem begrenzten Personenkreis zu gestatten.[23]

Frage 3: Die Rechtswirksamkeit der Erbeinsetzung des „am besten Geeigneten"

Die Übertragung der Auswahlbefugnis auf einen Dritten ist ein Notbehelf, der es dem verantwortungsbewussten Erblasser erlaubt, eine sachgerechte Entscheidung, die ihm selbst zu Lebzeiten nicht möglich ist, einer Person seines Vertrauens zu übertragen. Eine entsprechende Anordnung ist daher nur dann mit § 2065 Abs. 2 vereinbar, wenn der Erblasser **selbst** den Dritten **benennt**, dem er die Auswahl überlassen will.[24] Mit der bloßen Angabe einer allgemeinen Richtlinie, wonach der am besten geeignete Großneffe das Gut erben soll, hat G daher dem Bestimmungserfordernis des § 2065 Abs. 2 nicht genügt. Auch der Grundsatz der wohlwollenden Auslegung gem. § 2084 gestattet es nicht, die Verfügung als wirksam anzusehen. Zwar erscheint es vertretbar, die Anordnung des G in dem Sinne auszulegen, dass damit dem Nachlassgericht die Entscheidung überlassen bleiben solle. Die Auswahl von Erben nach Zweckmäßigkeitsgesichtspunkten gehört jedoch nicht zu den Funktionen des Nachlassgerichts. Eine solche, gesetzlich nicht vorgesehene Zuständigkeit kann parteiautonom nicht begründet werden.[25]

---

[21] Vgl. *Kipp/Coing*, § 43 III; *Brox/Walker*, Rn. 96, 215; *Lange/Kuchinke*, § 27 I 6 c, VI. Lediglich Potestativbedingungen, mit denen *Dritten* eine Entscheidungsbefugnis über die Gültigkeit der Verfügung eingeräumt wird, steht § 2065 Abs. 1 entgegen, vgl. MünchKomm/*Leipold*, § 2065 Rn. 2 und 10; *Brox/Walker*, Rn. 96.
[22] *RG* Seufferts Archiv 91 (1937), Nr. 106. Zust. Staudinger/*Otte*, § 2065 Rn. 12; *Lange/Kuchinke*, § 27 I 6 d; a.A. MünchKomm/*Leipold*, § 2065 Rn. 14; Palandt/*Edenhofer*, § 2065 Rn. 7; Soergel/*Loritz*, § 2065 Rn. 15.
[23] Vgl. *Lange/Kuchinke*, § 27 I 6.
[24] *BGH* NJW 1965, 2201; *KG* ZEV 1998, 260 (261). Zust. Staudinger/*Otte*, § 2065 Rn. 36; MünchKomm/*Leipold*, § 2065 Rn. 27; Soergel/*Loritz*, § 2065 Rn. 32.
[25] Vgl. MünchKomm/*Leipold*, § 2065 Rn. 27 m.w.N.

Fall 6. Wirksamkeit und Inhalt eines eigenhändigen Testaments

Voraussetzungen der Erteilung eines Erbscheins – Testamentsauslegung – Widerruf durch späteres Testament – Formerfordernisse des eigenhändigen Testaments – Teilunwirksamkeit letztwilliger Verfügungen

Sachverhalt

Herr Anton Müller (A) ist schwer erkrankt. Seine Ehefrau Berta (B) will die Pflege nicht mehr allein übernehmen und teilt sich mit der Krankenschwester Elfi (E) die Versorgung des Patienten. Da A sein Ende nahen fühlt, beschließt er, in Gegenwart der E sein Testament zu errichten. Er verwendet dabei sein privates Briefpapier, das mit seinem Namen und seiner Anschrift bedruckt ist. Um ganz sicher zu gehen, dass sein letzter Wille respektiert wird, fertigt er gleichzeitig eine Durchschrift mittels Kohlepapier auf einen untergelegten Bogen seines Briefpapiers an. Nachdem er zunächst mit einem Kugelschreiber das Datum neben der vorgedruckten Anschrift handschriftlich eingetragen hat, trifft er eigenhändig folgende Verfügungen:

„Mein letzter Wille

1. Mein Hausgrundstück in Hugelfing und mein Guthaben bei der Gemeindesparkasse Hugelfing vermache ich der freiwilligen Feuerwehr meines Heimatortes für ihre vorbildliche Pflichterfüllung.

2. Die treue Schwester Elfi erhält € 5.000,– für ihre aufopfernde Pflege. A.M."

Das Hausgrundstück und das Bankguthaben von ca. € 50.000,– machen das gesamte Vermögen des A aus.

Während der Anfertigung des Testaments versagen dem Kranken die Kräfte. Bei der unter Nr. 2 getroffenen Anordnung führt ihm deshalb Schwester Elfi die Hand mit dem Kugelschreiber. Dies ist am Schriftbild deutlich zu erkennen. Die beiden Initialen kann Herr A wieder allein schreiben.

Als das Testament abgefasst ist, erscheint Frau B und begehrt Einsicht in das Schriftstück. Dass sie zugunsten der Feuerwehr bei der Erbeinsetzung übergangen wurde, kränkt sie zutiefst. Tränenüberströmt stürzt sie aus dem Krankenzimmer, wobei sie versehentlich die Testamentsurkunde mitnimmt.

Herrn A überkommt Reue. Er nimmt die vor ihm liegende Durchschrift und setzt über den Text handschriftlich das Wort „Original". Dann streicht er in der unter 1. getroffenen Anordnung die Wörter „der freiwilligen Feuerwehr meines Heimatortes" durch und schreibt über das Durchgestrichene „meiner lieben Frau". Anschließend steckt er das Schriftstück in einen Umschlag, verschließt ihn und schreibt darauf: „Hierin befindet sich mein letzter Wille." Darunter setzt er seine Unterschrift mit ausgeschriebenem Vor- und Zunamen. Dann stirbt er.

Seine Ehefrau begehrt unter Vorlage des Durchschreibebogens mit den handschriftlichen Änderungen die Ausstellung eines Erbscheins als Alleinerbin.

Fragen:
1. Muss das Nachlassgericht B den beantragten Erbschein erteilen?
2. Welche Ansprüche hat Schwester Elfi?

Lösung

Frage 1: Erteilung des Erbscheins an B

I. Voraussetzungen für die Erteilung des Erbscheins an B

Gemäß § 2353 hat das Nachlassgericht dem Erben auf Antrag ein Zeugnis über sein Erbrecht (Erbschein) zu erteilen. Wer die Erteilung eines Erbscheins aufgrund einer Verfügung von Todes wegen beantragt, muss die in § 2355 i.V.m. § 2354 Abs. 1 Nr. 1, 5 und Abs. 2 genannten Angaben machen. Frau B hat danach insbesondere die Verfügung zu bezeichnen, auf der ihr Erbrecht beruht, und anzugeben, welche sonstigen Verfügungen des Erblassers von Todes wegen vorhanden sind. Dabei darf sie sich nicht auf die Verfügung beschränken, die ihrer Ansicht nach gültig ist,[1] sondern muss auch das ursprüngliche Original des Testaments angeben. Sie muss ferner gem. § 2356 Abs. 1 u.a. die Urkunde vorlegen, auf der ihr Erbrecht beruht, im vorliegenden Fall also den Durchschreibebogen. Nachdem das Nachlassgericht von Amts wegen die zur Feststellung der Tatsachen erforderlichen Ermittlungen durchgeführt hat (vgl. § 2358), erteilt es gem. § 2359 den Erbschein, wenn es die zur Begründung des Antrags erforderlichen Tatsachen für festgestellt erachtet. Die Ausstellung des beantragten Erbscheins hängt also davon ab, ob die von A nachträglich zum Original erhobene Durchschrift ein gültiges Testament darstellt, in dem B rechtswirksam zur Alleinerbin eingesetzt worden ist.

II. B als Alleinerbin, E als Vermächtnisnehmerin

Gemäß § 2087 Abs. 1 ist eine Verfügung als Erbeinsetzung anzusehen, wenn der Erblasser sein Vermögen oder einen Bruchteil seines Vermögens dem Bedachten zuwendet. Der Gebrauch bestimmter Worte, insbesondere die Bezeichnung des Bedachten als Erben, ist nicht erforderlich. Im vorliegenden Fall hat A durch die handschriftliche Abänderung der Durchschrift des Testaments seiner Frau – mit Ausnahme des der E zugedachten Geldbetrages – sein gesamtes Vermögen zugewandt. Entsprechend der Auslegungsregel des § 2087 Abs. 1 ist diese Zuwendung als eine Berufung der B zur Alleinerbin anzusehen. Die für E vorgesehene Geldsumme ist dagegen gem. § 2087 Abs. 2 i.V.m. § 1939 als Anordnung eines Vermächtnisses zu betrachten.[2] Die Rechtswirksamkeit der Zuwendungen an B und E hängt von der Gültigkeit des Testaments ab, in dem sie angeordnet werden.

III. Änderung des Testaments durch Widerruf

Da der Vorgang der Testamentserrichtung sich nicht notwendig in einem Akt vollziehen muss, kann der Erblasser ein von ihm früher niedergeschriebenes Schriftstück durch eigenhändige Ergänzung zu dem nunmehr von ihm gewollten Testament machen.[3] Durch den handschriftlichen Vermerk „Original" hat A zu erkennen gege-

---

[1] Vgl. Palandt/*Edenhofer*, §§ 2354, 2355 Rn. 1; *Kipp/Coing*, § 128 I 4 d.
[2] Die Zuwendung eines Geldbetrages, der nicht als Bruchteil des zu einem bestimmten Wert veranschlagten Nachlasses anzusehen ist, stellt in der Regel ein Vermächtnis dar, vgl. etwa *BayObLG* NJW-RR 1997, 389; Palandt/*Edenhofer*, § 2087 Rn. 8; zur Abgrenzung zwischen Erbeinsetzung und Vermächtnis bei auf einzelne Gegenstände bezogenen Verfügungen auch *Otte*, NJW 1987, 3164 f.
[3] BayObLGZ 1984, 194 (196); BayObLGZ 1992, 181 (187); *OLG Zweibrücken* FamRZ 1998, 581 (581 f.); Soergel/*Mayer*, § 2247 Rn. 27 f.; Erman/*M. Schmidt*, § 2247 Rn. 10. Krit. *Schlüter*, Rn. 169.

ben, dass die mittels Kohlepapier angefertigte Durchschrift seinen jetzt gültigen letzten Willen enthalten soll. Während sonst einer bloßen Abschrift nicht die Bedeutung einer letztwilligen Verfügung beizulegen ist,[4] muss im vorliegenden Fall davon ausgegangen werden, dass der Erblasser damit ein eigenhändiges Testament i.S. des § 2247 errichten wollte.

Ohne die Abänderung des Inhalts der Verfügung würde es sich lediglich um eine weitere Urschrift des Testaments handeln, die – ihre Formgültigkeit unterstellt – ebenso Trägerin des letzten Willens wäre wie das erste Original.[5] Durch die Erbeinsetzung der Ehefrau an Stelle der freiwilligen Feuerwehr ist aber ein Widerspruch zum ersten Original entstanden. Es ist deshalb davon auszugehen, dass A durch die eigenhändige Ergänzung und Abänderung der Durchschrift ein **neues** Testament errichten wollte, durch welches das ursprüngliche Testament gem. § 2258 Abs. 1 insoweit aufgehoben würde, als das spätere Testament mit dem früheren in Widerspruch steht. Voraussetzung eines wirksamen Widerrufs ist aber, dass das spätere Testament den gesetzlichen Formvorschriften entspricht.

IV. Die Formgültigkeit des „Blaupausentestaments"

Gemäß § 2247 Abs. 1 ist das privatschriftliche Testament durch eine **eigenhändig geschriebene und unterschriebene Erklärung** zu errichten. Erforderlich ist also eine eigenhändige Niederschrift des ganzen Testamentswortlauts. Zweck dieser Formvorschrift ist es vor allem, die Selbständigkeit des Willensentschlusses des Erblassers und die Echtheit seiner Erklärung zu verbürgen.[6] Das Testament muss deshalb in einer Art und Weise errichtet worden sein, welche die Nachprüfung seiner Echtheit aufgrund der individuellen Züge, die die Handschrift jedes Menschen aufweist, gestattet. Aus diesem Grund wird in Lehre und Rechtsprechung ein Testament nicht als formgültig angesehen, bei dem der Erblasser die von einem Dritten vorgeschriebenen Schriftzüge durchgepaust, also lediglich nachgezogen hat.[7] Bei dem vorliegenden Blaupausentestament hat aber der Erblasser die durchgepausten Schriftzüge ebenso selbst geformt wie bei der Anfertigung eines Schriftstücks durch Tintenstift oder Kugelschreiber. Allerdings ist bei einem mittels Kohle- oder Durchschreibepapier errichteten Testament die Gefahr der Unterschiebung eines falschen oder der Verfälschung eines echten Testaments wesentlich größer als bei einem mit einem üblichen Schreibgerät hergestellten Schriftstück.[8] Der Gesetzgeber hat aber trotz des ganz unterschiedlichen Fälschungsrisikos darauf verzichtet, dem Erblasser die Benutzung einer bestimmten Schreibunterlage oder eines bestimmten Schreibwerkzeugs vorzuschreiben. Formgültig wäre z.B. auch ein mit Kreide auf eine Wandtafel geschriebenes Testament. Wenn aber das Gesetz eine Form bereitstellt, bei der eine juristische Beratung nicht gewährleistet ist, dann dürfen die Risiken mangelnder Beratung nicht zu Lasten des Testierenden gehen, und es sind auch Laienanschauungen zu berücksichtigen.[9] Der BGH hat aus diesen Gründen das Blaupausentestament

---

[4] Soergel/*Mayer*, § 2247 Rn. 17.
[5] Die Herstellung mehrerer rechtsgültiger Urschriften desselben Testaments ist statthaft, vgl. BGHZ 47, 68 (73); Staudinger/*Baumann*, § 2247 Rn. 108; MünchKomm/*Burkart*, § 2247 Rn. 36.
[6] BGHZ 47, 68 (70) m.w.N.
[7] BGHZ 47, 68 (71) m.w.N.
[8] Krit. zur seiner Ansicht nach lediglich vermeintlichen höheren Fälschungsgefahr *Grundmann*, AcP 187 (1987), 429 (463).
[9] *Grundmann*, AcP 187 (1987), 429 (442).

mit Recht als eigenhändig geschrieben i.S. der Anforderungen des § 2247 Abs. 1 angesehen.[10] Ein solches Testament ist allerdings besonders sorgfältig auf seine Echtheit zu prüfen. Die grundsätzliche Anerkennung der Formgültigkeit des Blaupausentestaments erübrigt jedoch nicht die Nachprüfung, ob der durchgepauste Text im Einzelnen den Anforderungen der eigenhändigen Niederschrift und Unterschrift i.S. des § 2247 genügt.

1. Eigenhändige Angabe des Errichtungsortes

Da der Erblasser sein eigenes Briefpapier mit vorgedrucktem Briefkopf benutzte, hat er den **Ort der Errichtung** nicht eigenhändig bezeichnet. Zeit und Ort der Testamentserrichtung sind aber nach § 2247 Abs. 2 im Gegensatz zur ursprünglichen Regelung des BGB keine notwendigen Bestandteile einer privatschriftlichen letztwilligen Verfügung mehr. Sie können daher auch auf mechanischem Wege – z.B. durch Vordruck oder mit Schreibmaschine – angegeben oder ganz weggelassen werden.[11] Da sich aus dem Fehlen einer formgültigen Ortsangabe keine Zweifel an der Gültigkeit des Testaments ergeben (vgl. § 2247 Abs. 5), wird durch diesen Mangel die Wirksamkeit des Testaments nicht berührt.

2. Eigenhändige Unterschrift des A

Fraglich ist aber, ob die durch nachträgliche handschriftliche Änderung der Testamentsurkunde vorgenommene Erbeinsetzung der B den Anforderungen einer eigenhändig unterschriebenen Erklärung gem. § 2247 Abs. 1 entspricht. Das Problem besteht darin, dass die eigenhändige Abänderung des Wortlauts der letztwilligen Ver-

---

[10] BGHZ 47, 68 (72) = LM § 2247 Nr. 3 mit Anm. *Johannsen*; *BayObLG* FamRZ 1986, 1043 (1044); *KG* FamRZ 1995, 897; Palandt/*Edenhofer*, § 2247 Rn. 6; Soergel/*Mayer*, § 2247 Rn. 17. Ausführlich *Werner*, DNotZ 1972, 6 ff.; *Grundmann*, AcP 187 (1987), 429 (463 f.). A.M. *KG* Beschl. vom 28. 3. 1963, mitgeteilt bei *Jansen*, NJW 1966, 663.

[11] Vgl. etwa Palandt/*Edenhofer*, § 2247 Rn. 13. Die jetzige Fassung geht auf die durch das Testamentsgesetz vom 31. 7. 1938 eingeführten Änderungen zurück, durch die u.a. die zwingenden Erfordernisse der eigenhändigen richtigen Zeit- und Ortsangabe und der vollständigen Unterschrift beseitigt wurden (vgl. *Grundmann*, AcP 187 (1987), 429 (431)). Zur Vorgeschichte der Neuregelung ist eine Episode aufschlussreich, die in „Hitlers Tischgespräche im Führerhauptquartier 1941–1942", hrsg. von *Andreas Hillgruber* (1968), S. 65 überliefert wird: „Beim Abendessen kam der Chef auf Fragen der Justizpraxis zu sprechen. Er erzählte, daß er seinerzeit seine (Hals-)Fistel als ernster angesehen habe, als es tatsächlich gerechtfertigt gewesen wäre. Da er sogar an Krebs gedacht hätte, habe er sich hingesetzt und auf einem amtlichen Briefbogen *handschriftlich* sein Testament niedergeschrieben. Dies sei, wie alle wissen würden, für ihn eine besondere Anstrengung, da er es aufgrund jahrelanger Übung gewohnt sei, seine Gedanken in die Maschine oder ins Stenogramm zu diktieren. Als er sein Testament fertig gehabt habe, sei ihm eine Entscheidung des Kammergerichts bekannt geworden, in der das Testament einer alten Frau für ungültig erklärt worden war, weil der Ort der Testamentsabfassung vorgedruckt und nicht handschriftlich geschrieben gewesen sei. Er habe sich da an den Kopf gefaßt und sich gesagt, ob das denn noch Recht sein könne, wenn noch nicht einmal das Testament des Reichskanzlers den gesetzlichen Vorschriften genüge. Und er sei zu dem Ergebnis gekommen, daß derartige Rechtsauffassungen ein absoluter Rechtsschwindel seien, aus dem man unbedingt wieder herauskommen müsse. Er habe deshalb den Justizminister Gürtner kommen lassen und ihn auf den Sachverhalt aufmerksam gemacht. Es habe aber extra ein Gesetz erlassen werden müssen, um diesen Unsinn zu beseitigen." Das formungültige Testament Hitlers war am 2. 5. 1938, mithin wenige Monate vor dem Erlass des Testamentsgesetzes, errichtet worden (vgl. *Hillgruber*, a.a.O., S. 65). In der Tat scheint die von ihm erwähnte Entscheidung des Kammergerichts (*KG* JFG 17, 102) „den letzten Anstoß" zu der gesetzlichen Neuregelung gegeben zu haben; vgl. *Lange/Kuchinke*, § 20 III N. 30.

fügung zu einem Zeitpunkt erfolgte, als das Testament bereits unterschrieben worden war. Es ist auch nicht angängig, die Unterschrift auf dem **Umschlag** des Blaupausentestaments als eine den Inhalt dieser Verfügung von Todes wegen deckende **neue Unterschrift** anzusehen. Zwar kann eine Testamentsunterschrift – was insbesondere für das sog. Brieftestament von Bedeutung ist – u.U. auch auf dem das Testament enthaltenden, verschlossenen Umschlag rechtswirksam geleistet werden. Voraussetzung dafür ist aber, dass die Unterschrift auf dem Umschlag Fortsetzung und Abschluss der Testamentserrichtung selbst ist.[12] Steht die Unterschrift dagegen – wie im vorliegenden Fall – unter einem Vermerk, der selbständige Bedeutung hat und sich nicht als Fortsetzung des eingeschlossenen Schriftstücks darstellt, so vermag die Umschlagsunterschrift den Inhalt des Testaments nicht zu decken.[13]

Zu prüfen bleibt aber, ob die **ursprüngliche**, auf das Testament durchgepauste Unterschrift die vorgenommenen Änderungen trägt. Nach h.M. in Rechtsprechung und Literatur sind nachträgliche eigenhändige Änderungen des Testamentswortlauts grundsätzlich auch ohne erneute Unterschrift gültig, „wenn sie nach dem aus der Urkunde erkennbaren Willen des Erblassers und der äußeren Erscheinung nach durch die alte Unterschrift mit gedeckt werden."[14] Diese Voraussetzung ist hier erfüllt. Sowohl die Kennzeichnung der Durchschrift als „Original" als auch die in Abänderung des ursprünglichen Wortlauts vorgenommene Erbeinsetzung der B wird also an sich von der durchgepausten Unterschrift umfasst.

Allerdings hat der Erblasser diese Unterschrift nur in der Form geleistet, dass er die **Anfangsbuchstaben** seines Vor- und Zunamens unter den Wortlaut der Erklärung gesetzt hat. Gemäß § 2247 Abs. 3 soll die Unterschrift den Vornamen und den Familiennamen des Erblassers enthalten. Eine Unterzeichnung in anderer Weise ist aber gültig, wenn sie zur Feststellung der Urheberschaft des Erblassers und der Ernstlichkeit seiner Erklärung ausreicht. Nach einer allerdings bestrittenen Auffassung ist danach auch eine Unterzeichnung mit den bloßen Initialen nicht schlechthin unzu-

---

[12] Unstreitig, vgl. *BayObLG* ZEV 1994, 40; Staudinger/*Baumann*, § 2247 Rn. 101 m.w.N. Ob die Umschlagsunterschrift als abschließend anzusehen ist, ist im einzelnen Tatfrage; Nachw. der umfangreichen Kasuistik bei *Lange/Kuchinke*, § 20 IV N. 63. Instruktiv dazu BayObLGZ 1982, 131, das in einer quer über die verschlossene Lasche gesetzten Unterschrift eine Fortsetzungsunterschrift erblickte; ähnlich OLG Celle NJW 1996, 2938 (Formwirksamkeit eines Testaments trotz über dem Text geleisteter „Oberschrift").

[13] RGZ 61, 7 (9); RGZ 110, 166 (169). So auch *OLG Düsseldorf* NJW 1972, 260 („Testament. Nach meinem Tod unter Zeugen öffnen.") u. *OLG Hamm* OLGZ 1986, 292 (293) („Mein Testament. Ch. L."); *BayObLG* NJW-RR 2002, 1520. Das *OLG Frankfurt* NJW 1971, 1811 (1812) („Mein letzter Wille.") hat die Beweisregel aufgestellt, die Umschlagsunterschrift sei im Zweifel abschließend zu verstehen; zust. *Brox/Walker*, Rn. 124; weitergehend *Grundmann*, AcP 187 (1987), 429 (458 f.), der die Umschlagsunterschrift in allen Fällen genügen lässt, in denen der abschließende Testierwille des Erblassers für ein bestimmtes Schriftstück sicher feststeht; abl. *Kipp/Coing*, § 26 I 2 b.

[14] BGH NJW 1974, 1083 (1084); BayObLGZ 1965, 258 (262); *BayObLG* FamRZ 1986, 835 (836); Staudinger/*Baumann*, § 2247 Rn. 63; Palandt/*Edenhofer*, § 2247 Rn. 14; Soergel/*Mayer*, § 2247 Rn. 29. A.M. *Kipp/Coing*, § 26 I 4 N. 23, der zwischen Änderungen bei und nach Testamentserrichtung unterscheidet. Wird allerdings durch nachträgliche Änderung eine erste positive Erbeinsetzung vorgenommen, die mit dem vorherigen Inhalt des Testaments in keiner unmittelbaren Beziehung steht, muss sie nochmals unterschrieben werden, *BayObLG* NJW 1975, 314 (315); für die Anordnung einer Testamentsvollstreckung ebenso OLG Köln NJW-RR 1994, 74 (75); weitergehend *Grundmann*, AcP 187 (1987), 429 (456 f.), der die Testamentsergänzung als Dokumentation des endgültigen Testierwillens des Erblassers ansieht und deshalb von dem umfassenden Ansatzpunkt eines „Favor Testamenti" zur generellen Formwirksamkeit sog. Postskripta gelangt.

lässig.¹⁵ Bei ihr sind allerdings die Urheberschaft des Erblassers und die Ernstlichkeit der Erklärung besonders sorgfältig zu prüfen. Im vorliegenden Fall bestehen schon wegen der Verwendung des eigenen privaten Briefpapiers keine Zweifel daran, dass die Unterzeichnung mit den Anfangsbuchstaben des Namens vom Erblasser herrührt. Problematisch könnte nur die Ernstlichkeit der Erklärung erscheinen. Im rechtsgeschäftlichen Verkehr werden gewöhnlich nur Entwürfe, die noch keine rechtsverbindliche Regelung enthalten, mit den Anfangsbuchstaben des Namens signiert. Hinzu kommt, dass selbst außerordentlich flüchtige Menschen eine so wichtige Erklärung wie die ihres letzten Willens mit dem vollen Namen zu unterzeichnen pflegen. In Anbetracht der besonderen Umstände des vorliegenden Falles – Erschöpfung des Erblassers durch schwere Krankheit – wird man aber aus der Kurzform der Unterschrift Zweifel an der Ernsthaftigkeit der Erklärung nicht ableiten können.

V. Ergebnis

Im Ergebnis ist damit die nachträglich abgeänderte Durchschrift insoweit als formgültiges Testament anzusehen, als darin die Einsetzung von B zur Alleinerbin ausgesprochen ist. Durch die Errichtung dieses späteren Testaments ist das ursprüngliche Testament und die darin enthaltene Erbeinsetzung der freiwilligen Feuerwehr gem. § 2258 Abs. 1 hinfällig geworden.¹⁶ Das Nachlassgericht hat daher B den beantragten Erbschein zu erteilen.

Frage 2: Ansprüche der E?

Die Anordnung des Vermächtnisses zugunsten der E entspricht dagegen nicht den Anforderungen der eigenhändigen Niederschrift des Testamentswortlauts. Zwar darf der Erblasser sich bei der Niederschrift die Hand stützen lassen, sofern sie in der gewollten Bewegung dabei frei bleibt.¹⁷ Wird die Hand beim Schreiben aber von einem Dritten so geführt, dass die Schriftzüge in Wirklichkeit von dem Dritten geformt werden, so ist die letztwillige Verfügung formungültig.¹⁸ Durch eine solche Niederschrift werden die Selbständigkeit des Willens des Erblassers und die Echtheit seiner Erklärung nicht verbürgt. Im vorliegenden Fall ist aber lediglich die Vermächtnisanordnung nicht eigenhändig geschrieben i.S. des § 2247 Abs. 1. Nur dieser Teil des Testaments ist also gem. § 125 Satz 1 nichtig.¹⁹ Da es sich um eine von **mehreren**

---

[15] *OLG Celle* NJW 1977, 1690; *OLG Stuttgart* Justiz 1977, 378; MünchKomm/*Burkart*, § 2247 Rn. 29; Soergel/*Mayer*, § 2247 Rn. 22; Palandt/*Edenhofer*, § 2247 Rn. 10; Lange/ Kuchinke, § 20 IV 3a; Brox/Walker, Rn. 123; *Grundmann*, AcP 187 (1987), 429 (431). A.M. Staudinger/*Baumann*, § 2247 Rn. 107; Kipp/Coing, § 26 I 2a. § 2247 Abs. 3 stellt an die Unterschrift geringere Anforderungen als § 126 BGB bzw. § 130 Nr. 6 ZPO, bei denen die Rspr. Abkürzungen nicht gelten lässt (*BGH* NJW 1967, 2310).

[16] Auf die Frage der Auslegung dieser Zuwendung braucht daher nicht eingegangen zu werden.

[17] *BGH* NJW 1981, 1900 (1901); *BayObLG* RPfleger 1985, 493; Staudinger/*Baumann*, § 2247 Rn. 38 f. m.w.N.; Soergel/*Mayer*, § 2247 Rn. 15.

[18] BGHZ 47, 68 (71); *BGH* NJW 1981, 1900 (1901); *BayObLG* FamRZ 1986, 726 (727).

[19] Auf die Frage, ob die Vermächtnisanordnung auch aus anderen Gründen als rechtsunwirksam zu betrachten ist, braucht hier nicht eingegangen zu werden. Zu denken wäre insbesondere an eine Nichtigkeit der Zuwendung gem. § 138 Abs. 1. Das RG (DNotZ 1936, 980) hat einen Sittenverstoß angenommen, wenn jemand einen Kranken, der seiner Pflege anvertraut ist, veranlasst, ihm zum Nachteil der Erben eine Schenkung zu machen, sofern bei dem Patienten eine verminderte Widerstandskraft gegeben ist und ihm die Möglichkeit fehlt, unabhängigen Rat einzuholen. Zur Nichtigkeit letztwilliger Verfügungen zugunsten des Trägers eines Altenheims oder dessen Personals nach § 134 i.V.m. § 14 Heimgesetz vgl. Palandt/*Edenhofer*,

in dem Testament enthaltenen Verfügungen handelt, beurteilt sich die Rechtswirksamkeit der weiteren Verfügungen nach § 2085.[20] Die Erbeinsetzung zugunsten der B wäre also nur dann als unwirksam anzusehen, wenn A ohne die Vermächtnisanordnung seine Frau nicht zu seiner Alleinerbin eingesetzt hätte. Davon kann im vorliegenden Fall nicht ausgegangen werden. Die Nichtigkeit des Vermächtnisses zugunsten der E berührt also die Wirksamkeit der Zuwendung an B nicht. Schwester E kann von der Alleinerbin die € 5.000,– nicht beanspruchen. Eine entsprechende Forderung gem. § 2174 i.V.m. § 2147 ist wegen der Nichtigkeit der Vermächtnisanordnung gem. § 2247 Abs. 1 i.V.m. § 125 Satz 1 nicht entstanden.

---

§ 1937 Rn. 13; auf ambulante Pfleger ist diese Regelung nicht anwendbar, *LG Bonn* NJW 1999, 2977.

[20] § 139 wäre anzuwenden, wenn ein Teil *einer* Verfügung nichtig ist; ebenso *BayObLG* FamRZ 1986, 726 (727). Zum hier interessierenden Problem vgl. RGZ 63, 23 (28).

Fall 7. Auflage, ergänzende Testamentsauslegung und Anfechtung

Erbschaftsanspruch – Unwirksamkeit einer Auflage – Anfechtung letztwilliger Verfügungen wegen Willensmängeln

Sachverhalt

Die Witwe Marie J. (W) errichtete am 28. 11. 1927 vor einem Notar ein öffentliches Testament, das vorschriftsmäßig in amtliche Verwahrung beim Amtsgericht genommen wurde. In diesem Testament setzte W die Stadt Nürnberg zur Alleinerbin ihres Vermögens mit der Maßgabe ein, dass

a) die Erbschaft zugunsten der Blindenanstalt in Nürnberg und zum Besten von Nürnberger Anstalten für Krüppelfürsorge zu verwenden sei,

b) die Familiengruft der Erblasserin auf dem Zentralfriedhof dauernd instand zu halten sei und darin einige Familienfotografien aufzubewahren seien,

c) alljährlich einmal, und zwar wenn möglich an ihrem Todestag, für eine Zeitdauer von 100 Jahren die Insassen der Blinden- und Krüppelanstalten die Gruft besuchen sollten und hierbei eine Musikkapelle – am liebsten eine Regimentskapelle – spielen sollte.

Im Juli 1929 heiratete W erneut, nachdem sie mit ihrem späteren Ehemann Friedrich H. einen Ehe- und Erbvertrag geschlossen hatte, in dem beide Vertragspartner gegenseitig auf gesetzliche Erb- und Pflichtteilsrechte verzichteten. Ihr zweiter Mann ist 1939, die Erblasserin W selbst 1945 ohne Hinterlassung von Abkömmlingen gestorben.

Im April 1948 erteilte das Amtsgericht in Nürnberg einen Erbschein des Inhalts, dass W aufgrund Gesetzes von achtundzwanzig Verwandten beerbt worden sei. Das noch unter ihrem früheren Namen J. verwahrte Testament vom 28. 11. 1927 wurde damals zum Erbfall nicht in Beziehung gebracht. Es wurde erst im Juli 1960 anlässlich einer allgemeinen Überprüfung der in amtlicher Verwahrung befindlichen Testamente entdeckt.

Die Stadt Nürnberg verlangt nunmehr von den Verwandten die Herausgabe des Nachlasses. Diese machen geltend, dass das wiederaufgefundene Testament rechtsunwirksam sei, da die darin getroffenen Bestimmungen nicht mehr vollziehbar seien. Der Zentralfriedhof sei schon 1938 aufgelassen worden, die Familiengruft sei damals abgebrochen und durch ein Familiengrab auf dem Westfriedhof ersetzt worden. Die alljährliche „Wallfahrt" zum Grab sei bei den heutigen Verkehrsverhältnissen nicht mehr durchführbar. Im übrigen habe die W durch ihr späteres Verhalten zu erkennen gegeben, dass ihr die Existenz ihres Testaments aus dem Jahre 1927 nicht nur längst entfallen gewesen sei, sondern dass sie auch nicht mehr den Willen gehabt habe, die darin getroffenen Verfügungen aufrechtzuerhalten. Hilfsweise erklären sie deshalb in einem im September 1960 beim Nachlassgericht eingegangenen Schreiben die Anfechtung des Testaments vom 28. 11. 1927.

Frage: Wie ist die Rechtslage?

Ausgangsfall:
BGH 30. 11. 1964 (III ZR 82/63) BGHZ 42, 327.

Lösung

I. Erbschaftsanspruch der Stadt Nürnberg

Der von der Stadt Nürnberg geltend gemachte Anspruch ist als sog. Erbschaftsanspruch i.S. des § 2018 anzusehen. Nach dieser Vorschrift kann der Erbe von jedem, der aufgrund eines ihm in Wirklichkeit nicht zustehenden Erbrechts etwas aus der Erbschaft erlangt hat (Erbschaftsbesitzer), die Herausgabe des Erlangten fordern.[1] Voraussetzung dieses Anspruchs ist ein Erbrecht in der Person des Gläubigers und Erbschaftsbesitz (d.h. Erlangung von Nachlassgegenständen aufgrund eines zu Unrecht angemaßten Erbrechts) in der Person des Schuldners. Die Begründetheit des Erbschaftsanspruchs setzt also im vorliegenden Fall voraus, dass die Einsetzung der Stadt Nürnberg zur Alleinerbin durch das Testament vom 28. 11. 1927 rechtswirksam erfolgt ist und damit ein gesetzliches Erbrecht der Verwandten, die den Nachlass in Besitz genommen haben, nicht besteht.

II. Gültigkeit des Testaments der W

Zweifel an der Gültigkeit des öffentlichen Testaments ergeben sich zunächst daraus, dass einige der darin getroffenen Anordnungen der W in der ursprünglich beabsichtigten Form nicht mehr durchführbar erscheinen.

1. Wirksamkeit der Auflagen

Die von der Erblasserin geäußerten Wünsche bezüglich der Verwendung des Nachlasses, der Instandhaltung der Familiengruft und der alljährlichen Gedächtnisfeier an der Grabstätte stellen Auflagen i.S. des § 1940 dar. Der Erblasser kann damit dem Erben (oder einem Vermächtnisnehmer) eine Verpflichtung zur Erreichung eines ihm wichtigen Zweckes auferlegen, ohne einer bestimmten Person ein Recht auf eine Zuwendung einzuräumen (Abgrenzung zum Vermächtnis und zur Erbeinsetzung).[2] Gegenstand einer Auflage kann alles sein, was zum Inhalt einer schuldrechtlichen Verpflichtung gemacht werden kann.[3] Unter diesem Gesichtspunkt bestehen keine Zweifel daran, dass die Erblasserin die genannten Anordnungen rechtswirksam treffen konnte. Gemäß § 2192 i.V.m. § 2171 ist eine Auflage aber unwirksam, die auf eine zur Zeit des Erbfalls unmögliche Leistung gerichtet ist. Aus der Unwirksamkeit einer solchen Auflage können sich gem. § 2195 auch Konsequenzen für die Wirksamkeit der unter der Auflage gemachten Zuwendung ergeben: Ist anzunehmen, dass W die Erbeinsetzung der Stadt Nürnberg nicht ohne die Auflagen gemacht haben würde, so hat die Unwirksamkeit der Auflagen die Unwirksamkeit der Erbeinsetzung zur Folge. Im vorliegenden Fall ist davon auszugehen, dass die Erblasserin die Zuwendung zugunsten der Stadt nur unter der Voraussetzung getroffen hat, dass die von ihr mit den Auflagen verfolgten Ziele verwirklicht würden. Es fragt sich aber, ob diese Anordnungen wegen objektiver Unmöglichkeit der Leistung gem. § 2192 i.V.m. § 2171 (teilweise) unwirksam sind und damit Raum für die Anwendung des § 2195 besteht.

---

[1] Zu den Besonderheiten des Erbschaftsanspruchs vgl. *Brox/Walker*, Rn. 573 ff.; *Medicus/Petersen*, Rn. 603a ff. sowie Fall 8.

[2] Vgl. Palandt/*Edenhofer*, § 1940 Rn. 1, § 2192 Rn. 1 f.; Handkommentar BGB/*Hoeren*, § 1940 Rn. 1.

[3] Palandt/*Edenhofer*, § 2192 Rn. 3; *Kipp/Coing*, § 64 I 3.

2. Vollziehbarkeit der Auflagen

Die Vollziehbarkeit der Auflagen ist durch die Auflassung des Zentralfriedhofs und den Abbruch der Familiengruft teilweise fragwürdig geworden. Zwar wird dadurch die Verwendung des Nachlasses zugunsten der Blinden- und Krüppelfürsorgeanstalten nicht berührt, wohl aber die Instandhaltung und Ausschmückung der Gruft und die Abhaltung der alljährlichen Gedächtnisfeier. Durch die Veränderung der tatsächlichen Umstände können diese Auflagen jedenfalls nicht mehr in der Art und genauso, wie von der Erblasserin bestimmt und vorgeschrieben, vollzogen werden. Daraus ist jedoch nicht ohne weiteres auf eine teilweise Unmöglichkeit mit der Folge der Unwirksamkeit gem. § 2192 i.V.m. § 2171 zu schließen. Wie der BGH in dem hier erörterten Fall im Anschluss an eine bereits vom Reichsgericht entwickelte Rechtsansicht feststellt, ist eine „Auflage nicht unter dem Gesichtspunkt ihrer ‚Unmöglichkeit' unwirksam, wenn dem mit ihr zum Ausdruck gebrachten Anliegen des Erblassers durch eine andere Art der Vollziehung Rechnung getragen werden kann."[4] Eine Auslegung des Testaments kann dann ergeben, dass sich die von der Erblasserin verfügte Auflage noch verwirklichen lässt.[5]

Wegen des langen Zeitraums, der häufig zwischen der Äußerung des letzten Willens und dem Eintritt des Erbfalles verstreicht, kommt es nicht selten zu einer Änderung der tatsächlichen Verhältnisse mit der Folge, dass das vom Erblasser erstrebte Ziel mit den von ihm dafür vorgesehenen Mitteln nicht mehr erreicht werden kann. In den Auslegungsregeln der §§ 2169 Abs. 3, 2172 Abs. 2, 2173 hat der Gesetzgeber selbst für Einzelfälle des Vermächtnisrechts die Folgen einer derartigen Änderung der tatsächlichen Verhältnisse bedacht. Ergibt sich daher durch eine solche Änderung der für die Willensentschließung des Erblassers maßgeblichen Umstände eine Lücke im Sinne einer planwidrigen Unvollständigkeit der letztwilligen Verfügung, so ist im Wege ergänzender Auslegung des Testamentsinhalts danach zu fragen, welche Anordnungen der Erblasser getroffen hätte, wenn er die Veränderung der Sachlage vorausgesehen hätte.[6] Zur Ermittlung seiner Willensrichtung können dabei neben dem Wortlaut des Testaments auch alle außerhalb der Testamentsurkunde liegenden Umstände herangezogen werden.[7] Entscheidend ist der hypothetische Wille des Erblassers im Zeitpunkt der Testamentserrichtung.[8] Da das Testament eine formgebun-

---

[4] BGHZ 42, 327 (330) = LM § 2195 Nr. 1 m. zust. Anm. *Kreft*; Staudinger/*Otte*, § 2195 Rn. 2; *Lange/Kuchinke*, § 30 III 5c.

[5] Ein Testament stellt eine einseitige Willenserklärung dar und ist als solche der Auslegung zugänglich. Ziel der Auslegung ist es dabei gem. § 133, den wirklichen Willen des Erblassers zu erforschen. § 133 wird im Rahmen der Auslegung letztwilliger Verfügungen nicht von § 2084 verdrängt; vielmehr ergänzt diese Vorschrift nur die allgemeinen Auslegungsregeln durch Betonung des Grundsatzes der wohlwollenden Auslegung. Die gesetzlichen Auslegungsregeln des Erbrechts sind nur heranzuziehen, wenn und insoweit nach Auslegung gemäß § 133 noch Zweifel verbleiben. Vgl. nur Palandt/*Edenhofer*, § 2084 Rn. 1, 14. § 157 findet hingegen bei der Auslegung einseitiger Verfügungen von Todes wegen (vgl. hierzu Fall 2 Fn. 6) keine Anwendung, da diese nicht empfangsbedürftig sind und es deshalb auf einen Vertrauensschutz durch Berücksichtigung der objektiven Erklärungsbedeutung nicht ankommt. Anders verhält es sich bei in einem gemeinschaftlichen Testament enthaltenen wechselbezüglichen Verfügungen sowie bei Verfügungen in einem Erbvertrag, vgl. hierzu Soergel/*Loritz*, § 2084 Rn. 4, 50.

[6] Vgl. RGZ 99, 82 (85); RGZ 134, 277 (280); *BGH* FamRZ 1962, 256 (257); *BGH* WM 1971, 533 (534); *BGH* LM § 2084 Nr. 5; *OLG München* ZEV 2006, 456 (457); Münch-Komm/*Leipold*, § 2084 Rn. 85 f., 84; Palandt/*Edenhofer*, § 2084 Rn. 8 f.

[7] Vgl. *BayObLG* NJW-RR 1997, 1438 (1439); *OLG Hamm* FamRZ 1998, 121 (123); ebenso in der Sache auch *BGH* NJW 1963, 1150 (1151); Palandt/*Edenhofer*, § 2084 Rn. 2.

[8] Vgl. *BGH* FamRZ 1962, 256 (257); MünchKomm/*Leipold*, § 2084 Rn. 84.

dene Erklärung darstellt, ist der so ermittelte Erblasserwille allerdings formnichtig (§ 125 Satz 1), wenn er nicht im Testament selbst eine hinreichende Stütze findet.[9] Für die ergänzende Testamentsauslegung bedeutet dies, dass die ihr zugrundeliegende Willensrichtung des Erblassers im Wortlaut des Testaments, wenn auch nur versteckt oder andeutungsweise, zum Ausdruck kommen muss.[10]

Im vorliegenden Fall geht aus dem Testament eindeutig hervor, dass das wesentliche Anliegen der Erblasserin neben der Pflege ihrer Grabstätte in dem jährlichen Gedenken durch die Insassen der Blinden- und Krüppelfürsorgeanstalten unter Mitwirkung einer Musikkapelle bestand. Zwar ist die Vollziehung der diesem Zweck dienenden Auflagen in der ursprünglich vorgesehenen Form nicht mehr möglich. Indessen ist es für die Erfüllung ihrer Wünsche gleichgültig, wo sich das Grab der Erblasserin befindet. Ihrem Anliegen kann nach Abbruch der Familiengruft auf dem Zentralfriedhof in sachgerechter Weise auch durch eine jährliche Gedenkfeier an ihrer Grabstätte auf dem Westfriedhof entsprochen werden. Einer „Wallfahrt" der Insassen der Blinden- und Krüppelanstalt bedarf es hierzu nicht. Die erbetene Aufbewahrung von Familienfotografien in der Gruft sollte offenbar den Sinn haben, das Gedächtnis an die Erblasserin und ihre Familie wachzuhalten. Dieser Zweck kann nach der Beseitigung der Familiengruft auch durch Aufbewahrung an passender Stelle in einer der Blinden- und Krüppelfürsorgeanstalten erreicht werden.[11]

Eine Vollziehung der Auflagen ist also in einer zwar abgewandelten, aber doch dem Zweck jener Bestimmungen vollauf genügenden Form möglich. Aufgrund ergänzender Auslegung des Testamentsinhalts sind die Auflagen daher in diesem, den veränderten Verhältnissen angepassten Sinn zu verstehen. Dieses Ergebnis entspricht auch dem Grundsatz der wohlwollenden Auslegung des § 2084, wonach bei Mehrdeutigkeit einer letztwilligen Verfügung im Zweifel diejenige Auslegung vorzuziehen ist, bei welcher die Verfügung Erfolg haben kann. Zwar ist diese Bestimmung hier nicht unmittelbar anwendbar, da die testamentarischen Verfügungen der Erblasserin klar und unzweideutig sind.[12] Die Vorschrift des § 2084 lässt aber das grundsätzliche Bestreben des Gesetzgebers erkennen, möglichst weitgehend dem Willen des Erblassers Geltung zu verschaffen. Diese prinzipielle Wertung ist auch bei der hier vorzunehmenden ergänzenden Auslegung zu berücksichtigen, da ein Haften am buchstäb-

---

[9] So die von der h.M. vertretene Anhalts- oder Andeutungstheorie, vgl. RGZ 99, 82 (86); RGZ 134, 277 (280); BGHZ 22, 357 (360 ff.); aus der Lit. vgl. MünchKomm/*Leipold*, § 2084 Rn. 87 ff.; Staudinger/*Otte*, Vorbem. zu §§ 2064 ff. Rn. 28 ff., jeweils m.w.N. Nach neuerer Rechtsprechung des BGH stellt sich die Formfrage eines Testaments erst dann, wenn der Inhalt der Erklärung durch Auslegung ermittelt ist, so dass die Andeutungstheorie erst im Rahmen des Formproblems bedeutsam wird: „Erst dann kann entschieden werden, ob der so ermittelte Erblasserwille eine hinreichende Stütze im Testament selbst findet, was allerdings erforderlich ist, damit er formgültig erklärt ist", BGHZ 86, 41 (47) mit krit. Anm. *Leipold*, JZ 1983, 711 (712 f.); ebenso BGHZ 80, 242 (246); *BGH* FamRZ 2002, 26; *BayObLG* DNotZ 1990, 425 (427) mit krit. Anm. *Kuchinke* a.a.O. 427 (428 f.); *BayObLG* FamRZ 1994, 853 (854); *OLG Köln* ZEV 2009, 241 (242).
[10] *BayObLG* NJW-RR 1997, 1438 (1439); Staudinger/*Otte*, Vorbem. zu §§ 2064 ff. Rn. 87 m.w.N. Weitergehend *Brox/Walker*, Rn. 204 und ähnlich *Flume*, BGB Allgemeiner Teil II, Das Rechtsgeschäft, 4. Aufl. (1992), § 16 Ziff. 5, die auf einen Anhalt im Testament gänzlich verzichten wollen.
[11] BGHZ 42, 327 (330 f.).
[12] So BGHZ 42, 327 (329) = LM § 2195 Nr. 1 m. zust. Anm. *Kreft*; MünchKomm/*Leipold*, § 2084 Rn. 60; *Brox/Walker*, Rn. 205. Etwas anderes ergibt sich auch nicht aus der neueren Rspr. des BGH (vgl. oben Fn. 9), da im vorliegenden Fall kein Anlass besteht, den Wortlaut der letztwilligen Verfügung in Zweifel zu ziehen.

lichen Sinn des Ausdrucks zur Unwirksamkeit der betreffenden Auflagen gem. § 2192 i.V.m. § 2171 und damit nach der Auslegungsregel des § 2195 auch zur Unwirksamkeit der Erbeinsetzung führen würde. Die Auflagen sind daher in einem entsprechend abgeänderten Sinn als gültig anzusehen.

3. Formgültige Willenserklärung der W

Der im Wege ergänzender Testamentsauslegung ermittelte Wille der Erblasserin ist auch formgültig erklärt (§§ 2231 Nr. 1, 2232), da ihr Anliegen aus dem Wortlaut der Testamentsurkunde nach dem bereits Ausgeführten eindeutig hervorgeht.

IV. Wirksame Anfechtung des Testaments

Zu fragen bleibt aber, ob das Testament der W vom 28. 11. 1927 wegen eines Willensmangels der Erblasserin mit Rücksicht auf eine wirksame Anfechtungserklärung durch die gesetzlichen Erben gem. § 142 Abs. 1 nichtig geworden ist. Die Anfechtung letztwilliger Verfügungen ist in den §§ 2078 ff. zum Teil abweichend von den allgemeinen Vorschriften der §§ 119 ff. geregelt.[13] Die Anfechtungsberechtigung der gesetzlichen Erben ist nicht zu bezweifeln, da ihnen die Aufhebung des Testaments unmittelbar zustatten kommen würde (§ 2080 Abs. 1). Die Anfechtung ist auch in der in § 2081 vorgesehenen Form und innerhalb der in § 2082 geregelten Frist erklärt worden. Zu prüfen ist aber, ob ein Anfechtungsgrund i.S. des § 2078 gegeben ist. Ein Inhalts- bzw. Erklärungsirrtum gem. § 2078 Abs. 1 kommt nicht in Betracht. Die Erblasserin war über den Inhalt ihrer Erklärung nicht im Irrtum, da sie den von ihr gebrauchten Worten den ihnen objektiv zukommenden Sinn beigelegt hat. Da sie sich bei der Testamentserrichtung auch nicht verschrieben oder versprochen hat, liegt auch kein Irrtum in der Erklärungshandlung vor. Nach § 2078 Abs. 2 ist aber eine Verfügung von Todes wegen – in Abweichung von § 119 – auch dann anfechtbar, wenn sie auf einem Motivirrtum beruht. Die Anfechtung wegen eines Irrtums im Beweggrund kann aber nur auf solche Vorstellungen und Erwartungen gestützt werden, die der Erblasser zur Zeit der Errichtung der letztwilligen Verfügung gehabt hat.[14] Im vorliegenden Fall könnte ein solcher Motivirrtum darin gefunden werden, dass die W fälschlich davon ausgegangen ist, sie werde nicht wieder heiraten. Indes ist ein derartiger Irrtum nach dem Sachverhalt kaum nachweisbar. In jedem Fall wäre aber die Kausalität eines solchen Irrtums für den Inhalt der Verfügung nicht festzustellen, da – wie aus dem Ehe- und Erbvertrag hervorgeht – durch die Wiederheirat eine Veränderung der erbrechtlichen Situation im Fall des Ablebens der W nicht eintreten sollte. Es lässt sich also nicht annehmen, dass die W bei Kenntnis ihrer bevorstehenden erneuten Verehelichung das Testament vom 28. 11. 1927 nicht oder mit anderem Inhalt errichtet hätte.

In der Tatsache, dass die W dieses Testament möglicherweise später vergessen hat und bewusst die gesetzliche Erbfolge hat eintreten lassen wollen, kann kein nach § 2078 Abs. 2 beachtlicher Irrtum im Beweggrund gesehen werden. Durch das spätere Aufkommen irriger Vorstellungen konnte die Erblasserin nicht mehr zu der von ihr bereits getroffenen Verfügung bestimmt werden. Die Vorschrift des § 2078 Abs. 2 stellt nach ihrem Wortlaut allein auf die Motive des Erblassers im Zeitpunkt der Vornahme der letztwilligen Verfügung ab.[15] Da die W zu jener Zeit insoweit noch kei-

---

[13] Zu den Besonderheiten vgl. *Medicus/Petersen*, Rn. 146 ff.
[14] BGHZ 42, 327 (332); *BayObLG* FamRZ 1984, 1270 (1271); MünchKomm/*Leipold*, § 2078 Rn. 24 ff.
[15] BGHZ 42, 327 (332).

nem Irrtum unterlegen war, kommt eine Anfechtung nach dieser Bestimmung nicht in Betracht. Dieses Ergebnis erscheint auch sachgerecht. Könnte das bloße Vergessen einer früheren Testamentserrichtung durch die Erblasserin den durch die Verfügung Benachteiligten ein Anfechtungsrecht verschaffen, so würde mit dieser Behauptung die Rechtswirksamkeit einer Vielzahl von Testamenten bestritten werden. Die Gefahr der missbräuchlichen Berufung auf einen solchen Anfechtungsgrund wäre gewiss nicht gering zu veranschlagen. Die Richtigkeit der hier zugrunde gelegten Auffassung wird auch durch die Vorschriften über den Widerruf von Testamenten gem. §§ 2253 ff. bestätigt. Will der Erblasser an dem früher von ihm errichteten Testament nicht mehr festhalten, so muss er die Verfügung in den dort vorgesehenen Formen widerrufen. Durch bloßes Vergessen oder einen Sinneswandel kann ein gültiger Widerruf danach nicht erklärt werden.

V. Ergebnis

Das Testament vom 28. 11. 1927 ist somit als rechtswirksam anzusehen. Der Erbschaftsanspruch der Stadt Nürnberg gegen die auf Grund eines vermeintlichen gesetzlichen Erbrechts besitzenden Verwandten gem. § 2018 ist begründet. Die Verjährung dieses Anspruchs war im Jahr 1960 noch nicht eingetreten, da die dafür maßgebliche allgemeine Verjährungsfrist 30 Jahre beträgt (§ 195 a.F.).[16] Auch auf eine zwischenzeitlich eingetretene Ersitzung können sich die Erbschaftsbesitzer gem. § 2026 gegenüber der Alleinerbin daher nicht berufen.

---

[16] § 195 ist hier in seiner vor dem 1. 1. 2002 geltenden Fassung anzuwenden, da gem. Art. 229 § 6 Abs. 1 Satz 1 EGBGB e contrario die Änderungen durch das Schuldrechtsmodernisierungsgesetz (BGBl. I 2001, S. 3138) auf bereits vor dem 1. 1. 2002 verjährte Ansprüche keine Anwendung finden. Im Übrigen sah auch nach der Schuldrechtsmodernisierung § 197 Abs. 1 Nr. 2 Alt. 2 a.F. eine dreißigjährige Verjährungsfrist für erbrechtliche Ansprüche vor. Auch die Änderungen durch die Reform des Erb- und Verjährungsrechts zum 1. 1. 2010 (BGBl. I 2009, S. 3142) greifen hier nicht, vgl. Art. 229 § 23 Abs. 1 Satz 1 EGBGB e contrario. Für Ansprüche gem. § 2018 gilt allerdings auch nach heutigem Recht eine Verjährungsfrist von 30 Jahren, § 197 Nr. 1 n.F.

Fall 8. Erbschaftsanspruch

Erbvertrag – Anfechtung – selbstverständliche Vorstellungen – Surrogation – Zurückbehaltungsrecht wegen Pflichtteils – Verwendungen – Nutzungen

Sachverhalt

Witwer Wolfgang (W) lebte seit mehreren Jahren mit seiner Freundin Frederike (F) in nichtehelicher Lebensgemeinschaft zusammen. Um die F, die kein nennenswertes Vermögen besaß, für den Fall seines Todes abzusichern, setzte er sie mittels eines eigenhändig geschriebenen und unterschriebenen Testaments zu seiner Alleinerbin ein. Er überging dabei bewusst seinen Sohn S aus früherer Ehe, da er sich mit diesem überworfen hatte.

Einige Jahre später versöhnten sich W und S jedoch unerwartet. Da es in seiner Beziehung mit F zu diesem Zeitpunkt kriselte, schloss W mit S einen notariellen Erbvertrag, in dem er nunmehr S zu seinem Alleinerben einsetzte. Für W war aufgrund der Freude über die Versöhnung ein weiterer Streit mit S so fernliegend, dass er sich darüber keine Gedanken machte. Er gestattete dem S sogar, mit seiner Familie bis auf weiteres ein ihm – dem W – gehörendes Hausgrundstück zu nutzen.

Schon kurz danach kam es allerdings doch zum erneuten Zerwürfnis zwischen Vater und Sohn. Wenig später starb W bei einem Verkehrsunfall. S, der vom Testament des W nichts wusste, erreichte daraufhin mittels Erbschein die Eintragung als Eigentümer des Hausgrundstücks im Grundbuch und die Auszahlung eines Sparguthabens des W i.H.v. € 30.000,–. Dieses Geld investierte S in einen fast neuwertigen PKW, den er auf Wunsch seiner Frau für insgesamt € 5.000,– rot umlackieren und tiefer legen ließ.

F fand schließlich das Testament des W. Sie focht daraufhin beim Nachlassgericht in einer notariell beurkundeten Erklärung den Erbvertrag an und verlangt von S nunmehr Herausgabe des PKW und des Hausgrundstücks sowie Zustimmung zur Grundbuchberichtigung. Außerdem müsse S an sie eine angemessene Nutzungsentschädigung sowohl für das Grundstück i.H.v. € 1.500,– als auch für den PKW i.H.v. € 500,– leisten. Diese Beträge entsprechen dem üblichen Mietzins für vergleichbare PKW bzw. Hausgrundstücke. S wendet ein, dass als Erbe nur er in Frage komme. Wenn er aber die Gegenstände herausgeben müsse, dann nur gegen Zahlung seines Pflichtteils und der € 5.000,– für die Lackierung und das Tieferlegen des PKW.

Frage: Wie ist die Rechtslage?

Ausgangsfälle:

RG 8. 2. 1913 (Rep. IV 527/12) RGZ 81, 293;

BayObLG 30. 10. 1989 (BReg. 1a Z 19/88) NJW-RR 1990, 200;

BGH 28. 10. 1992 (IV ZR 221/91) BGHZ 120, 96.

Lösung

A. Die Rechtslage hinsichtlich des PKW

I. Herausgabeansprüche

1. § 2018

F verlangt von S unter anderem Herausgabe des PKW. Dieses Verlangen ist möglicherweise gem. § 2018 begründet. Nach dieser Vorschrift kann der Erbe von jedem, der aufgrund eines ihm in Wirklichkeit nicht zustehenden Erbrechts etwas aus der Erbschaft erlangt hat (sog. Erbschaftsbesitzer), die Herausgabe des Erlangten verlangen.[1] Dieser sog. Erbschaftsanspruch ist ein einheitlicher Gesamtanspruch, den der Erbe neben den allgemeinen sachen- und schuldrechtlichen Singularansprüchen (z.B. §§ 812, 823, 861, 985, 1007) geltend machen kann und der auf Herausgabe aller oder einzelner Erbschaftsgegenstände gerichtet ist. Zweck dieser besonderen Regelung ist in erster Linie der Schutz des Erben. Er soll dadurch die Nachlassgegenstände auf möglichst einfache Weise erhalten und nicht die besonderen Voraussetzungen der Singularansprüche darlegen und beweisen müssen.[2] F steht der Erbschaftsanspruch zu, wenn sie Erbin des W ist und S ihr den PKW als Erbschaftsbesitzer vorenthält.

a) Erbenstellung der F

Die Erbenstellung der F ergibt sich möglicherweise aus dem Testament des W, in dem dieser sie zur Alleinerbin einsetzte, § 1937. Voraussetzung dafür ist, dass das Testament wirksam ist. W hat es eigenhändig geschrieben und unterschrieben, so dass hinsichtlich der gem. § 2247 Abs. 1 vorgeschriebenen Form keine Bedenken bestehen. Das Testament könnte jedoch wegen Verstoßes gegen die guten Sitten gem. § 138 Abs. 1 nichtig sein, weil W seinen einzigen Sohn S bewusst übergangen hat. Die Enterbung naher Angehöriger allein führt allerdings noch nicht zur Sittenwidrigkeit, weil das Gesetz diese durch das Pflichtteilsrecht (§§ 2303 ff.) schützt und damit selbst von der Möglichkeit der Enterbung ausgeht.[3] Ein Testament ist vielmehr erst dann sittenwidrig, wenn der Erblasser damit unredliche, zu missbilligende Zwecke verfolgt.[4] W bezweckte mit dem Testament die Absicherung seiner Lebensgefährtin. Einen weiteren, zu missbilligenden Zweck verfolgte er nicht. Das Testament ist daher nicht gem. § 138 Abs. 1 nichtig. Indem W später durch Erbvertrag seinen Sohn S zu seinem Alleinerben einsetzte, könnte er das Testament gem. § 2289 Abs. 1 Satz 1 allerdings wirksam aufgehoben haben.

aa) Aufhebung des Testaments durch Erbvertrag

Der Erbvertrag stellt gem. §§ 1941, 2274 ff. eine vertragliche Verfügung von Todes wegen zugunsten des Vertragspartners oder eines Dritten dar. In ihm können neben vertragsmäßigen aber auch einseitige Anordnungen getroffen werden (vgl. § 2278 einerseits und § 2299 andererseits). Im Gegensatz zum frei widerruflichen Testament führt der Erbvertrag zu einer Einschränkung der Testierfreiheit des Erblassers (vgl. § 2289 Abs. 1 Satz 2). Frühere Verfügungen von Todes wegen werden durch ihn

---

[1] Zum Erbschaftsanspruch vgl. *Medicus/Petersen*, Rn. 603a ff.; *Olzen*, JuS 1989, 374 ff.; *ders.*, Jura 2001, 223 ff.; *Richter*, JuS 2008, 97 ff.
[2] Mot. V, 576 f.
[3] *BVerfG* NJW 2001, 141 (142); BGHZ 52, 18 (20); BGHZ 111, 36 (37 ff.); Soergel/*Stein*, § 1937 Rn. 25.
[4] *BayObLG* FamRZ 1995, 249; *Leipold*, Rn. 245 f.

gem. § 2289 Abs. 1 Satz 1 aufgehoben, soweit sie das Recht des vertragsmäßig Bedachten beeinträchtigen würden. Das Testament zugunsten der F setzte diese zur Alleinerbin des W ein. Da nach dem Erbvertrag aber aufgrund einer vertragsmäßig getroffenen Verfügung S Alleinerbe des W sein sollte, liegt insoweit eine inhaltliche Kollision zwischen Testament und Erbvertrag vor. Der Erbvertrag hebt demnach gem. § 2289 Abs. 1 Satz 1 das Testament auf, wenn er wirksam ist.

bb) Formwirksamkeit des Erbvertrags

W und S haben die für einen Erbvertrag gem. § 2276 Abs. 1 Satz 1 erforderliche Form eingehalten, indem sie ihn zur Niederschrift eines Notars bei gleichzeitiger Anwesenheit abgeschlossen haben. Er ist daher nicht wegen Formmangels gem. § 125 Satz 1 nichtig.

cc) Anfechtung des Erbvertrags

Der Erbvertrag ist jedoch gem. § 142 Abs. 1 rückwirkend nichtig, wenn F diesen wirksam angefochten hat. Da ein Erbvertrag die Testierfreiheit des Erblassers beschränkt (§ 2289 Abs. 1 Satz 2), kann er unter bestimmten Voraussetzungen auch von diesem selbst angefochten werden (vgl. § 2281). Nach dem Tode des Erblassers richtet sich die Anfechtungsberechtigung demgegenüber nach § 2080. Zur Anfechtung berechtigt ist danach grundsätzlich derjenige, dem die Aufhebung der letztwilligen Verfügung unmittelbar zustattenkommen würde (§ 2080 Abs. 1). Dies ist hier F, weil sie im Falle der Nichtigkeit des Erbvertrages aufgrund des Testaments Alleinerbin des W wäre.

Des Weiteren müsste ein Anfechtungsgrund vorliegen. W könnte sich in einem Inhalts- oder Erklärungsirrtum gem. § 2078 Abs. 1 befunden haben. Beide Irrtumsalternativen setzen voraus, dass beim Erblasser im Zeitpunkt der Abgabe seiner Erklärung das Gewollte und das Erklärte voneinander abweichen.[5] W wollte bei der Abgabe seiner erbvertraglichen Erklärung vor dem Notar den S zu seinem Alleinerben einsetzen. Genauso hat er es auch erklärt. Ein Auseinanderfallen von Wille und Erklärung liegt somit nicht vor. § 2078 Abs. 1 scheidet demnach als Anfechtungsgrund aus.

Möglicherweise kann F die Anfechtung aber infolge des erneuten Zerwürfnisses zwischen W und S auf § 2078 Abs. 2 stützen. Danach berechtigt im Gegensatz zur Regelung des § 119 Abs. 2 jeder Motivirrtum des Erblassers zur Anfechtung. Bei der Testamentsanfechtung ist dies deshalb gerechtfertigt, weil aufgrund der freien Widerruflichkeit von Testamenten Gründe des Vertrauensschutzes und der Rechtssicherheit nicht entgegenstehen.[6] Beim Erbvertrag hingegen ist die gegenüber § 119 Abs. 2 erleichterte Anfechtbarkeit vertragsmäßiger Verfügungen Ausdruck einer von vornherein nur eingeschränkten Bindungswirkung.[7] F ist gem. § 2078 Abs. 2 zur Anfechtung berechtigt, wenn W durch die irrige Annahme oder Erwartung des Eintritts oder Nichteintritts eines Umstandes zum Abschluss des Erbvertrages bestimmt wurde. Nach dem Wortlaut der Vorschrift müsste W eine positive Vorstellung hinsichtlich eines Umstandes gehabt haben („Annahme oder Erwartung"). W hat den Erbvertrag offensichtlich aufgrund der erfolgten Versöhnung mit S geschlossen. Über sein zukünftiges Verhältnis zu S oder ein weiteres Zerwürfnis machte er sich jedoch keine Gedanken, weil der Fortbestand der Versöhnung für ihn selbstverständlich war. Es fehlt daher an einer positiven Fehlvorstellung des W. Nach dem Wortlaut des § 2078 Abs. 2 wäre ein Motivirrtum demnach zu verneinen.

---

[5] Palandt/*Edenhofer*, § 2078 Rn. 3 f.; *Brox/Walker*, Rn. 232.
[6] Soergel/*Loritz*, § 2078 Rn. 1; *Lange/Kuchinke*, § 36 I 1 b; *Brox/Walker*, Rn. 230.
[7] MünchKomm/*Leipold*, § 2078 Rn. 9.

Rechtsprechung und Schrifttum sind sich jedoch im Ergebnis darüber einig, dass dieser Wortlaut insoweit zu eng gefasst und daher „korrekturbedürftig" ist. Auch wenn keine positive Fehlvorstellung vorliegt, muss unter gewissen Umständen eine Anfechtung möglich sein. Ansonsten würden die Interessen des Anfechtungsberechtigten über Gebühr beschnitten. Denn über die wichtigsten Ausgangspunkte der Testierüberlegungen macht sich der Erblasser oft keine konkreten Gedanken, weil es sich um Umstände handelt, die ihm völlig selbstverständlich erscheinen.[8] In welchem Umfang eine teleologisch-extensive Auslegung der Vorschrift oder eine Analogie in Frage kommt, ist allerdings umstritten.

Die Rechtsprechung des RG zu dieser Frage war schwankend. Sollte ursprünglich nur das Ausbleiben einer positiven Vorstellung zur Anfechtung berechtigen,[9] gab das Gericht dieses Erfordernis später auf, indem es auch das Nichtbedenken eines eingetretenen Umstandes genügen ließ,[10] um dann mit Hinweisen auf Wortlaut und Entstehungsgeschichte von § 2078 Abs. 2 BGB zur Notwendigkeit einer positiven Fehlvorstellung zurückzukehren.[11] Schließlich entschied es sich jedoch dazu, auf eine solche ausdrückliche irrige Vorstellung zu verzichten.[12] Der BGH griff zunächst den Gedanken auf, dass eine Anfechtung auch zulässig sein müsse bei Ereignissen, deren Ausbleiben der Erblasser für sich als selbstverständlich ansehen konnte.[13] Im Folgenden legte er den Begriff der Erwartungen in § 2078 Abs. 2 BGB sehr weit aus und fasste auch „unbewusste Vorstellungen" hierunter.[14] Angesichts der Widersprüchlichkeit dieses Begriffs spricht das Gericht nunmehr allerdings von selbstverständlichen Vorstellungen. Darunter werden Vorstellungen verstanden, die dem Erblasser zwar nicht konkret bewusst sind, die er aber doch jederzeit abrufen und in sein Bewusstsein holen könnte.[15] W hatte zwar keine positive Fehlvorstellung hinsichtlich eines erneuten Zerwürfnisses mit S. Das Ausbleiben eines entsprechenden Zerwürfnisses war für ihn jedoch so selbstverständlich, dass er es bei dem Abschluss des Erbvertrages nicht konkret in sein Bewusstsein aufnahm, wiewohl er dies jederzeit hätte tun können. Demnach ist zumindest eine selbstverständliche Vorstellung des W, nämlich dass es nicht mehr zum Streit mit S kommt, nicht eingetreten. Nach der Rechtsprechung des RG und derjenigen des BGH wäre der Anfechtungsgrund des § 2078 Abs. 2 BGB damit gegeben.

Noch weiter als die höchstrichterliche Rechtsprechung geht eine weitverbreitete Auffassung im Schrifttum. Diese will dem Motivirrtum im Wege der Analogie pauschal das Nichtbedenken eines Umstandes gleichstellen, sofern es sich um einen Umstand von einiger Erheblichkeit handelt.[16] Darin dürfte eine methodenehrlichere Rechtsfortbildung liegen als in dem Rekurs auf selbstverständliche Vorstellungen, über deren Existenz man im Einzelfall trefflich streiten kann. Durch das erneute Zerwürf-

---

[8] Vgl. Staudinger/*Otte*, § 2078 Rn. 18; MünchKomm/*Leipold*, § 2078 Rn. 27.
[9] RGZ 50, 238 (240).
[10] RGZ 77, 165 (174).
[11] RGZ 86, 206 (209 f.).
[12] *RG* Warn 1931 Nr. 50 unter Aufgabe seiner früheren entgegenstehenden Rechtsprechung.
[13] *BGH* LM § 2078 Nr. 3 m. Hinw. auf RGZ 77, 165 (174).
[14] *BGH* LM § 2078 Nr. 4 und 8; *BGH* FamRZ 1971, 638 (640).
[15] *BGH* NJW-RR 1987, 1412 (1413); vgl. auch *BayObLG* FamRZ 1998, 1625 (1626 f.) und *KG* NJW 2001, 903 (906); krit. zum Konzept einer „unbewussten Vorstellung" *Kipp/Coing*, § 24 II 2 b; MünchKomm/*Leipold*, § 2078 Rn. 28.
[16] *Lange/Kuchinke*, § 36 III 2c; *Brox/Walker*, Rn. 233; *Leipold*, Rn. 426; Staudinger/*Otte*, § 2078 Rn. 23, 21 m.w.N.; *Schubert/Czub*, JA 1980, 257 (261); *Sieker*, AcP 201 (2001), 697 (701 f.).

Fall 8. Erbschaftsanspruch

nis war das Vertrauensverhältnis zwischen W und S nachhaltig gestört. Es handelte sich dabei um einen erheblichen Umstand, den W nicht konkret bedacht hat. Bei einer analogen Anwendung des § 2078 Abs. 2 auf das Nichtbedenken erheblicher Umstände ist damit ebenfalls ein zur Anfechtung berechtigender Motivirrtum i.S. des § 2078 Abs. 2 gegeben.

W hat den Erbvertrag unmittelbar nach der Versöhnung mit S geschlossen. Hätte er gewusst, dass diese nur von kurzer Dauer sein würde, wäre es zu dem Vertragsschluss nicht gekommen. Die gem. § 2078 Abs. 2 erforderliche Kausalität zwischen Irrtum und Verfügung liegt also zweifellos vor. F hat die Anfechtung auch formgerecht erklärt (§ 2282 Abs. 3) und gegenüber dem richtigen Adressaten, dem Nachlassgericht, abgegeben (vgl. § 2081 Abs. 1).[17] Anhaltspunkte für einen Ausschluss des Anfechtungsrechtes gem. § 2285 sind nicht ersichtlich. Im Ergebnis ist der Erbvertrag somit von Anfang an als nichtig anzusehen (§ 142 Abs. 1). Die Voraussetzungen des § 2289 Abs. 1 Satz 1 liegen folglich nicht vor. Dementsprechend ist das Testament des W zugunsten der F wirksam, so dass sie Alleinerbin des W ist.

b) S als Erbschaftsbesitzer

Begründet wäre das Herausgabeverlangen der F bezüglich des PKW gem. § 2018 jedoch nur dann, wenn S insoweit als Erbschaftsbesitzer anzusehen ist. Nach der Legaldefinition des § 2018 ist Erbschaftsbesitzer, wer aufgrund eines ihm in Wirklichkeit nicht zustehenden Erbrechtes etwas aus der Erbschaft erlangt hat. Der Erbschaftsbesitzer muss also objektiv etwas aus dem Nachlass erlangt haben und subjektiv diesen Nachlassgegenstand oder den gesamten Nachlass unter Berufung auf ein vermeintliches Erbrecht beanspruchen.[18]

aa) Erlangtes Etwas

Zum Erlangten i.S. des § 2018 kann jeder Vermögensvorteil gehören.[19] S hat zwar mit dem unmittelbaren Besitz am PKW einen Vermögensvorteil erlangt. Dieser stammt jedoch nicht aus dem Nachlass des W, sondern aus dem Vermögen eines Dritten. Allerdings ist der PKW möglicherweise kraft dinglicher Surrogation[20] aufgrund der Fiktion des § 2019 Abs. 1 Bestandteil des Nachlasses geworden. Bei einer dinglichen Surrogation wird der erworbene Gegenstand unabhängig vom Willen der Handelnden unmittelbar, d.h. ohne Durchgangserwerb des Erbschaftsbesitzers, ein Bestandteil der Erbschaft.[21] Der Zweck dieser Regelung ist es, den wirtschaftlichen Wert des Nachlasses zu erhalten und den Zugriff des Erben auf den Nachlass in seinem wechselnden Bestand zu sichern.[22] Der PKW stellt ein Surrogat i.S.d. § 2019 Abs. 1 dar, wenn S ihn durch Rechtsgeschäft mit Mitteln der Erbschaft erworben hat.

S hat den PKW durch ein Rechtsgeschäft mit einem Dritten erworben. Dies geschah mit Mitteln der Erbschaft, wenn die von S für den PKW erbrachte Gegenleistung der Erbschaft entstammte. Die Gegenleistung bestand in der Übereignung von Geldscheinen im Wert von € 30.000,–. Diese gehörten zwar ursprünglich nicht zum Nachlass des W. Indes stellen sie möglicherweise gem. § 2019 Abs. 1 infolge der

---

[17] Vgl. Palandt/*Edenhofer*, § 2285 Rn. 1; *Kipp/Coing*, § 24 V 1a.
[18] Soergel/*Dieckmann*, § 2018 Rn. 5; *Schlüter*, Rn. 616.
[19] MünchKomm/*Helms*, § 2018 Rn. 22; *Schlüter*, Rn. 618.
[20] Zur Surrogation allgemein vgl. *Medicus/Petersen*, Rn. 603a ff.; *M. Wolf*, JuS 1975, 643 ff. und 710 ff. sowie *ders.*, JuS 1976, 32 ff. und 104 ff. und *Coester-Waltjen*, Jura 1996, 24 ff.
[21] Staudinger/*Gursky*, § 2019 Rn. 4; *Leipold*, Rn. 640.
[22] *Lange/Kuchinke*, § 41 III 1; *Brox/Walker*, Rn. 600.

Auszahlung durch die Bank ein Surrogat der ursprünglich zum Nachlass des W gehörenden Sparforderung dar. Die Geldscheine würden in diesem Fall die Sparforderung und der PKW schließlich die Geldscheine ersetzen. Auch eine derartige mehrfache Surrogation (sog. Kettensurrogation) ist möglich.[23] Dafür müssten allerdings hinsichtlich der ausbezahlten Geldscheine die Voraussetzungen des § 2019 Abs. 1 vorliegen. S hat die Geldscheine rechtsgeschäftlich durch Übereignung von der Bank erworben. Zweifelhaft ist allerdings, ob dies mit Mitteln der Erbschaft geschah. Das ist grundsätzlich immer nur dann der Fall, wenn der Erbschaftsbesitzer einen Nachlassgegenstand als Gegenleistung hingegeben hat.[24] S hat jedoch nur eine Forderung eingezogen, ohne eine Gegenleistung zu erbringen. Nach seinem Wortlaut greift § 2019 Abs. 1 demnach nicht ein. Im Ergebnis zu Recht besteht jedoch Einigkeit, dass § 2019 Abs. 1 auch die Ersatzgegenstände erfasst, die der Erbschaftsbesitzer zwar nicht mit Mitteln der Erbschaft (sog. Mittelsurrogation), wohl aber aufgrund eines zur Erbschaft gehörenden Rechtes erlangt hat.[25] Dass diese sog. einfache Surrogation ebenfalls unter § 2019 Abs. 1 fallen muss, lässt sich zum einen mit einem argumentum a maiore ad minus begründen. Wenn der Erwerb mit Mitteln der Erbschaft zur Surrogation führt, dann muss dies erst recht für einen Erwerb ohne Einsatz von Erbschaftsgegenständen aufgrund eines zur Erbschaft gehörenden Rechts gelten.[26] Zum anderen kann man eine Gesamtanalogie zu den §§ 718 Abs. 2, 1418 Abs. 2 Nr. 3, 1473 Abs. 1, 1638 Abs. 2, 2041, 2111 Abs. 1 als Begründung anführen.[27] Da die Geldscheine aufgrund der zum Nachlass gehörenden Sparforderung ausgezahlt wurden, stellten diese also ein Surrogat der Sparforderung dar und gehörten zum Nachlass. Demnach hat S den PKW mit Nachlassmitteln erworben. Dieser gilt folglich aufgrund der mehrfachen Surrogation gem. § 2019 Abs. 1 als aus der Erbschaft erlangter Gegenstand.

bb) Erbrechtsanmaßung des S

Erbschaftsbesitzer i.S.v. § 2018 wäre S allerdings nur dann, wenn er den PKW auch subjektiv unter Berufung auf ein vermeintliches Erbrecht erlangt hätte. Der Wortlaut des § 2018 fordert eine Erbrechtsanmaßung schon zum Zeitpunkt der Besitzerlangung. Im Lichte des mit der Vorschrift bezweckten Erbenschutzes genügt es allerdings, wenn der Besitzer sich zwar nicht bereits bei Besitzerlangung nach dem Erbfall, wohl aber später auf sein Erbrecht beruft.[28] Ob S sich bereits bei Erwerb des PKW ein Erbrecht anmaßte, kann somit offenbleiben. Jedenfalls beruft er sich nunmehr auf den Erbvertrag und damit auf ein vermeintliches Erbrecht. Auch wenn der Erbschaftsbesitzer seine Erbrechtsanmaßung nachträglich aufgibt, ist dies im Übrigen für seine Stellung als Erbschaftsbesitzer unerheblich. Denn dieser soll sich durch eine entsprechende Willensänderung nicht einfach seiner Herausgabepflicht – auch hinsichtlich der Surrogate und aller gezogenen Nutzungen – entziehen können.[29] S ist demnach Erbschaftsbesitzer des PKW unabhängig davon, ob er seine Erbrechtsanmaßung aufrechterhält oder nicht. Im Ergebnis liegen die Voraussetzungen für einen Erbschaftsanspruch der F gem. § 2018 damit vor.

---

[23] Staudinger/*Gursky*, § 2019 Rn. 7.
[24] MünchKomm/*Helms*, § 2019 Rn. 2.
[25] MünchKomm/*Helms*, § 2019 Rn. 4; *Lange/Kuchinke*, § 41 II 2b.
[26] *M. Wolf*, JuS 1975, 710 (713).
[27] MünchKomm/*Helms*, § 2019 Rn. 4; Staudinger/*Gursky*, § 2019 Rn. 20.
[28] *BGH* NJW 1985, 3068 (3069); MünchKomm/*Helms*, § 2018 Rn. 16; *Lange/Kuchinke*, § 40 II 3; *Brox/Walker*, Rn. 575.
[29] *BGH* FamRZ 1985, 693 (694); *Schlüter*, Rn. 617.

c) Zurückbehaltungsrecht des S gem. § 273 Abs. 1

Möglicherweise kann S diesem Anspruch der F jedoch ein auf § 273 Abs. 1 gestütztes Zurückbehaltungsrecht entgegensetzen. Erste Voraussetzung dafür ist ein fälliger Gegenanspruch des S gegen die F. In Betracht kommt insoweit möglicherweise ein Pflichtteilsanspruch gem. § 2303 Abs. 1 Satz 1.[30] Indem W die F mittels des Testaments zur Alleinerbin einsetzte, hat er seinen gesetzlichen Erben S (§ 1924 Abs. 1) konkludent von der Erbfolge ausgeschlossen. S hat deshalb gem. §§ 2303 Abs. 1, 2317 Abs. 1, 271 Abs. 1 einen fälligen Pflichtteilsanspruch gegen die F in Höhe der Hälfte des Wertes seines gesetzlichen Erbteils. Dieser Pflichtteilsanspruch ist ebenso wie der Herausgabeanspruch der F infolge des vorangegangenen Erbfalles entstanden und beruht daher auf demselben rechtlichen Verhältnis. Die für § 273 Abs. 1 erforderliche Konnexität ist daher gegeben. Indes ist das Zurückbehaltungsrecht ausgeschlossen, wenn sich aus dem Schuldverhältnis etwas anderes ergibt. Das könnte hier aufgrund der Natur des Herausgabeanspruchs des § 2018 der Fall sein. Dieser soll den Erben in die Lage versetzen, den Umfang der Erbschaft festzustellen und diese zu verwalten. Erst die Verwirklichung des Anspruchs ermöglicht es ihm, die genaue Höhe des Pflichtteilsanspruchs zu berechnen und diesen ordnungsgemäß zu erfüllen. Daher ist das Zurückbehaltungsrecht wegen eines Pflichtteilsanspruchs aufgrund der Natur des Herausgabeanspruchs grundsätzlich ausgeschlossen.[31]

Allerdings besteht dann kein Grund, das Zurückbehaltungsrecht auszuschließen, wenn durch dessen Ausübung eine sinnvolle Nachlassabwicklung nicht gefährdet wird.[32] Der PKW stellt neben dem Hausgrundstück einen größeren Vermögenswert dar, der bei der Berechnung des Pflichtteilsanspruchs dementsprechend eine erhebliche Rolle spielt. Für eine Wertermittlung ist der unmittelbare Besitz der F jedoch nicht zwingend erforderlich. Da F kein nennenswertes Vermögen besitzt, muss sie aber den PKW möglicherweise veräußern, um den Pflichtteil für S aufbringen zu können. Ein Zurückbehaltungsrecht des S würde dann einer wirtschaftlichen Verwertung des PKW entgegenstehen.[33] Ohne die Herausgabe wäre demnach die ordnungsgemäße Erfüllung des Pflichtteilsanspruchs nicht gewährleistet. Im Ergebnis kann S deshalb die Herausgabe des PKW nicht gem. § 273 Abs. 1 verweigern.

d) Zurückbehaltungsrecht des S gem. § 2022 Abs. 1 i.V.m. § 1000 Satz 1

Ein Zurückbehaltungsrecht könnte S aber gem. § 2022 Abs. 1 i.V.m. § 1000 Satz 1 zustehen. Danach muss der gutgläubige, unverklagte Erbschaftsbesitzer die zur Erbschaft gehörenden Sachen nur gegen Ersatz aller Verwendungen herausgeben. Der Erbschaftsbesitzer wird insoweit im Vergleich zu dem Besitzer einer Einzelsache, der dem Vindikationsanspruch nach § 985 ausgesetzt ist, privilegiert. Denn diesem steht ein Zurückbehaltungsrecht nur wegen notwendiger und nützlicher Verwendun-

---

[30] Zum Pflichtteilsrecht vgl. unten Fall 15.
[31] RG Warn 1913 Nr. 233; BGHZ 92, 194 (198); BGHZ 120, 96 (102 f.); Palandt/*Heinrichs*, § 273 Rn. 17; MünchKomm/*Helms*, § 2018 Rn. 27.
[32] MünchKomm/*Helms*, § 2018 Rn. 27; Staudinger/*Gursky* § 2018 Rn. 37.
[33] F könnte den PKW zwar nach §§ 929 Satz 1, 931 veräußern. Auch der Erwerber könnte den PKW jedoch nur Zug-um-Zug gegen Erfüllung der Pflichtteilsansprüche nach § 985 von S herausverlangen, §§ 986 Abs. 2, 404 i.V.m § 273 Abs. 1. Während die h.Lit. der Einordnung schuldrechtlicher Zurückbehaltungsrechte als Besitzrechte i.S.d. § 986 Abs. 1 kritisch gegenübersteht (vgl. MünchKomm/*Baldus*, § 986 Rn. 19 m.w.N), hat sich der BGH in st. Rspr. dafür ausgesprochen, vgl. BGHZ 64, 122 (124); *BGH* NJW 1995, 2627 (2628); *BGH* NJW 2004, 3484 (3485). Auch nach dem BGH verhindert die Einrede jedoch nicht die Verurteilung zur Herausgabe, sondern führt zur Verurteilung Zug-um-Zug.

gen zu (§§ 994, 996). Der gutgläubige, unverklagte Erbschaftsbesitzer soll hinsichtlich der Verwendungen deshalb besser stehen, weil er alle gezogenen Nutzungen gem. § 2020 ersetzen muss und damit insoweit schlechter steht als der dem Vindikationsanspruch ausgesetzte Besitzer, der nur die Übermaßfrüchte herauszugeben hat (vgl. § 993 Abs. 1).[34]

Einen Verwendungsersatzanspruch kann S aber von vornherein nur dann geltend machen, wenn er überhaupt Verwendungen i.S.v. 2022 Abs. 1 getätigt hat. Verwendungen sind alle Aufwendungen aus dem Vermögen des Erbschaftsbesitzers, die einer Nachlasssache oder der Erbschaft im Ganzen zugute kommen sollen. Dabei ist es nach dem oben Ausgeführten unerheblich, ob es sich um notwendige, nützliche, überflüssige oder überhaupt um Wert erhöhende Aufwendungen handelt.[35] Für das Umlackieren und Tieferlegen des PKW hat S € 5.000,– aus seinem Vermögen aufgewendet. Diese Aufwendungen kamen einer Nachlasssache (dem PKW) unmittelbar zugute. Somit liegen Verwendungen des S i.H.v. € 5.000,– vor.

S müsste zum Zeitpunkt der Vornahme der Verwendungen aber auch gutgläubig hinsichtlich seines Erbrechts sowie unverklagt gewesen sein. Denn ansonsten würde sich das Zurückbehaltungsrecht wegen Verwendungen gem. § 2023 Abs. 2 i.V.m. § 2024 nach den Vorschriften bestimmen, die für das Verhältnis zwischen dem Eigentümer und dem Besitzer von dem Eintritte der Rechtshängigkeit des Eigentumsanspruchs an gelten. Der Erbschaftsbesitzer ist entsprechend § 932 Abs. 2 bösgläubig, wenn er bei Beginn des Erbschaftsbesitzes weiß oder infolge grober Fahrlässigkeit nicht weiß, dass ihm kein Erbrecht zusteht. Nach § 2024 Satz 2 ist er auch bösgläubig, wenn er später davon erfährt, dass er nicht Erbe ist. Beide Möglichkeiten scheiden hier aus. Selbst wenn man annimmt, dass S aufgrund des Zerwürfnisses mit W die Anfechtbarkeit des Erbvertrages kennen musste, was gem. § 142 Abs. 2 zur Bösgläubigkeit hinsichtlich seines erbvertraglichen Erbrechts führt, so wusste er jedenfalls nichts von seiner Enterbung. Er durfte sich daher beim Besitzerwerb hinsichtlich des PKW zumindest für den gesetzlichen Erben halten. S erlangte auch später keine positive Kenntnis davon, dass er nicht Erbe des W ist. Der Herausgabeanspruch war auch nicht rechtshängig. Demzufolge war S gutgläubiger, unverklagter Erbschaftsbesitzer.

Gemäß § 2022 Abs. 1 Satz 1 a.E. ist ein Verwendungsersatzanspruch des S jedoch ausgeschlossen, soweit die Verwendungen auf die nach § 2021 herauszugebende Bereicherung angerechnet werden können. Nach § 2021 i.V.m. § 2020 muss S möglicherweise Ersatz für die Gebrauchsvorteile hinsichtlich des PKW (€ 500,–) und der Bewohnung des Hausgrundstücks (€ 500,–) leisten. Ob diese Nutzungsansprüche bestehen, wird sogleich ausführlich untersucht (vgl. unten Abschnitte A. II. und B. III.). Sollte dies der Fall sein, würde der Verwendungsersatzanspruch des S (€ 5.000,–) entsprechend gemindert. Auch ein Zurückbehaltungsrecht gem. § 2022 Abs. 1 Satz 2 i.V.m. 1000 Satz 1 kann er dann nur in Höhe des so geminderten Betrages geltend machen.

Zu den Rechtsfolgen des Zurückbehaltungsrechts sagen die §§ 2022 Abs. 1, 1000 nichts aus. Diese Regelungslücke ist durch eine analoge Anwendung des § 274 zu schließen. Der Herausgabeanspruch der F hinsichtlich des PKW ist daher analog § 274 nur Zug um Zug gegen Ersatz der S gem. § 2022 Abs. 1 Satz 1 geschuldeten Verwendungskosten durchsetzbar.

---

[34] Soergel/*Dieckmann*, § 2022 Rn. 2; *v. Lübtow*, S. 1061, 1071.
[35] *Lange/Kuchinke*, § 40 IV 5; *Brox/Walker*, Rn. 585.

2. § 985

Möglicherweise kann F von S auch gem. § 985 die Herausgabe des PKW verlangen. Neben dem Gesamtanspruch aus § 2018 kann der Erbe auch alle allgemeinen Einzelansprüche geltend machen.[36] § 985 ist demnach neben dem Erbschaftsanspruch anwendbar. Allerdings bestimmt sich die Haftung des Erbschaftsbesitzers auch gegenüber den Ansprüchen, die dem Erben in Ansehung der einzelnen Erbschaftsgegenstände zustehen, gem. § 2029 nach den Vorschriften über den Erbschaftsanspruch. Ein wesentlicher Zweck dieser Regelung ist es, dem Erbschaftsbesitzer die Vorzüge der §§ 2018 ff. zu erhalten, und zwar insbesondere das Recht, bei Gutgläubigkeit und Unverklagtheit gem. § 2022 Ersatz aller Verwendungen verlangen zu können.[37]

Im vorliegenden Fall ergibt sich danach folgendes: Die erste Voraussetzung für einen Vindikationsanspruch der F ist ihr Eigentum an dem PKW. Dieses Eigentum hat sie kraft dinglicher Surrogation gem. § 2019 Abs. 1 ohne Durchgangserwerb des S erlangt, als dieser den PKW rechtsgeschäftlich erwarb.[38] Auch die zweite Voraussetzung eines Vindikationsanspruchs ist erfüllt: S ist Besitzer des PKW, und zwar unmittelbarer Besitzer.[39] Gemäß §§ 2029, 2022 Abs. 1, 1000 Satz 1 kann er dem Einzelanspruch der F aus § 985 jedoch im Wege eines Zurückbehaltungsrechts den Verwendungsersatzanspruch entgegenhalten, der ihm als Erbschaftsbesitzer auch gegen den Erbschaftsanspruch der F zusteht. Ob Zurückbehaltungsrechte ein Recht zum Besitz i.S.v. § 986 Abs. 1 Satz 1 begründen können, ist umstritten.[40] Dieser Streit braucht hier nicht entschieden zu werden. Denn Einigkeit besteht jedenfalls darin, dass auch das Bestehen eines Zurückbehaltungsrechtes den Vindikationsanspruch nicht ausschließt, sondern lediglich dazu führt, dass der Besitzer die Sache nur Zug um Zug gegen Empfang der ihm gebührenden Leistung herauszugeben braucht. Im Ergebnis ist der Vindikationsanspruch der F aus § 985 damit analog § 274 ebenfalls nur gegen Ersatz der S gem. § 2022 Abs. 1 Satz 1 geschuldeten Verwendungskosten durchsetzbar.

3. §§ 861, 1007, 812 Abs. 1 Satz 1 Alt. 2

Besitzschutzansprüche gem. §§ 861, 1007, 812 Abs. 1 Satz 1 Alt. 2 kämen nur in Frage, wenn F Besitzerin des PKW war. Dies könnte sie aufgrund der Fiktion des § 857 geworden sein. Im Zeitpunkt des Erbfalles war der Erblasser W jedoch nicht Besitzer des PKW, so dass der Besitz auch nicht gem. § 857 auf F übergehen konnte. Besitzschutzansprüche scheiden daher aus.

---

[36] Staudinger/*Gursky*, Vorbem. zu §§ 2018 ff. Rn. 3; MünchKomm/*Helms*, § 2018 Rn. 2; *Schlüter*, Rn. 606.
[37] MünchKomm/*Helms*, § 2029 Rn. 1; andererseits muss der Erbschaftsbesitzer gem. § 2029 auch die Regelungen der §§ 2018 ff. in Kauf nehmen, die ihn gegenüber der jeweiligen Regelung des Einzelanspruchs schlechter stellen. Vgl. dazu sogleich im Text Abschnitt A. II. 2.
[38] Vgl. zur Wirkung der dinglichen Surrogation im Text A. I. 1. b) aa).
[39] Der Vindikationsanspruch richtet sich gleichermaßen gegen den unmittelbaren wie gegen den mittelbaren Besitzer, vgl. Palandt/*Bassenge*, § 985 Rn. 9. Es stellt sich dann allerdings die Frage, ob von dem mittelbaren Besitzer nicht nur Herausgabe des mittelbaren, sondern auch des unmittelbaren Besitzes verlangt werden kann; vgl. *Habersack*, Sachenrecht, 6. Aufl. 2010, Rn. 75, 95.
[40] Dafür in st. Rspr. der BGH, vgl. etwa *BGH* JZ 1996, 151 (153) m. Anm. *Medicus*, dagegen u.a. Palandt/*Bassenge*, § 986 Rn. 5; ausführliche Darstellung bei Staudinger/*Gursky*, § 986 Rn. 28 m.w.N.

II. Nutzungsersatzansprüche

1. §§ 2020 Halbs. 1, 2021, 818 Abs. 2

Abgesehen von einem Herausgabeanspruch bezüglich des PKW könnte F gegen S auch gem. §§ 2020 Halbs. 1, 2021, 818 Abs. 2 ein Anspruch auf Zahlung von € 500,– als Ersatz für den Gebrauch des PKW zustehen. Nutzungen sind gem. § 100 u.a. die Vorteile, die der Gebrauch einer Sache gewährt. Dazu gehören auch die von S mit dem PKW unternommenen Fahrten. S kann diese Nutzungen in natura nicht herausgeben. Daher hat er grundsätzlich gem. §§ 2021, 818 Abs. 2 deren Wert in Form des üblichen Mietzinses für einen vergleichbaren PKW, der hier € 500,– beträgt, zu ersetzen. F muss sich aber gem. § 2022 Abs. 1 Satz 1 die von S gemachten Verwendungen anrechnen lassen. Denn diese Vorschrift ordnet insoweit eine Saldierung an.[41] Dementsprechend findet hier eine Verrechnung der € 500,– mit den € 5.000,– Verwendungskosten statt. Ein Anspruch aus §§ 2020 Halbs. 1, 2021, 818 Abs. 2 auf Nutzungsersatz steht der F somit nicht zu.

2. Ansprüche aus dem Eigentümer-Besitzer-Verhältnis

Auch Nutzungsersatzansprüche aus dem Eigentümer-Besitzer-Verhältnis kommen nicht in Betracht. Gemäß § 2029 haftet der gutgläubige, unverklagte Erbschaftsbesitzer nämlich ausschließlich nach § 2020. Dadurch wird er – abstrakt betrachtet – sogar schlechter gestellt als bei einer Haftung nach den Regeln des Eigentümer-Besitzer-Verhältnisses (vgl. § 993 Abs. 1). Aber auch diese Schlechterstellung wird von dem Zweck des § 2029, der das den §§ 2018 ff. zugrundeliegende Wertungssystem auch gegen etwaige Einzelansprüche des Erben durchsetzen will, gedeckt.[42]

B. Die Rechtslage bezüglich des Hausgrundstücks

I. Herausgabeansprüche

1. § 2018

Ebenso wie im Hinblick auf den PKW könnte F auch im Hinblick auf das Hausgrundstück gem. § 2018 ein Herausgabeanspruch gegen S zustehen. Voraussetzung dafür ist zum einen, dass F Erbin des W ist und zum anderen, dass S das Hausgrundstück als Erbschaftsbesitzer für sich beansprucht.

a) S als Erbschaftsbesitzer

F ist kraft des wirksamen Testaments des W dessen Alleinerbin.[43] Problematisch ist allerdings, ob S als Erbschaftsbesitzer des Hausgrundstücks angesehen werden kann. Zwar gehört das Hausgrundstück objektiv zum Nachlass. S hat es jedoch bereits vor dem Erbfall aufgrund eines mit W geschlossenen Leihvertrages (§ 598), der ihm den Gebrauch des Grundstücks unentgeltlich überließ, und damit zunächst nicht subjektiv unter Berufung auf ein ihm in Wirklichkeit nicht zustehendes Erbrecht erlangt. Wie bereits erörtert (vgl. Abschnitt A. I. 1. b) bb)), ist nach allgemeiner Ansicht im Lichte des Schutzzwecks des § 2018 als Erbschaftsbesitzer aber auch derjenige anzusehen, der unter Berufung auf ein vermeintliches Erbrecht dem Erben Nachlasssachen vorenthält, die er bereits vor dem Erbfall – beispielsweise als Mieter, Entleiher oder Verwahrer – in Besitz genommen hatte. Demzufolge ist es unerheb-

---

[41] *Soergel/Dieckmann*, § 2021 Rn. 5.
[42] *Soergel/Dieckmann*, § 2029 Rn. 1.
[43] Vgl. im Text Abschnitt A. I. 1. a).

lich, dass S den Besitz des Hausgrundstücks schon vor dem Erbfall erlangte. Jedenfalls nunmehr beruft er sich auf ein vermeintliches Erbrecht und ist daher als Erbschaftsbesitzer anzusehen.

b) Besitzrecht des S

Möglicherweise kann S die Herausgabe jedoch verweigern, weil ihm ein Recht zum Besitz des Hausgrundstücks zusteht. Der Erbschaftsbesitzer kann dem – auf den Erbschaftsanspruch gestützten – Herausgabeverlangen des Erben bezüglich eines bestimmten Nachlassgegenstandes alle Einzeleinwendungen und -einreden entgegenhalten, etwa dass er aufgrund eines mit dem Erblasser geschlossenen Vertrages ein Recht zum Besitz habe.[44] Ein derartiges Besitzrecht könnte sich aus dem Leihvertrag ergeben, den S ursprünglich mit W geschlossen hatte. F war als Erbin gem. §§ 1922, 1967 Abs. 1 zunächst an diesen Vertrag gebunden. Da die Dauer der Leihe jedoch nicht bestimmt und auch aus ihrem Zweck nicht zu entnehmen war, konnte F das Rückforderungsrecht des § 604 Abs. 3 ausüben und das Leihverhältnis beenden. Dies hat sie konkludent getan, indem sie das Hausgrundstück von S herausverlangte. Demnach steht S kein Recht zum Besitz zu. Er kann die Herausgabe nicht aufgrund des Leihvertrages verweigern.

c) Zurückbehaltungsrecht des S

Ein Zurückbehaltungsrecht gem. § 273 Abs. 1 wegen seines Pflichtteilsanspruchs steht S aus denselben Überlegungen wie bezüglich des PKW nicht zu. In Frage kommt schließlich aber ein Zurückbehaltungsrecht gem. § 2022 Abs. 1 i.V.m. § 1000 Satz 1. Dafür ist nicht erforderlich, dass der Erbschaftsbesitzer Verwendungen gerade auf die herausverlangte Sache gemacht hat. Es genügt vielmehr, dass Verwendungen hinsichtlich irgendeines Nachlassgegenstandes vorliegen.[45] Das ergibt sich aus dem Wortlaut des § 2022 Abs. 1, der die Möglichkeit der Herausgabeverweigerung auf die zur „Erbschaft gehörenden Sachen" bezieht und sich damit nicht auf den einzelnen herausverlangten Gegenstand beschränkt. Im Ergebnis bedeutet dies, dass der Herausgabeanspruch der F gegen den S aus § 2018 bezüglich des Hausgrundstücks analog § 274 nur Zug um Zug gegen Ersatz der S gem. § 2022 Abs. 1 Satz 1 geschuldeten Verwendungskosten bezüglich des PKW durchsetzbar ist.

2. § 604 Abs. 3

Ein Anspruch der F gegen den S auf Herausgabe des Hausgrundstücks besteht nach dem oben Ausgeführten (vgl. Abschnitt B. I. 1. b)) auch gem. § 604 Abs. 3. Allerdings kann S auch diesem Anspruch sein auf die §§ 2022 Abs. 1, 1000 Satz 1 gestütztes Zurückbehaltungsrecht entgegenhalten. Der Anspruch ist daher nur Zug um Zug gegen Ersatz der S gem. § 2022 Abs. 1 Satz 1 geschuldeten Verwendungskosten durchsetzbar.

3. § 985

Dasselbe gilt im Ergebnis auch für den Herausgabeanspruch aus § 985, der F, die kraft Universalsukzession gem. § 1922 Eigentümerin des Hausgrundstücks wurde, gegen den unmittelbaren Besitzer S ebenfalls zusteht.

---

[44] MünchKomm/*Helms*, § 2018 Rn. 26 f.; *Soergel/Dieckmann*, § 2018 Rn. 13; Staudinger/*Gursky*, § 2018 Rn. 36.
[45] Palandt/*Edenhofer*, § 2022 Rn. 4; *Schlüter*, Rn. 635; *v. Lübtow*, S. 1062.

II. Ansprüche auf Zustimmung zur Grundbuchberichtigung

1. § 2018

F könnte gegen S ferner gem. § 2018 einen Anspruch auf Zustimmung zur Grundbuchberichtigung haben. Wie bereits festgestellt, ist F Alleinerbin des W. Darüber hinaus müsste S die (unrichtige) Grundbucheintragung aus der Erbschaft erlangt haben. Die Herausgabepflicht nach § 2018 ist umfassend und beschränkt sich daher nicht auf den Besitz. Sie umfasst vielmehr auch jeden anderen Vorteil, etwa eine unrichtige Grundbucheintragung, die der Erbschaftsbesitzer zu seinen Gunsten herbeigeführt hat.[46] Demnach hat S die unrichtige Grundbucheintragung gem. § 2018 an F herauszugeben, und zwar durch Zustimmung zur Grundbuchberichtigung. Auch dieser Anspruch ist aber aufgrund des Zurückbehaltungsrechts des S gem. §§ 2022 Abs. 1, 1000 Satz 1 nur Zug um Zug gegen Ersatz der diesem geschuldeten Verwendungskosten bezüglich des PKW durchsetzbar.

2. § 894 und § 812 Abs. 1 Satz 1 Alt. 2

Das Grundbuch ist aufgrund der Eintragung des S zu Lasten der F unrichtig, ein Anspruch auf Zustimmung zur Grundbuchberichtigung folgt somit auch aus § 894. S hat den Buchbesitz bezüglich des Grundstücks zudem ohne Rechtsgrund auf Kosten der wahren Berechtigten F erlangt. Damit steht F auch ein Anspruch aus § 812 Abs. 1 Satz 1 Alt. 2 auf Zustimmung zur Grundbuchberichtigung zu. Beiden Ansprüchen kann S allerdings wiederum gem. § 2029 i.V.m. § 2022 Abs. 1 i.V.m. § 1000 Satz 1 sein Zurückbehaltungsrecht wegen des ihm geschuldeten Verwendungsersatzes bezüglich des PKW entgegensetzen.

III. Nutzungsersatzanspruch aus §§ 2020 Halbs. 1, 2021, 818 Abs. 2

Möglicherweise steht F schließlich gegen S auch ein Anspruch auf Nutzungsersatz bezüglich des Hausgrundstücks i.H.v. € 1.500,– gem. §§ 2020 Halbs. 1, 2021, 818 Abs. 2 zu. S hat das Hausgrundstück mit seiner Familie bewohnt und daher Nutzungen i.S. des § 100 gezogen. Dies hat er jedoch bis zur Beendigung des Leihverhältnisses durch F aufgrund berechtigten Besitzes getan. Der Nutzungsersatzanspruch aus § 2020 Halbs. 1 kann aber nur dann bestehen, wenn der Erbschaftsgegenstand zum Zeitpunkt der Nutzung auch gem. § 2018 herauszugeben war. Dies war hinsichtlich des Hausgrundstücks aufgrund des fortbestehenden Leihverhältnisses nicht der Fall. Demnach hat F gegen S keinen Anspruch auf Nutzungsersatz für das Bewohnen des Hausgrundstücks.

C. Gesamtergebnis

F kann von S den PKW Zug um Zug gegen Ersatz von Aufwendungen des S für das Tieferlegen und Umlackieren i.H.v. € 4.500,– herausverlangen. Dieser Betrag ergibt sich daraus, dass F eine Nutzungsentschädigung für den Gebrauch des Fahrzeugs durch S i.H.v. € 500,– zusteht, die allerdings mit den Aufwendungen des S i.H.v. € 5.000,– zu verrechnen ist.

Das Hausgrundstück kann F ebenfalls nur Zug um Zug gegen Zahlung derselben € 4.500,– herausverlangen. Gleiches gilt für ihren Anspruch auf Zustimmung zur Grundbuchberichtigung. Ein Anspruch auf Nutzungsentschädigung besteht insoweit nicht.

---

[46] Staudinger/*Gursky*, § 2018 Rn. 31; *Soergel*/*Dieckmann*, § 2018 Rn. 12.

Fall 9. Widerruf eines privatschriftlichen Testaments

Testamentsauslegung – Abgrenzung von Erbeinsetzung und Vermächtnisanordnung

Sachverhalt

Der verstorbene Zahnarzt Dr. Z hat in einem privatschriftlichen Testament vom 30. 8. 1943 Frau A zur alleinigen Erbin seines Nachlasses eingesetzt. Dieses Testament ist bei der kriegsbedingten Evakuierung des Erblassers im Jahre 1944 verloren gegangen. Am 6. 12. 1945 hat Z ein weiteres privatschriftliches Testament zugunsten seiner Sprechstundenhilfe Frau B errichtet. Dieses Testament lautet:

„Hiermit bestimme ich im Falle meines Ablebens Frau B als Erbin des Hauses H-Str. 12 in X nebst dem dazugehörigen Garten. Etwa auf dem genannten Grundstück ruhende Lasten sind im Einvernehmen mit dem Erben des Hauses H-Str. 10 (wahrscheinlich Frau A) aus meiner Lebens- und Sterbegeldversicherung zu tilgen; jedoch mit der Klausel, dass das Grundstück H-Str. 12 mit Garten und aufstehenden Gebäuden ausschließlich Frau B gehört."

Das Vermögen des Z besteht im Wesentlichen aus den beiden etwa gleichwertigen Hausgrundstücken H-Str. 10 und H-Str. 12 sowie aus einer Lebensversicherung in Höhe von € 50.000,–. Das Grundstück H-Str. 10 ist unbelastet, dasjenige H-Str. 12 ist mit einer ersten Hypothek in Höhe von € 50.000,– belastet.

Z ist der Verlust seines Testaments vom 30. 8. 1943 bekannt gewesen. Er hat Frau A versprochen, sie in einem neuen Testament erneut als Erbin einzusetzen. Zur Errichtung eines solchen Testaments zugunsten der A ist es aber bis zum Tod des Z nicht mehr gekommen.

Frage: Wie wird Z beerbt?

Ausgangsfall:
BGH 10. 5. 1951 (IV ZR 12/50) NJW 1951, 559.

Lösung

I. Erbenstellung der B

Durch das privatschriftliche Testament vom 6. 12. 1945 hat der Erblasser Frau B einen einzelnen Gegenstand aus seinem Nachlass – das Hausgrundstück H-Str. 12 – zugewandt. In einem solchen Fall ist nach § 2087 Abs. 2 im Zweifel nicht anzunehmen, dass die Bedachte Erbin sein soll. Zu denken ist dann vielmehr an ein Vermächtnis (§ 1939). Die Auslegungsregel des § 2087 Abs. 2 findet jedoch keine Anwendung, wenn durch Auslegung der letztwilligen Verfügung ein anderer Wille des Erblassers festgestellt werden kann.[1] Zwar genügt hierfür nicht bereits die

---

[1] Vgl. zur Testamentsauslegung und den gesetzlichen Auslegungsregeln bereits Fall 7 Fn. 5.

Bezeichnung der Bedachten als Erbin, da die Begriffe „erben" und „vermachen" in weiten Teilen der Bevölkerung unterschiedslos benutzt werden.[2] Die Auslegung, für die der gesamte Inhalt der letztwilligen Verfügung sowie weitere – auch außerhalb des Testaments liegende – Umstände zu würdigen sind,[3] kann jedoch dazu führen, dass nur scheinbar die Zuwendung einzelner Gegenstände vorliegt, der Erblasser indessen nach seiner Vorstellung im Zeitpunkt der Testamentserrichtung der Bedachten mit den aufgeführten Gegenständen einen Bruchteil seines gesamten Nachlasses zuwenden wollte (§ 2087 Abs. 1).[4] Für eine Erbeinsetzung kann in einem solchen Fall weiter sprechen, dass die Bedachte nach dem Willen des Erblassers nicht nur schuldrechtliche Ansprüche gegen andere Bedachte, sondern unmittelbare Rechte am Nachlass erwerben und die Nachlassschulden tilgen soll.[5] Die Erwähnung eines einzelnen Vermögensgegenstandes hat dann die Bedeutung einer Teilungsanordnung gem. § 2048, die dem betreffenden Miterben bei der Auseinandersetzung des Nachlasses einen Anspruch auf Überlassung dieses Gegenstandes gibt.[6]

Im vorliegenden Fall hat der Erblasser nach seiner Vorstellung Frau B wertmäßig etwa die Hälfte seines Nachlasses zugewandt. Frau B sollte ferner im Einvernehmen mit dem Erben des Hauses H-Str. 10 die auf dem Grundstück H-Str. 12 lastende Hypothek tilgen und damit die Nachlassverbindlichkeiten regulieren. Die testamentarische Verfügung des Z ist daher entgegen der Auslegungsregel des § 2087 Abs. 2 als Einsetzung der B als Erbin mit einer Erbquote von 1/2 zu verstehen.

II. Erbenstellung der A

Eine Erbeinsetzung zugunsten der A wird im Testament vom 6. 12. 1945 nicht ausgesprochen. Dem Wortlaut des Testaments lässt sich allenfalls die Ankündigung des Erblassers entnehmen, dass er in einer weiteren letztwilligen Verfügung die A mit der restlichen Hälfte des Nachlasses bedenken wolle. Da das Testament vom 6. 12. 1945 nur B als Erbin einsetzt und diese Einsetzung auf die Hälfte der Erbschaft beschränkt, tritt nach § 2088 Abs. 1 in Ansehung des übrigen Teiles an sich die gesetzliche Erbfolge ein. Für die Anwendung des § 2088 Abs. 1 ist aber dann kein Raum, wenn der Erblasser über den restlichen Teil des Nachlasses durch ein anderes Testament rechtswirksam verfügt hat. In Betracht kommt hier das eigenhändige Testament vom 30. 8. 1943, durch das Z Frau A zur Alleinerbin berufen hat. Die Gültigkeit dieser letztwilligen Verfügung ist allerdings zweifelhaft.

1. Widerruf infolge Verlusts der Testamentsurkunde

Durch den bloßen unfreiwilligen Verlust oder die unfreiwillige Vernichtung der Testamentsurkunde hat die Verfügung nach einhelliger Auffassung in Rechtsprechung

---

[2] Allg. Meinung, vgl. auch den Wortlaut des § 2087 Abs. 2: „auch wenn er als Erbe bezeichnet ist"; Palandt/*Edenhofer*, § 2087 Rn. 2; Staudinger/*Otte*, § 2087 Rn. 18; Lange/Kuchinke, § 27 II 2.
[3] St. Rspr., vgl. etwa *BGH* NJW 1985, 1554; *BGH* NJW 1993, 256 f.; *BGH* NJW-RR 2009, 1455 (1457); aus der Lit. vgl. Palandt/*Edenhofer*, § 2084 Rn. 2; MünchKomm/*Leipold*, § 2084 Rn. 28 ff.; vgl. hierzu auch bereits Fall 7 Fn. 7.
[4] St. Rspr., vgl. z.B. *BGH* FamRZ 1972, 561 (563); *BGH* RPfleger 1983, 276 (277 f.); *BGH* FamRZ 1997, 349 (350) = LM 2087 Nr. 3 mit Anm. *Leipold*; *BayObLG* FamRZ 1986, 728 (730 f.); *BayObLG* FamRZ 1995, 246 (248); *OLG München* NJW-RR 2007, 1162 (1163).
[5] *BayObLG* FamRZ 1986, 604 (605) u. 728 (731); Palandt/*Edenhofer*, § 2087 Rn. 4; MünchKomm/*Schlichting*, § 2087 Rn. 8.
[6] Staudinger/*Otte*, § 2087 Rn. 24; Lange/Kuchinke, § 27 II 3; Brox/Walker, Rn. 322.

und Schrifttum ihre Rechtswirksamkeit nicht verloren.[7] Dies ergibt sich auch aus der Vorschrift des § 2255 Satz 1, wonach die Vernichtung der Testamentsurkunde nur dann einen Widerruf durch schlüssige Handlung darstellt, wenn sie **in Aufhebungsabsicht durch den Erblasser** erfolgt.[8] Die Aufhebungsabsicht wird allerdings nach § 2255 Satz 2 vermutet, wenn der Erblasser die Testamentsurkunde vernichtet hat. Eine Vermutung dafür, dass der Erblasser ein nicht mehr auffindbares Testament vernichtet habe, besteht jedoch nicht.[9]

Eine Verfügung von Todes wegen kann also rechtswirksam fortbestehen, auch wenn die Urkunde, in der sie verkörpert ist, nicht mehr existiert. Freilich ergeben sich aus dem Untergang des Dokuments Beweisschwierigkeiten, die aber – etwa durch Vorlage von Abschriften oder durch Zeugen- und Sachverständigenaussagen – bei grundsätzlich strengen Beweisanforderungen gemeistert werden können.[10]

2. Widerruf infolge passiver Billigung des Verlusts

Allerdings ist der Erblasser im vorliegenden Fall – wie sich aus dem Wortlaut des Testaments vom 6. 12. 1945 ergibt – möglicherweise davon ausgegangen, dass das abhanden gekommene Testament vom 30. 8. 1943 durch den Verlust ungültig geworden ist.[11] Indessen ist auch hierin ein wirksamer Widerruf des verlorenen Testaments nicht zu erblicken. Das stillschweigende spätere Einverständnis des Erblassers mit dem zufällig eingetretenen Untergang der Testamentsurkunde genügt den Formerfordernissen der Aufhebung letztwilliger Verfügungen durch Widerruf (§§ 2253–2258) nicht.[12] Zu den-

---

[7] *BGH* JZ 1951, 591 (592); *OLG Hamm* NJW 1974, 1827 (1828); *BayObLG* FamRZ 1986, 1043 (1044); *BayObLG* FamRZ 1993, 117; Palandt/*Edenhofer*, § 2255 Rn. 9; Staudinger/*Baumann*, § 2255 Rn. 21 m.w.N.

[8] MünchKomm/*Hagena*, § 2255 Rn. 4; *Lange/Kuchinke*, § 23 II 2c. Gleichzustellen ist der Fall der Vernichtung der Testamentsurkunde zu Lebzeiten des Erblassers durch seine Beauftragten, vgl. MünchKomm/*Hagena*, § 2255 Rn. 13; *Lange/Kuchinke*, § 23 II 2c; *Brox/Walker*, Rn. 140.

[9] *OLG Hamm* NJW 1974, 1827; *BayObLG* RPfleger 1980, 60; *BayObLG* FamRZ 1986, 1043 (1044); *BayObLG* NJW-RR 1992, 1358; *OLG Düsseldorf* NJW-RR 1994, 142; *LG Duisburg* NJW-RR 2005, 884 (885); MünchKomm/*Hagena*, § 2255 Rn. 16; Staudinger/*Baumann*, § 2255 Rn. 27; *Lange/Kuchinke*, § 23 II 2a; Beweiserleichterungen bis zum Anscheinsbeweis kommen jedoch in Betracht, wenn sich die Urkunde bis zuletzt im Gewahrsam des Erblassers befunden hat, vgl. BayObLGZ 1983, 204 (208).

[10] *BayObLG* FamRZ 1986, 1043 (1044 f.); *BayObLG* FamRZ 1990, 1162 (1163); *BayObLG* NJW-RR 1992, 1358; *OLG Köln* NJW-RR 1993, 970; *OLG Düsseldorf* NJW-RR 1994, 142; *OLG München* NJW-RR 2009, 305; Palandt/*Edenhofer*, § 2255 Rn. 9; Staudinger/*Baumann*, § 2255 Rn. 31, jeweils m.w.N. Zur Ersetzung zerstörter oder abhanden gekommener öffentlicher Testamente vgl. die Vorschrift des § 46 BeurkG, die an die Stelle der Verordnung vom 18. 6. 1942 getreten ist. Für eigenhändige Testamente gilt diese Regelung jedoch nicht, vgl. dazu Soergel/*Mayer*, § 2255 Rn. 15.

[11] Hierin könnte ein Anfechtungsgrund nach § 2078 Abs. 2 liegen. Insoweit ist zu unterscheiden: Für die Erbeinsetzung der B in dem späteren Testament vom 6. 12. 1945 ist ein solcher Irrtum nicht kausal; damit scheidet eine Anfechtung dieser Verfügung gem. § 2078 Abs. 2 aus. Die Erbeinsetzung der A in dem früheren Testament vom 30. 8. 1943 soll nach Staudinger/*Baumann*, § 2255 Rn. 22 und Bamberger/Roth/*Litzenburger*, § 2255 Rn. 8 jedoch analog § 2078 anfechtbar sein, wenn der Erblasser der (irrigen) Auffassung war, die nachträgliche Billigung des Verlusts genüge für einen Widerruf. Dem ist jedoch nicht zu folgen, da mangels einer (planwidrigen) Gesetzeslücke die Voraussetzungen für eine Analogie nicht gegeben sind, vgl. Reimann/Bengel/Mayer/*Voit*, § 2255 Rn. 15. Vgl. auch Fall 7 IV.

[12] *BGH* JZ 1951, 591 (592) mit zustimmender Anm. *Coing*; *BGH* NJW-RR 1990, 515 (516); Staudinger/*Baumann*, § 2255 Rn. 21; MünchKomm/*Hagena*, § 2254 Rn. 5, § 2255 Rn. 4; *Lange/Kuchinke*, § 23 II 2c; *Brox/Walker*, Rn. 140.

ken wäre allenfalls an einen Widerruf durch schlüssige Handlung gem. § 2255. Ein derartiger konkludenter Widerruf kann aber nicht stillschweigend erklärt werden, sondern verlangt eine – von einem entsprechenden Willen des Erblassers getragene – Vernichtung oder Veränderung der Testamentsurkunde, also ein Tätigwerden des Erblassers oder seines Beauftragten. Die bloße passive Billigung des zufällig eingetretenen Verlusts kann dem nicht gleichgestellt werden. Im Ergebnis würde damit die Gültigkeit des Testaments allein vom Willensentschluss des Erblassers abhängen, der sich in keiner bestimmten Form zu äußern bräuchte. Dadurch würde der Formzwang durchbrochen, dem der Gesetzgeber den Widerruf letztwilliger Verfügungen aus wohlerwogenen Gründen unterworfen hat: „Während die Widerrufsabsicht schnell und vielleicht unüberlegt gefasst werden kann, zwingt das weiter erforderliche Tätigwerden in aller Regel zu einer reiflicheren Überlegung."[13]

3. Widerruf durch Testament vom 6. 12. 1945

Zu prüfen bleibt aber, ob das Testament vom 30. 8. 1943 durch die spätere letztwillige Verfügung vom 6. 12. 1945 unwirksam geworden ist.

a) Testament vom 6. 12. 1945 als Widerrufstestament

Gemäß § 2254 kann ein Testament durch ein sog. Widerrufstestament aufgehoben werden. Der Widerruf braucht nicht ausdrücklich erklärt zu werden. Ein entsprechender Wille des Erblassers kann auch durch Auslegung ermittelt werden, sofern sich aus dem neuen Testament – nötigenfalls auch durch Berücksichtigung außerhalb dieses Testaments liegender Umstände und Vorgänge – hinreichende Anhaltspunkte für die Widerrufsabsicht ergeben.[14] Ein ausdrücklicher Widerruf des früheren Testaments ist in der Verfügung vom 6. 12. 1945 nicht enthalten. Z hat eine Widerrufsabsicht in diesem Testament auch nicht konkludent zum Ausdruck gebracht. Der Bezeichnung der A als „wahrscheinliche" Erbin lässt sich zwar möglicherweise entnehmen, dass der Erblasser irrig der Ansicht war, das frühere Testament sei durch den Verlust unwirksam geworden, so dass er deshalb eine erneute Erbeinsetzung der A ins Auge fasste. Gerade von diesem Standpunkt aus hatte der Erblasser aber gar keine Veranlassung, das seines Erachtens bereits ungültige Testament nochmals aufzuheben.[15] Die Bemerkung lässt sich aber auch so verstehen, dass der Erblasser damit auf sein Recht hinweisen wollte, die Erbeinsetzung zugunsten der A, von deren Wirksamkeit er nach diesem Verständnis (zutreffend) ausging, zu widerrufen. Dazu wäre Z jederzeit berechtigt gewesen, da das Testament vom 30. 8. 1943 für ihn keinerlei Bindungswirkung erzeugt hatte (§ 2253). Den Schluss auf eine bereits **bestehende** Widerrufsabsicht würde die Bezeichnung der A als „wahrscheinliche" Erbin auch bei Zugrundelegung dieser Auslegung der gewählten Formulierung indes nicht gestatten.

b) Aufhebung durch Widerspruch zum Testament vom 30. 8. 1943

Gemäß § 2258 Abs. 1 wird ein früheres Testament durch ein späteres aber insoweit aufgehoben, als das **spätere Testament** mit dem früheren in **Widerspruch** steht. Die Erbeinsetzung der B als Miterbin zu 1/2 durch das Testament vom 6. 12. 1945 ist mit der Einsetzung der A als Alleinerbin durch das Testament vom 30. 8. 1943 nicht ver-

---

[13] *BGH* JZ 1951, 591 (592); Staudinger/*Baumann*, § 2255 Rn. 23.
[14] *BGH* NJW 1966, 201 (202); *BGH* NJW 1981, 2745; BayObLGZ 1956, 377 (385); *BayObLG* FamRZ 1990, 1281 (1283); Staudinger/*Baumann*, § 2254 Rn. 10, 12. Vgl. auch *BGH* JZ 1951, 591.
[15] *BGH* JZ 1951, 591.

einbar. Daraus folgt jedoch nicht die gänzliche Unwirksamkeit der früher errichteten letztwilligen Verfügung. Der Widerspruch zwischen den Testamenten beschränkt sich auf die der B zugedachte Nachlasshälfte. „Insoweit" wird das Testament vom 30. 8. 1943 durch das spätere gem. § 2258 Abs. 1 aufgehoben. In Bezug auf die restliche Hälfte der Erbschaft behält es dagegen seine Wirksamkeit. A ist aufgrund des teilweise in Kraft gebliebenen Testaments vom 30. 8. 1943 als Miterbin zu 1/2 eingesetzt.

III. Gesamtergebnis

Im Ergebnis wird Z aufgrund testamentarischer Erbfolge von A und B als Miterben zu je einer Hälfte des Nachlasses beerbt. Bei der Auseinandersetzung der zwischen A und B nach § 2032 Abs. 1 bestehenden Erbengemeinschaft ist die Teilungsanordnung des Erblassers in Bezug auf die beiden Hausgrundstücke und die Lebensversicherungssumme zu beachten (§ 2048),[16] wobei sich A und B im Einvernehmen auch darüber hinwegsetzen können.[17]

---

[16] Die Ansprüche aus dem Lebensversicherungsvertrag gehören im Allgemeinen zum Vermögen des Versicherungsnehmers. Bei seinem Tod fallen sie daher in den Nachlass. Die Erben erwerben die Versicherungsforderung kraft Erbgangs (BGHZ 32, 44 (46 f.)). Etwas anderes gilt, wenn der Versicherer vertraglich zur Leistung an einen bezugsberechtigten Dritten verpflichtet ist. Der Anspruch auf die Versicherungssumme entsteht dann beim Eintritt des Versicherungsfalls gem. § 328 Abs. 1 i.V.m. § 159 Abs. 2 VVG unmittelbar in der Person des Bezugsberechtigten auf Grund eines Vertrages zugunsten Dritter. In diesem Fall gehört die Versicherungsforderung nicht zum Nachlass (BGHZ 32, 44 (47); BGHZ 130, 377 (380 f.)). Von einer Bezugsberechtigung der B ist aber nach dem Sachverhalt nicht auszugehen.

[17] MünchKomm/*Ann*, § 2048 Rn. 9.

Fall 10. Widerruf des Widerrufs

Rücknahme eines öffentlichen Testaments aus der amtlichen Verwahrung – Formerfordernisse des eigenhändigen Testaments – Anfechtung des Widerrufs wegen Willensmangels

Sachverhalt

Die verwitwete Anna Bürgerlich (A) hat am 13. 9. 1968 vor einem Notar ein maschinenschriftliches öffentliches Testament errichtet, in dem sie ihre Tochter T zur Alleinerbin eingesetzt und ihren Sohn S wegen seiner radikalen politischen Überzeugung auf den Pflichtteil verwiesen hat. Das Testament ist in die besondere amtliche Verwahrung genommen worden. Einige Wochen nach seiner Errichtung beschließt A, einen letzten Versuch zu machen, ihren Sohn auf den Pfad der Tugend zurückzuführen. Um ihren Ermahnungen Nachdruck zu verleihen, will sie ihm das Original des Testaments zeigen, in dem seine Enterbung ausgesprochen wird. Sie begibt sich zum Amtsgericht und verlangt Aushändigung der Urkunde. Vorschriftsmäßig wird sie vom Rechtspfleger darüber belehrt, dass das Testament durch die Rückgabe als widerrufen gelte. Die Urkunde wird mit dem gestempelten und von dem Rechtspfleger unterschriebenen Vermerk versehen: „Dieses Testament gilt durch die am 5. 11. 1968 erfolgte Rückgabe aus der amtlichen Verwahrung als widerrufen."

A erhält daraufhin das Testament ausgehändigt und begibt sich zu der geplanten Unterredung mit ihrem Sohn, die vollkommen fruchtlos verläuft. Noch am gleichen Tag durchkreuzt sie deshalb den vom Rechtspfleger unterschriebenen Vermerk und schreibt unmittelbar darunter handschriftlich:

„Das Testament hat Gültigkeit!

Berlin 46, den 5. 11. 1968 Anna Bürgerlich."

Nach dem Tod der A kommt es zwischen den Geschwistern S und T zu einem Streit um den Nachlass der Mutter. S behauptet, er könne neben seiner Schwester die Hälfte der Erbschaft als Miterbe kraft Gesetzes beanspruchen, da seine Enterbung durch das Testament vom 13. 9. 1968 ungültig sei. Er beantragt die Ausstellung eines Erbscheins mit entsprechendem Inhalt. T beruft sich demgegenüber in einem Brief an das Nachlassgericht auf den handschriftlichen Vermerk, den ihre Mutter auf das aus der amtlichen Verwahrung zurückgenommene Testament gesetzt hat. Nach ihrer Ansicht geht daraus einwandfrei hervor, dass die Erblasserin an ihrer Absicht, S zu enterben, festgehalten habe. Sie sei deshalb Alleinerbin ihrer Mutter. S könne nur den Pflichtteil beanspruchen.

Frage: Hat das Nachlassgericht den von S beantragten Teilerbschein zu erteilen?

Ausgangsfälle:

KG 12. 12. 1969 (1 W 7361/69) NJW 1970, 612;

BayObLG 13. 2. 1973 (1 Z 108/72) BayObLGZ 1973, 35;

BayObLG 6. 7. 1990 (1a Z 30/90) NJW-RR 1990, 1481.

Lösung

Den beantragten Teilerbschein (§ 2353 Alt. 2) hat das Nachlassgericht (nach § 23a Abs. 1 Satz 1 Nr. 2, Abs. 2 Nr. 2 Alt. 1 GVG das Amtsgericht)[1] S nur zu erteilen, wenn es die zur Begründung des Antrags erforderlichen Tatsachen (vgl. § 2354) für festgestellt erachtet, § 2359. Zweifelhaft ist hier, ob ein gesetzliches Erbrecht des S gem. § 1924 Abs. 1 und 4 entstanden ist oder ob durch die letztwillige Verfügung der A die gesetzliche Erbfolge gem. § 1937 wirksam ausgeschlossen wurde. Zu prüfen ist also, ob das Testament vom 13. 9. 1968 mit dem handschriftlichen Vermerk der Erblasserin eine gültige Verfügung von Todes wegen darstellt.

I. Widerruf durch Rücknahme aus der amtlichen Verwahrung

Das öffentliche Testament vom 13. 9. 1968, von dessen formgültiger Errichtung (vgl. § 2232 i.V.m. §§ 27 ff. BeurkG) ausgegangen werden kann, gilt nach § 2256 Abs. 1 Satz 1 durch die Rücknahme aus der amtlichen Verwahrung als widerrufen. Dabei ist unerheblich, ob die Erblasserin im Zeitpunkt der Rückgabe mit Aufhebungswillen gehandelt hat. Das öffentliche Testament wird ungültig, wenn die Urkunde dem Erblasser auf seinen Wunsch persönlich zurückgegeben wird (§ 2256 Abs. 2), ohne dass es darauf ankommt, welchen Zweck er mit der Rücknahme verfolgt.[2] Aus diesem Grund ist in § 2256 Abs. 1 Satz 2 vorgesehen, dass der Erblasser durch die zurückgebende Stelle über die Widerrufswirkung der Rückgabe belehrt, dies auf der Urkunde vermerkt und beides aktenkundig gemacht wird. Der Rechtspfleger hat diese Sollvorschrift im vorliegenden Fall eingehalten.[3] Selbst ein Verstoß gegen die Bestimmung würde jedoch an der gesetzlich vorgeschriebenen Folge der Rücknahme nichts ändern.[4] Mit der Aushändigung der Urkunde an A hat das öffentliche Testament demnach gem. § 2256 Abs. 1 Satz 1 seine Wirksamkeit verloren.

II. Widerruf des Widerrufs

Zu fragen bleibt aber, ob es durch den handschriftlichen Vermerk der Erblasserin wieder in Kraft gesetzt werden konnte. Offenbar wollte A damit die von der Rücknahme ausgegangene Widerrufswirkung hinfällig machen. Der Vermerk hat also nach dem Willen der Erblasserin die Bedeutung eines Widerrufs des Widerrufs. Gemäß § 2257 kann ein „durch Testament" erfolgter Widerruf einer letztwilligen Verfügung

---

[1] Die örtliche Zuständigkeit richtet sich nunmehr nach § 343 Abs. 1 Halbs. 1 i.V.m. § 342 Abs. 1 Nr. 6 Fall 1 FamFG.
[2] *KG* NJW 1970, 612; BayObLGZ 1973, 35 (36); *Kipp/Coing*, § 31 II 3; *Lange/Kuchinke*, § 23 II 3a m.w.N.; *Merle*, AcP 171 (1971), 486 (497 f.). Die Widerrufswirkung der Rückgabe tritt jedoch nur ein, wenn das Testament bereits zur amtlichen Verwahrung gem. §§ 344 Abs. 1, 346 FamFG gelangt war, vgl. *BGH* NJW 1959, 2113: Kein Widerruf bei Rückgabe eines formgültig errichteten öffentlichen Testaments an den Erblasser durch den beurkundenden Notar, der die Urkunde wegen Fehlens bestimmter Angaben des Erblassers noch nicht in amtliche Verwahrung gegeben hatte.
[3] Zur Zuständigkeit des Rechtspflegers vgl. §§ 3 Nr. 2c, 16 RPflG i.V.m. § 342 Abs. 1 Nr. 1 FamFG.
[4] *KG* NJW 1970, 612 (613). Es kann allerdings eine Schadensersatzpflicht aus Amtshaftung entstehen, vgl. MünchKomm/*Hagena*, § 2256 Rn. 10; Staudinger/*Baumann*, § 2256 Rn. 22. Etwas anderes gilt, wenn die Rückgabe unter Verletzung des § 2256 Abs. 2 ohne Aushändigungsverlangen des Erblassers oder an einen Dritten erfolgt ist, vgl. Staudinger/*Baumann*, § 2256 Rn. 10, 13 f.; MünchKomm/*Hagena*, § 2256 Rn. 6 f.

durch einen neuerlichen Widerruf beseitigt werden. Durch eine derartige Erklärung wird im Zweifel die Wirksamkeit der ursprünglichen Verfügung – hier also des Testaments vom 13. 9. 1968 – wiederhergestellt. Bezüglich der Form des Widerrufs des Widerrufs gelten die Vorschriften der §§ 2254 bis 2256.[5] Die Beseitigung des Widerrufs kann also insbesondere auch in einem reinen Widerrufstestament gem. § 2254 erfolgen. Als solches könnte der eigenhändig geschriebene und unterschriebene (und damit den Formerfordernissen des § 2247 genügende) Vermerk der Erblasserin hier gewertet werden. Die Folge wäre, dass das aus der amtlichen Verwahrung zurückgenommene Testament nach der Auslegungsregel des § 2257 als wirksam anzusehen ist.

Indessen setzt die Anwendung dieser Vorschrift voraus, dass ein **durch Testament** erfolgter Widerruf einer letztwilligen Verfügung seinerseits widerrufen wird. Die Rücknahme aus der amtlichen Verwahrung stellt aber nach dem Wortlaut des § 2256 Abs. 1 lediglich einen tatsächlichen Vorgang dar, an den sich die Fiktion der Widerrufswirkung („gilt als widerrufen") knüpft.[6] Aus diesem Grund stellt die Rücknahme eines öffentlichen Testaments aus der amtlichen Verwahrung nach ganz h.M. keinen Widerruf „durch Testament" dar, der seinerseits gem. § 2257 widerrufen werden könnte.[7]

Das Kammergericht hat in dem hier erörterten Beschluss jedoch Zweifel an der Richtigkeit dieser Auffassung vorgebracht. Die Rücknahme eines öffentlichen Testaments aus der amtlichen Verwahrung ist wegen der gem. § 2256 Abs. 1 zwangsläufig damit verbundenen Widerrufswirkung der Sache nach eine Verfügung von Todes wegen.[8] Obwohl das Gesetz in § 2256 Abs. 1 nur die **Rechtsfolgen** eines wirksamen Widerrufs fingiert, finden auf die Rücknahme deshalb nach h.M. die Vorschrift des § 2229 über die Testierfähigkeit sowie die Bestimmungen über die Anfechtung letztwilliger Verfügungen wegen Willensmängeln (§§ 2078 ff.) Anwendung.[9] Es erscheint danach folgerichtig, die Rücknahme aus der amtlichen Verwahrung auch i.S. des § 2257 als einen „durch Testament" erfolgten Widerruf zu behandeln und daher auch hier einen Widerruf des Widerrufs für statthaft zu erklären.

Indessen wird damit der Zweck des § 2256 Abs. 1 in gewissem Umfang durchkreuzt. Der Sinn dieser Bestimmung ist darin zu sehen, dass ein öffentliches Testament nur dann als zuverlässig betrachtet wird, wenn es sich ohne Unterbrechung in amtlicher Verwahrung befunden hat. Es soll den Verfälschungsgefahren bei privater Aufbewahrung nicht ausgesetzt sein.[10] Lässt man im vorliegenden Fall einen Widerruf der mit der Rücknahme aus der amtlichen Verwahrung verbundenen Aufhebungswirkung

---

[5] Vgl. Staudinger/*Baumann*, § 2257 Rn. 5; Erman/*M. Schmidt*, § 2257 Rn. 2.
[6] Vgl. dazu ausführlich *Merle*, AcP 171 (1971), 486 (490 ff.).
[7] Vgl. die Nachweise in *KG* NJW 1970, 612 (613); *BayObLG* NJW-RR 1990, 1481 (1482); *Merle*, AcP 171 (1971), 486 (506).
[8] BGHZ 23, 207 (211) m.w.N.; Staudinger/*Baumann*, § 2256 Rn. 3; a.A. *Merle*, AcP 171 (1971), 486 (497); *v. Lübtow*, NJW 1968, 1849 (1851); *Riedel*, NJW 1970, 1278 (1279).
[9] Zur Testierfähigkeit: BGHZ 23, 207 (211); *BayObLG* NJW-RR 2005, 957 (957); Staudinger/*Baumann*, § 2256 Rn. 12; Palandt/*Edenhofer*, § 2256 Rn. 1; *Lange/Kuchinke*, § 23 II 3a; *Merle*, AcP 171 (1971), 486 (499). Zur Anfechtung: *KG* JFG 21, 323 (324); *BayObLG* NJW-RR 2005, 957 (958); Staudinger/*Baumann*, § 2256 Rn. 21 m.w.N; Soergel/*Mayer*, § 2256 Rn. 10 mit Darstellung des Streitstandes; MünchKomm/*Hagena*, § 2256 Rn. 11; Palandt/*Edenhofer*, § 2256 Rn. 2; *Klunzinger*, DNotZ 1974, 278 (288). A.M. *Kipp/Coing*, § 31 II 3; v. *Lübtow*, NJW 1968, 1849 (1851); *Merle*, AcP 171 (1971), 486 (504); *Riedel*, NJW 1970, 1278 (1279).
[10] *Kipp/Coing*, § 31 II 3; *Merle*, AcP 171 (1971), 486 (498); differenzierend *Riedel*, NJW 1970, 1278 (1279), der als *primären* Zweck des § 2256 Abs. 1 die Verhinderung einer Umge-

zu, so wird damit eine ursprünglich als öffentliches Testament errichtete Verfügung als wirksam behandelt, die sich in privater Hand befindet. Freilich wäre diese Konsequenz auch bei der Anfechtung der Rücknahme gem. § 2078 gegeben (vgl. dazu unten IV.). Sie tritt ferner dann ein, wenn ein öffentliches Testament überhaupt noch nicht zur amtlichen Verwahrung gelangt war oder wenn es unter Verstoß gegen § 2256 Abs. 2 nicht an den Erblasser persönlich oder ohne dessen Aushändigungsverlangen zurückgegeben wird.[11] Indessen handelt es sich dabei um Ausnahmefälle, die der ratio legis zuwiderlaufen und daher nicht erweitert werden sollten. Die Zulässigkeit eines Widerrufs der Rücknahme aus der amtlichen Verwahrung würde die Rechtswirkungen des § 2256 Abs. 1 weitgehend gegenstandslos machen und praktisch dazu führen, dass eine maschinengeschriebene Testamentsurkunde mit allen ihren wesenseigenen Verfälschungsrisiken durch einfachen handschriftlichen Gültigkeitsvermerk zu einer rechtswirksamen Verfügung von Todes wegen gemacht werden könnte, obwohl sie durch die Art ihrer Aufbewahrung gegen betrügerische Veränderungen nicht mehr gesichert ist.[12] Im Ergebnis ist daher der herrschenden Meinung zu folgen und entgegen der Auffassung des Kammergerichts[13] ein Widerruf der Rücknahme eines öffentlichen Testaments aus amtlicher Verwahrung als nicht statthaft anzusehen.

III. Vermerk als neue letztwillige Verfügung

Hält man im Gegensatz zum Kammergericht mit der h.M. an der Unzulässigkeit eines Widerrufs in diesem Falle fest, so bleibt weiter zu prüfen, ob der von A eigenhändig geschriebene und unterschriebene Vermerk, wonach das Testament Gültigkeit haben soll, die Bedeutung einer neuen, formgültig errichteten letztwilligen Verfügung hat. An sich genügt diese Anordnung der Erblasserin den formellen Anforderungen, die nach § 2247 an ein privatschriftliches Testament zu stellen sind. Zweifelhaft ist aber, ob darin inhaltlich eine selbständige letztwillige Verfügung gesehen werden kann. Aus sich selbst heraus ist der Vermerk nicht verständlich. Sein Sinn besteht – wie schon oben bemerkt – offenbar darin, dass der Inhalt des durch Rücknahme aus der amtlichen Verwahrung unwirksam gewordenen öffentlichen Testaments wieder Gültigkeit erlangen soll. Erst durch die **Bezugnahme** auf dieses vor dem Notar errichtete Testament erhält der Vermerk der A die Bedeutung einer letztwilligen Verfügung. Eine solche muss zwar nicht unbedingt in sich verständlich sein, um Wirksamkeit zu erlangen. Der Wille des Erblassers kann durch Auslegung ergänzt und klargestellt werden. Dabei dürfen außerhalb der Urkunde liegende Umstände und Vorgänge berücksichtigt werden, sofern die Testamentserklärung selbst einen entsprechenden Anhaltspunkt dafür bietet.[14] Wo jedoch die Grenze verläuft zwischen einer zulässigen Erläuterung und der nach h.M. unzulässigen Inhaltsbestimmung einer nach § 2247 formgültigen Erklärung durch ein nicht formgerechtes Schriftstück,[15] ist nicht immer klar erkennbar. So hat der BGH einen rechtswirksamen Teilwiderruf eines in amtlicher Verwahrung befindlichen öffentlichen Testaments durch

---

hung des § 34 Abs. 1 Satz 4 BeurkG (besondere amtliche Verwahrung) ansieht, so dass Verfälschungsschutz lediglich mittelbar erreicht wird. Vgl. auch *BGH* NJW 1959, 2113.
[11] Für den ersten Fall vgl. *BGH* NJW 1959, 2113 und dazu oben Fn. 2. Für den letzten Fall a.A. (Eintritt der Widerrufswirkung) *Merle*, AcP 171 (1971), 486 (500).
[12] Vgl. BayObLGZ 1973, 35 (37), im Anschluss an *Merle*, AcP 171 (1971), 486 (506).
[13] *KG* NJW 1970, 612 (613).
[14] BGHZ 94, 36 (42); BayObLGZ 1979, 215 (218). Zur Entwicklung der Rspr. des BGH zur „Andeutungstheorie" vgl. Fall 7 Fn. 9.
[15] BayObLGZ 1979, 215 (218).

Widerrufstestament gem. § 2254 in einem Fall bejaht, in dem der Erblasser auf einer mit Schreibmaschine geschriebenen Testamentsabschrift durch handschriftliche, mit Ortsangabe und Datum versehene und unterschriebene Zusätze Abänderungen vorgenommen hatte, die erst in Verbindung mit der maschinengeschriebenen Testamentsabschrift einen voll verständlichen Sinn ergaben.[16] Das Kammergericht geht noch weiter, wenn es im vorliegenden Fall die pauschale Bezugnahme auf das von der Erblasserin nicht eigenhändig geschriebene und durch die Rücknahme aus der amtlichen Verwahrung unwirksam gewordene öffentliche Testament für zulässig erklärt.[17]

Gegen eine solche großzügige Interpretation der für privatschriftliche Testamente geltenden Formerfordernisse des § 2247 bestehen jedoch erhebliche Bedenken. Mit der gleichen Berechtigung ließe sich nämlich auch die Formgültigkeit eines Testaments bejahen, bei dem der Erblasser durch eigenhändig geschriebenen und unterschriebenen Vermerk auf ein in einem Formularbuch abgedrucktes Muster einer letztwilligen Verfügung verweist. Ebenso müsste ein Testament als gültig angesehen werden, bei dem der Erblasser über einen mit Schreibmaschine geschriebenen Text handschriftlich die Worte „Mein letzter Wille" und darunter seine Unterschrift setzt – die Verbindung des den gesetzlichen Formerfordernissen nicht genügenden Textes zu der formgültigen eigenhändigen Erklärung des Erblassers wäre nicht weniger eng als im vorliegenden Fall. Die Beispiele zeigen, dass die vom Kammergericht vorgeschlagene Lockerung der Formerfordernisse des § 2247 ebenso wie die Großzügigkeit, mit der der BGH bereit ist, in der formgültigen Erklärung einen ausreichenden Anhaltspunkt für den Erblasserwillen anzuerkennen, zu einer weitgehenden Durchbrechung des Prinzips des Formzwanges letztwilliger Verfügungen führen kann. Dabei würde einerseits vor allem das mit dem Formerfordernis der Eigenhändigkeit verfolgte rechtspolitische Ziel Schaden leiden, die Selbständigkeit des Willensentschlusses des Erblassers zu gewährleisten. Wenn ein privatschriftliches Testament durch bloße handschriftliche Verweisung auf ein nicht vom Erblasser selbst herrührendes Schriftstück errichtet werden könnte, ergäbe sich daraus die Gefahr, dass der Erblasser – etwa durch flüchtiges Lesen des von ihm nicht selbst verfassten Textes – sich nicht hinreichende Klarheit über den Inhalt seiner Verfügung verschafft. Im vorliegenden Fall besteht dieses Bedenken zwar deshalb nicht, weil das in Bezug genommene öffentliche Testament ebenfalls vom Erblasser errichtet worden war.[18] Andererseits ist jedoch auch in diesem Fall die Fälschungsgefahr zu bedenken, der maschinengeschriebene Dokumente zumindest dann unterliegen, wenn es sich nicht um in amtlicher Verwahrung befindliche öffentliche Testamente handelt.

Im Ergebnis ist deshalb in einem handschriftlich geschriebenen und unterschriebenen Gültigkeitsvermerk nur dann eine gem. § 2247 formgültige letztwillige Verfügung zu

---

[16] *BGH* NJW 1966, 201: Einschränkung eines Vermächtnisses durch die Klausel „bis zum Höchstbetrag von 50 000,– DM" auf der Abschrift des öffentlichen Testaments. In *BGH* JR 1981, 23 bestimmte der Erblasser in einer eigenhändig geschriebenen und unterschriebenen Erklärung: „Den Teil des Testaments, in welchem ich ein Vermächtnis (…) ausgesetzt habe, halte ich aufrecht." Das fragliche (notarielle) Testament wurde einige Zeit später aus der amtlichen Verwahrung genommen. Der BGH hat auch in diesem Fall angenommen, dass in der formgültigen späteren Erklärung der Wille des Erblassers hinreichend zum Ausdruck gekommen und deshalb die Bezugnahme auf das widerrufene öffentliche Testament zulässig sei; krit. dazu *Schubert*, JR 1981, 24 (25).

[17] *KG* NJW 1970, 612 (613); offenlassend *BGH* JR 1981, 23 (24).

[18] Dasselbe gilt für die oben unter Fn. 16 erwähnten Fälle, die der BGH zu entscheiden hatte.

erblicken, wenn das in Bezug genommene Dokument seinerseits eigenhändig geschrieben wurde oder aber es sich um ein in amtlicher Verwahrung befindliches maschinengeschriebenes Testament handelt, das den typischen Fälschungsgefahren bei maschinengeschriebenen Schriftstücken nicht ausgesetzt ist.[19] Nicht ausreichend ist daher die Bezugnahme auf ein maschinengeschriebenes notarielles Testament, das durch Rücknahme aus der amtlichen Verwahrung gem. § 2256 Abs. 1 Satz 1 als widerrufen gilt.[20]

Lehnt man also in Übereinstimmung mit der hier vertretenen Ansicht die Möglichkeit eines Widerrufs des Widerrufs bei Rücknahme eines öffentlichen Testaments aus der amtlichen Verwahrung ab, so lässt sich dem bloßen Widerrufsvermerk auch nicht dadurch Wirksamkeit beilegen, dass man ihn in eine selbständig gültige, neue letztwillige Verfügung umdeutet.

IV. Aufhebung der Widerrufswirkung durch Anfechtung

Letztlich bleibt noch zu klären, ob die Widerrufswirkung der Rücknahme aus der amtlichen Verwahrung durch Anfechtung wegen eines Willensmangels der Erblasserin gem. § 2078 rückgängig gemacht werden kann. Zwar kleidet das BGB die Rechtswirkung der Rücknahme eines öffentlichen Testaments aus der amtlichen Verwahrung in die rechtstechnische Form einer Widerrufsfiktion. Der Sache nach handelt es sich aber – wie schon hervorgehoben – nach h.M. in Judikatur und Literatur um einen weiteren rechtsgeschäftlichen Widerrufstatbestand, auf den die Vorschriften über letztwillige Verfügungen, insbesondere hinsichtlich der Berücksichtigung von Willensmängeln gemäß §§ 2078 ff., anzuwenden sind.[21] Die Rechtsprechung hat die Anfechtung gem. § 2078 Abs. 1 etwa dann durchgreifen lassen, wenn der Erblasser über die rechtliche Bedeutung der Rücknahme als Widerruf geirrt hat.[22] Gemäß § 2078 Abs. 2 wäre danach eine Anfechtung der Rücknahme aus der amtlichen Verwahrung auch dann statthaft, wenn der Erblasser dazu durch die irrige Annahme des Umstandes bestimmt worden ist, dass er die Widerrufsfolge der Rücknahme durch erneuten Widerruf jederzeit wieder aufheben könne.[23] Dass die Erblasserin im vorliegenden Fall bei der Rücknahme einem solchen Irrtum unterlegen ist, liegt nach dem Sachverhalt sehr nahe, da sie noch am selben Tag versucht hat, das öffentliche Testament durch den Gültigkeitsvermerk wieder in Kraft zu setzen. Von einem Motivirr-

---

[19] MünchKomm/*Hagena*, § 2247 Rn. 20; Soergel/*Mayer*, § 2247 Rn. 33; *Schubert*, JR 1981, 24 (25); *Grundmann*, AcP 187 (1987), 429 (468). Nach a.A. wird eine Bezugnahme auf eigenhändig geschriebene, nicht aber auf maschinengeschriebene Texte für zulässig erachtet; vgl. BayObLGZ 1973, 35 (38 f.); BayObLGZ 1979, 215 (218); *BayObLG* NJW-RR 1990, 1481 (1482); *v. Lübtow*, S. 250 f.; insoweit offenlassend *BGH* JR 1981, 23 (24).
[20] BayObLGZ 1973, 35 (39); *BayObLG* NJW-RR 1990, 1481 (1482); MünchKomm/*Hagena*, § 2247 Rn. 20 m.w.N.; *Schubert*, JR 1981, 24 (25); a.A. *KG* NJW 1970, 612 (613); Bamberger/Roth/*Litzenburger*, § 2247 Rn. 18; Soergel/*Mayer*, § 2247 Rn. 33; offengelassen bei *BGH* JR 1981, 24 (25); differenzierend *Grundmann*, AcP 187 (1987), 429 (469 f.) für den Fall, dass nach der Rücknahme des notariell beurkundeten Testaments aus der öffentlichen Verwahrung noch eine vor Verfälschung gesicherte Kopie beim Notar verbleibt; für eine Überprüfung dieser Grundsätze *Burkart*, FS v. Lübtow (1990), S. 253 (261).
[21] Vgl. die Nachweise oben Fn. 9.
[22] *KG* JFG 21, 323. Zust. Staudinger/*Baumann*, § 2256 Rn. 21; Erman/*M. Schmidt*, § 2256 Rn. 4; Palandt/*Edenhofer*, § 2256 Rn. 2; MünchKomm/*Hagena*, § 2256 Rn. 11; Soergel/*Mayer*, § 2256 Rn. 10. A.M. *Kipp/Coing*, § 31 II 3; *v. Lübtow*, S. 244 f.; *Merle*, AcP 171 (1971), 486 (504); *Riedel*, NJW 1970, 1278 (1279).
[23] So folgerichtig *KG* NJW 1970, 612 (614); vgl. auch *BayObLG* NJW-RR 1990, 1481 (1482).

tum der A i.S. des § 2078 Abs. 2 kann daher ausgegangen werden. Zur Anfechtung berechtigt ist nach § 2080 Abs. 1 derjenige, welchem die Aufhebung der letztwilligen Verfügung – d.h. hier des durch die Rücknahme erfolgten Widerrufs – unmittelbar zustatten kommen würde. Durch die Beseitigung des Widerrufs würde das öffentliche Testament, in dem T als Alleinerbin eingesetzt ist, wieder Gültigkeit erlangen. T wäre deshalb anfechtungsberechtigt.[24] Die Anfechtung erfolgt gem. § 2081 Abs. 1 durch formlose Erklärung gegenüber dem Nachlassgericht, die binnen Jahresfrist seit Kenntnis von dem Anfechtungsgrunde abzugeben ist (§ 2082). Dem im Sachverhalt erwähnten Brief der T an das Nachlassgericht könnte im Wege der Auslegung eine Anfechtungserklärung entnommen werden. Ihre Folge wäre gem. § 142 Abs. 1 die Nichtigkeit des Widerrufs des öffentlichen Testaments, der durch die Rücknahme aus der amtlichen Verwahrung gem. § 2256 Abs. 1 Satz 1 an sich fingiert wurde.

Indessen wäre damit die gleiche Situation herbeigeführt, die sich aus der hier abgelehnten (vgl. oben II.) Zulassung des Widerrufs der Rücknahme ergeben würde: Das maschinengeschriebene öffentliche Testament wäre gültig, obwohl es sich nicht an einem fälschungssicheren Aufbewahrungsort befindet. Hinzu kommt, dass die Anwendung der Anfechtungsvorschriften zu einer beträchtlichen Rechtsunsicherheit führen kann. Die mit der Rücknahme aus der amtlichen Verwahrung gemäß § 2256 Abs. 1 Satz 1 verbundene Widerrufswirkung könnte von interessierten Personen unschwer mit der Behauptung angegriffen werden, der Erblasser sei sich dabei nicht über sämtliche damit verbundenen Konsequenzen im Klaren gewesen. Dies wäre einerseits nicht mit der Entstehungsgeschichte und dem Zweck der Widerrufsfiktion vereinbar, die dem Realakt der Rückgabe gegenüber der Privatautonomie die dominierende Rolle zuweisen.[25] Andererseits könnte dadurch auch einer Verfälschung des Erblasserwillens Vorschub geleistet werden. Gerade der hier erörterte Fall zeigt, dass eine Anfechtung der Rücknahme auch dann zuzulassen wäre, wenn die Unterredung mit S ein für A befriedigendes Ergebnis gehabt hätte: Der Irrtum über die Widerrufsmöglichkeit bestand bei der Rücknahme des öffentlichen Testaments unabhängig davon, ob A das Testament später tatsächlich wieder in Kraft setzen wollte oder nicht.

Im Ergebnis ist daher entgegen der Ansicht des Kammergerichts und der wohl herrschenden Meinung in Judikatur und Literatur auch die **Anfechtung** der mit der Rücknahme aus amtlicher Verwahrung verbundenen Widerrufsfiktion **unstatthaft**.[26] Infolge der Unwirksamkeit des Testaments vom 13. 9. 1968 tritt die gesetzliche Erbfolge ein. A wird gemäß § 1924 Abs. 1 und 4 von S und T zu gleichen Teilen beerbt. Das Nachlassgericht hat S den beantragten Teilerbschein zu erteilen.

---

[24] Vgl. *RG* Recht 1919 Nr. 2136; *BayObLG* NJW-RR 1990, 1481 (1482). Vgl. ferner Staudinger/*Otte*, § 2080 Rn. 11; Palandt/*Edenhofer*, § 2080 Rn. 5.
[25] Vgl. dazu *Kipp/Coing*, § 31 II 3; *Merle*, AcP 171 (1971), 486 (505).
[26] Ebenso *Kipp/Coing*, § 31 II 3; *v. Lübtow*, S. 245; *ders.*, NJW 1968, 1849 (1851); *Merle*, AcP 171 (1971), 487 (504); *Riedel*, NJW 1970, 1278 (1279).

Fall 11. Gemeinschaftliches Testament

Bindungswirkung wechselbezüglicher Verfügungen – gegenseitige Abhängigkeit wechselbezüglicher Verfügungen – Pflichtteil des überlebenden Ehegatten im Güterstand der Zugewinngemeinschaft

Sachverhalt

Die kinderlosen Eheleute Alfred (A) und Bettina (B) Meyer errichten am 30. 6. 1960 gemeinsam ihr Testament. A setzt auf einem von ihm eigenhändig geschriebenen und unterschriebenen Blatt seine Frau zur Alleinerbin ein. B bestimmt auf einem anderen Blatt in einer ebenfalls eigenhändig geschriebenen und unterschriebenen Erklärung ihren Mann zu ihrem Alleinerben. Anschließend tauschen sie die beiden Testamente aus, damit jeder das ihn begünstigende in seinem Schreibtisch aufbewahren kann.

Am 1. 2. 1962 errichtet A ohne Wissen seiner Frau ein weiteres eigenhändiges Testament, in dem er seine Schwester S zur Alleinerbin bestimmt. Bald darauf stirbt er.

Fragen:
1. Wie wird er beerbt?
2. Welche Ansprüche kann B geltend machen, wenn sie nicht Erbin ihres Mannes geworden ist?

Abwandlung:

Wäre der Fall anders zu beurteilen, wenn A und B ihr Testament am 30. 6. 1960 in der Weise errichtet hätten, dass A auf ein Blatt Papier – von der Unterschrift seiner Frau abgesehen – eigenhändig folgenden Text setzt:

„Mein letzter Wille! Zu meinem alleinigen Erben ernenne ich meine Ehefrau. Celle, den 30. 6. 1960. Alfred Meyer.

Mein letzter Wille! Zu meinem alleinigen Erben ernenne ich meinen Ehemann. Celle, den 30. 6. 1960. Bettina Meyer."?

Ausgangsfälle:

BGH 12. 3. 1953 (IV ZR 131/52) BGHZ 9, 113;

BGH 28. 1. 1958 (V BLw 52/57) NJW 1958, 547;

BGH 25. 6. 1964 (III ZR 90/63) BGHZ 42, 182.

Lösung

I. Beerbung des A, wenn die Ehegatten auf getrennten Blättern testiert haben

Gemäß § 2258 Abs. 1 wird durch die Errichtung eines Testaments ein früheres Testament insoweit aufgehoben, als das spätere Testament mit dem früheren in Widerspruch steht. Nach dieser Vorschrift wäre durch das formgültig errichtete eigenhändige Testament vom 1. 2. 1962 zugunsten der S das am 30. 6. 1960 errichtete Testament zugunsten der B zur Gänze hinfällig geworden, da die Erbeinsetzung der S mit der Erbeinsetzung der B unvereinbar ist. Zweifelhaft ist aber, ob § 2258 Abs. 1 hier Anwendung findet. Würde es sich bei den von A und B am 30. 6. 1960 getroffenen Anordnungen um sogenannte **wechselbezügliche Verfügungen** im Rahmen eines **gemeinschaftlichen Testaments** handeln,[1] so könnte A zu Lebzeiten der B nach § 2271 Abs. 1 Satz 2 die Erbeinsetzung seiner Frau durch eine neue letztwillige Verfügung nicht aufheben. Der Widerruf der Verfügung müsste dann vielmehr gem. § 2271 Abs. 1 Satz 1 nach den für den Rücktritt vom Erbvertrag geltenden Formvorschriften des § 2296 erklärt werden. Um Rechtswirksamkeit zu erlangen, hätte also die Widerrufserklärung des A in notariell beurkundeter Form seiner Frau zugehen müssen.[2] Dies ist im vorliegenden Fall nicht geschehen. Die Regelung des § 2271 Abs. 1 bezieht sich aber nur auf testamentarische Anordnungen, „die mit einer Verfügung des anderen Ehegatten in dem im § 2270 bezeichneten Verhältnis" stehen. Entscheidend ist also, ob die am 30. 6. 1960 von A vorgenommene Erbeinsetzung seiner Frau eine solche wechselbezügliche Verfügung innerhalb eines gemeinschaftlichen Testaments darstellt.

1. Erbeinsetzung der B als wechselbezügliche Verfügung

Wechselbezügliche Verfügungen sind nach § 2270 Abs. 1 gegeben, wenn Ehegatten/Lebenspartner in einem gemeinschaftlichen Testament Verfügungen getroffen haben, von denen anzunehmen ist, dass die Verfügung des einen nicht ohne die Verfügung des anderen getroffen sein würde. In Betracht kommen dabei nur Erbeinsetzungen, Vermächtnisse oder Auflagen (§ 2270 Abs. 3). Da wechselbezügliche Verfügungen ihrer Definition nach mit ihrem jeweiligen Gegenstück stehen und fallen sollen, ordnet § 2270 Abs. 1 für den Fall der Nichtigkeit oder des Widerrufs der einen Verfügung auch die Unwirksamkeit der mit ihr im Zusammenhang stehenden anderen Verfügung an.

Die Frage, ob die Voraussetzungen der Wechselbezüglichkeit i.S. des § 2270 Abs. 1 gegeben sind, kann im Einzelfall Schwierigkeiten bereiten. Sie ist grundsätzlich nach den allgemeinen Auslegungsregeln zu entscheiden. Für den Fall, dass diese zu keinem zweifelsfreien Ergebnis führen, stellt das Gesetz in § 2270 Abs. 2 eine Auslegungsregel für bestimmte typische Fälle auf.[3] Danach ist ein solches Verhältnis der Verfügun-

---

[1] Früher war die Errichtung eines gemeinschaftlichen Testaments gem. § 2265 Ehegatten vorbehalten. Seit Inkrafttreten des LPartG am 1. 8. 2001 besteht jedoch gem. § 10 Abs. 4 Satz 1 LPartG auch für Lebenspartner im Sinne von § 1 Abs. 1 LPartG die Möglichkeit, ein solches Testament zu errichten. Auf ein gemeinschaftliches Testament von Lebenspartnern finden gem. § 10 Abs. 4 Satz 2 LPartG die Vorschriften der §§ 2266 bis 2272 entsprechende Anwendung.

[2] Erforderlich ist der Zugang der notariellen Widerrufserklärung in Form der Urschrift oder einer Ausfertigung (§ 47 BeurkG). Der Zugang einer bloß beglaubigten oder gar einfachen Abschrift genügt nicht, vgl. MünchKomm/*Musielak*, § 2271 Rn. 8.
Der Zugang kann gem. § 130 Abs. 2 auch nach dem Tod des Erklärenden erfolgen (RGZ 65, 270); krit. insoweit *OLG Hamm* NJW-RR 1991, 1480 (1481). Unzulässig ist dabei eine Anordnung des Widerrufenden, wonach die Widerrufserklärung dem anderen Ehegatten/Lebenspartner erst nach dem Tod des Erklärenden zugestellt werden soll (BGHZ 9, 233). Ein solches Verfahren würde praktisch auf eine Umgehung des § 2271 Abs. 1 hinauslaufen, der das Vertrauen der Ehegatten/Lebenspartner in die Loyalität des Partners schützen will (vgl. BGHZ 9, 233 (235 f.); Staudinger/*Kanzleiter*, § 2296 Rn. 10; *Kipp/Coing*, § 35 III 3a; *Dilcher*, JuS 1961, 20 (22)).

[3] Zum Verhältnis dieser speziellen Auslegungsregel zu den allgemeinen Auslegungsgrundsätzen vgl. zuletzt *OLG München* NJW-RR 2008, 387 (388) sowie *BGH* DNotZ 1993, 124 (125).

gen zueinander im Zweifel insbesondere dann anzunehmen, wenn sich Ehegatten/ Lebenspartner – wie hier – gegenseitig bedenken.[4] Im vorliegenden Fall darf deshalb davon ausgegangen werden, dass die Einsetzung der B als Alleinerbin des A zu der Einsetzung des A als Alleinerben der B wechselbezüglich ist, dass also die Verfügung des einen nicht ohne die Verfügung des anderen getroffen sein würde. Das in § 2270 Abs. 1 bezeichnete Verhältnis der Verfügungen, das die Voraussetzung der Anwendbarkeit des § 2271 Abs. 1 bildet, ist aber nur dann gegeben, wenn es sich um wechselbezügliche Verfügungen „in einem gemeinschaftlichen Testament" handelt.

2. Vorliegen eines gemeinschaftlichen Testaments

Der Begriff des gemeinschaftlichen Testaments wird im BGB nicht erläutert. Das Gesetz begnügt sich damit, diese Art der letztwilligen Verfügung Ehegatten (§ 2265)[5] und Lebenspartnern (§ 10 Abs. 4 Satz 1 LPartG) vorzubehalten und für die Formgültigkeit ihrer Errichtung gewisse Erleichterungen vorzusehen (§§ 2266 f.).[6]

Im vorliegenden Fall wäre die Formerleichterung des gemeinschaftlichen eigenhändigen Testaments gem. § 2267 in Betracht gekommen, wonach es ausreichend ist, dass einer der Ehegatten/Lebenspartner das Testament in der in § 2247 vorgesehenen Form errichtet und der andere die gemeinschaftliche Erklärung eigenhändig mitunterzeichnet. Die Eheleute A und B haben von dieser Möglichkeit jedoch keinen Gebrauch gemacht. Dieser Umstand ist aber für sich allein nicht geeignet, die Annahme eines gemeinschaftlichen Testaments auszuschließen, da die Ehegatten/ Lebenspartner sich auch der gewöhnlichen, für letztwillige Verfügungen vorgesehenen Formen bedienen können, um ein gemeinschaftliches Testament zu errichten. Im Prinzip kann deshalb ein formgültiges gemeinschaftliches Testament auch in der Weise errichtet werden, dass jeder Ehegatte/Lebenspartner in einer gesonderten Erklärung für sich die Form eines privatschriftlichen Testaments gem. § 2247 beachtet.[7] Das Problem, das sich bei einem solchen Verfahren stellt, ist aber, ob es sich

---

[4] Die Vermutung des § 2270 Abs. 2 ist allerdings widerlegbar, wobei auch Umstände außerhalb des Testaments in Betracht gezogen werden können (vgl. hierzu Soergel/Wolf, § 2270 Rn. 10 m.w.N. aus der Rspr.). Gegen die Annahme der Wechselbezüglichkeit kann insbesondere die Tatsache sprechen, dass nur der eine Ehegatte/Lebenspartner Vermögen besitzt, während der andere vermögenslos ist (OLG Brandenburg FamRZ 1999, 1541 (1543)). Die Zuwendung durch den vermögenden Ehegatten/Lebenspartner ist dann ersichtlich von der Absicht getragen, den anderen Ehegatten/Lebenspartner wirtschaftlich sicherzustellen, ohne dass dabei die Hoffnung mitbestimmend sein könnte, von dem Bedachten möglicherweise auch eine Zuwendung zu erhalten (vgl. KG JW 1935, 1442). Allerdings gibt der Umstand, dass der eine Ehegatte/Lebenspartner vermögend ist, während der andere kein oder nur ein geringes Vermögen besitzt, zwar besonderen Anlass zur Prüfung, ob eine Wechselbezüglichkeit bei gegenseitiger Erbeinsetzung besteht, zwingt aber nicht in jedem Falle zu einer solchen Verhältnisses (OLG Saarbrücken FamRZ 1990, 1285 (1286)). Es besteht auch die Möglichkeit, dass ein lediglich einseitiges Abhängigkeitsverhältnis gewollt ist, und zwar dergestalt, dass nur die Verfügung des einen Ehegatten/Lebenspartners von der Wirksamkeit der Verfügung des anderen abhängig, die Verfügung des anderen aber in jedem Fall wirksam bleiben soll; vgl. hierzu Pfeiffer, FamRZ 1993, 1266 (1273 ff.).
[5] Zur Verfassungsmäßigkeit dieser Norm s. BVerfG NJW 1989, 1986.
[6] Zur Bindungswirkung gemeinschaftlicher Testamente, die im Gebiet der ehemaligen DDR vor der Wirksamkeit des Beitritts errichtet wurden, s. Art. 235 § 2 Satz 2 EGBGB; zum Ganzen vgl. BGHZ 128, 302 = ZEV 1995, 221 mit Anm. Leipold; Limmer, ZEV 1994, 290 ff.; Palandt/Edenhofer, Art. 235 § 2 EGBGB Rn. 4 f.
[7] BGH NJW 1958, 547; Staudinger/Kanzleiter, § 2267 Rn. 11; Palandt/Edenhofer, Einf. v. § 2265 Rn. 4 u. 8; Kipp/Coing, § 33 II 2; Schlüter, Rn. 335; Lange/Kuchinke, § 24 II 2a; Brox/Walker, Rn. 181 ff.

dann um ein aus zwei Erklärungen zusammengesetztes **gemeinschaftliches** Testament mit der diesem eigentümlichen Bindungswirkung handelt, oder um zwei **selbständige** Testamente, die keiner Einschränkung hinsichtlich ihrer Widerruflichkeit unterliegen. Die Beantwortung dieser Frage hängt davon ab, welche wesensmäßigen Anforderungen an ein gemeinschaftliches Testament zu stellen sind.

Nach der Rechtsprechung des RG konnte ein gemeinschaftliches Testament nur dann angenommen werden, wenn die Erklärungen äußerlich **in einer Urkunde** – wenn auch auf mehreren Bogen oder Blättern – zusammengefasst waren, wobei der Inhalt der Verfügungen, die Einheitlichkeit des Errichtungsaktes und die Absichten der Testierenden ohne Belang sein sollten (sog. objektive Auffassung).[8] Danach läge im vorliegenden Fall ein gemeinschaftliches Testament nicht vor, da die letztwilligen Verfügungen der Ehegatten A und B nicht zu einer einheitlichen Urkunde verbunden worden sind. Im Schrifttum wird demgegenüber teilweise vertreten, dass es nicht auf die äußere Zusammenfassung in einer Urkunde, sondern darauf ankomme, ob die Testierenden den **Willen** gehabt haben, **gemeinsam** eine Regelung ihrer Vermögensverhältnisse für die Zeit nach ihrem Ableben zu treffen (sog. subjektive Auffassung).[9] Folgt man dieser Ansicht, so wäre im Wege der Auslegung festzustellen, ob die beiden Testamente der Eheleute A und B unter Heranziehung auch der außerhalb der Urkunden liegenden Umstände Anhaltspunkte für einen solchen gemeinsamen Willen bieten. Der BGH hat die Richtigkeit der beiden Auffassungen dahingestellt sein lassen und sich zu einer Mittelmeinung bekannt, die eine Synthese der objektiven und der subjektiven Auffassung darstellt: „Auch wenn bei der Entscheidung der Frage, wann ein gemeinschaftliches Testament vorliegt, dem Willen der Erblasser maßgebliche Bedeutung beigelegt wird, muss sich doch, soweit die beiderseitigen Erklärungen äußerlich selbständig in besonderen Urkunden enthalten sind, **aus den Urkunden selbst** eine gemeinschaftliche Erklärung ersehen lassen."[10] Ein gemeinschaftliches Testament müsse als solches erkennbar sein. Eine äußerlich völlig selbständige letztwillige Verfügung könne nur dann Teil eines gemeinschaftlichen Testaments sein, wenn die intendierte Einheit irgendwie zutage trete. Diese Voraussetzungen seien hier nicht erfüllt, da die beiden Testamente nicht aus den Urkunden selbst erkennbar eine Einheit bildeten. Dass sie am selben Tag und am selben Ort errichtet worden sind, sich nach Inhalt und Form gleichen und als äußeres Zeichen gemeinschaftlichen Wollens von den Ehegatten ausgetauscht worden sind, sei „angesichts der entscheidenden Tatsache, dass beide nicht als gemeinschaftlich handelnd (erklärend) aufgetreten sind, unerheblich."[11]

Nach dieser Auffassung ist die letztwillige Verfügung des A vom 30. 6. 1960 nicht Teil eines gemeinschaftlichen Testaments i.S. der §§ 2265, 2270 Abs. 1. Eine Ein-

---

[8] RGZ 50, 308 (309); RGZ 72, 204 (205 f.); vgl. ferner Staudinger/*Kanzleiter*, Vorbem. zu §§ 2265 ff. Rn. 14; Palandt/*Edenhofer*, Einf. v. § 2265 Rn. 2; Handkommentar BGB/*Hoeren*, § 2265 Rn. 3.

[9] Vgl. Staudinger/*Kanzleiter*, Vorbem. zu §§ 2265 ff. Rn. 15; *Brox/Walker*, Rn. 176; *Lange/Kuchinke*, § 24 III 2c. Diese Auffassung hat auch in die Rechtsprechung Eingang gefunden: OGHZ 1, 333 (337) = NJW 1949, 304 (306) im Anschluss an *OLG Freiburg* NJW 1949, 80.

[10] BGHZ 9, 113 (115) im Anschluss an *Coing*, JZ 1952, 611 (613); zuletzt etwa *OLG München* ZEV 2008, 485 (486); zust. die h.L., vgl. MünchKomm/*Musielak*, Vorbem. zu § 2265 Rn. 11; Palandt/*Edenhofer*, Einf. v. § 2265 Rn. 8; Soergel/*Wolf*, Vor § 2265 Rn. 7; *Schlüter*, Rn. 344; *Leipold*, Rn. 460; *v. Lübtow*, S. 477; aus der Rspr. *BayObLG* DNotZ 1993, 450 (451); *BayObLG* FamRZ 1994, 193 (194); *OLG Zweibrücken* FamRZ 2001, 518; *OLG München* MittBayNot 2009, 55; ausführlich zum Meinungsstand *Pfeiffer*, FamRZ 1993, 1266 (1269 ff.).

[11] BGHZ 9, 113 (117).

schränkung der Widerrufsfreiheit gem. § 2271 Abs. 1 wurde deshalb für A nicht begründet. Durch die in der formgültigen späteren letztwilligen Verfügung vom 1. 2. 1962 ausgesprochene Berufung der S zur Alleinerbin ist das frühere Testament nach § 2258 Abs. 1 in vollem Umfang aufgehoben worden. Alleinerbin des A wäre damit seine Schwester S geworden. Frau B wäre auf ihren Pflichtteilsanspruch beschränkt (§ 2303 Abs. 2).[12]

Der Standpunkt des BGH befriedigt nicht. Gerade der vorliegende Fall zeigt, dass die subjektive Auffassung, welche den aus den Gesamtumständen zu entnehmenden Willen der Ehegatten entscheidend sein lässt, zu sachgerechteren Ergebnissen führt.[13] Der Gesetzgeber hat die Bindungswirkung gemeinschaftlicher Testamente in § 2271 angeordnet, um damit dem Vertrauen Rechnung zu tragen, welches Ehegatten/Lebenspartner einander entgegenbringen, die gemeinsam für die Zeit nach ihrem Tod Vorsorge getroffen haben. Dieses schutzwürdige Vertrauen der Ehegatten/Lebenspartner in die Loyalität des jeweils anderen wird aber missachtet, wenn an das Vorliegen eines gemeinschaftlichen Testaments und damit an die Anerkennung der ihm eigenen Bindungswirkung allzu strenge Anforderungen gestellt werden. Unter Berücksichtigung der äußeren Umstände der Testamentserrichtung – der Einheitlichkeit und Gemeinschaftlichkeit des Errichtungsakts und des Austauschs der Urkunden – ist im vorliegenden Fall ein gemeinsamer Testierwille der Eheleute A und B durch Auslegung zu erschließen, der die Annahme eines gemeinschaftlichen Testaments rechtfertigt.

3. Ergebnis

Im Ergebnis ist nach der hier vertretenen Auffassung das Testament des A vom 1. 2. 1962 gem. § 2271 Abs. 1 Satz 2 als nichtig anzusehen. B ist auf Grund des in Kraft gebliebenen gemeinschaftlichen Testaments vom 30. 6. 1960 Alleinerbin ihres Mannes geworden. S hat kein Erbrecht. Auch ein Pflichtteilsanspruch gegen die Alleinerbin steht ihr als Schwester des Erblassers nicht zu (vgl. § 2303 e contrario).

II. Rechtslage, wenn A den Text beider Verfügungen allein niedergeschrieben hat

1. Die Beerbung des A

Ebenso wie im Ausgangsfall ist auch hier zu fragen, ob die Urkunde vom 30. 6. 1960 ein formgültiges gemeinschaftliches Testament darstellt, dessen darin etwa enthaltene wechselbezügliche Verfügungen die Ehegatten A und B zu ihrer beider Lebzeiten nur in der in § 2271 Abs. 1 vorgesehenen Form widerrufen könnten.

Bei der hier gegebenen Sachlage besteht zunächst kein Zweifel daran, dass das von den Eheleuten errichtete Testament die Wesenseigenschaften eines **gemeinschaftlichen Testaments** aufweist. Sowohl die Anforderungen der objektiven Auffassung – die Einheitlichkeit der Urkunde – als auch diejenigen der subjektiven Auffassung – die Gemeinsamkeit des Testierwillens – sind hier erfüllt. Die Verfügungen, durch die jeder Ehegatte den anderen zu seinem Alleinerben einsetzt, sind nach der Auslegungsregel des § 2270 Abs. 2 auch wechselbezüglich (vgl. oben I. 1.). Zu prüfen bleibt aber, ob das gemeinschaftliche Testament formgültig errichtet wurde.

Ein gemeinschaftliches Testament kann in allen vom Gesetz zur Verfügung gestellten ordentlichen und außerordentlichen **Formen** errichtet werden.[14] Bei Wahl der privat-

---

[12] Zum Inhalt dieses Anspruchs vgl. unten II. 2.
[13] Ebenso Staudinger/*Kanzleiter*, Vorbem. zu §§ 2265 ff. Rn. 18; *Brox/Walker*, Rn. 176.
[14] *BGH* NJW 1958, 547; Staudinger/*Kanzleiter*, § 2267 Rn. 3 ff. m.w.N.

schriftlichen Form gewährt das BGB in § 2267 eine Formerleichterung, von der die Ehegatten/Lebenspartner jedoch nicht Gebrauch machen müssen. Es steht ihnen – wie schon erwähnt – vollkommen frei, ein gemeinschaftliches Testament auch durch zwei in sich abgeschlossene, eigenhändige Testamente gem. § 2247 zu errichten, die nach den für gemeinschaftliche Testamente geltenden begrifflichen Kriterien eine Einheit bilden.[15] Im vorliegenden Fall ist aber weder die erleichterte Form des § 2267 noch die gewöhnliche Form zweier eigenhändiger Testamente gem. § 2247 gewahrt:

Nach § 2267 genügt es zur Errichtung eines gemeinschaftlichen Testaments nach § 2247, wenn einer der Ehegatten/Lebenspartner das Testament in der dort vorgeschriebenen Form errichtet und der andere Ehegatte/Lebenspartner die **gemeinschaftliche** Erklärung eigenhändig **mitunterzeichnet**. Nicht ausreichend ist es demzufolge für § 2267, wenn die Ehegatten/Lebenspartner statt einer gemeinschaftlichen Erklärung zwei getrennte – wenn auch auf einem Blatt stehende – Verfügungen treffen, die jeder für sich unterschreibt.[16] Die Formgültigkeit des Testaments kann sich bei dieser Sachlage nur aus den allgemeinen Maßstäben ergeben, die nach § 2247 für privatschriftliche Testamente gelten. Danach enthält die Urkunde vom 30. 6. 1960 ein formgültig errichtetes eigenhändiges Testament des A, in dem er seine Frau zur Alleinerbin einsetzt. Die entsprechende Verfügung der B, durch die sie ihren Gatten zum Alleinerben beruft, ist von ihr zwar unterschrieben, aber nicht **eigenhändig geschrieben** worden. Sie ist deshalb nach § 2247 Abs. 1 i.V.m. § 125 Satz 1 nichtig.[17]

Allerdings könnte dies im vorliegenden Fall unerheblich sein, da infolge des Vorversterbens des A nur dessen letztwillige Verfügung von Interesse ist. Indessen ist zu bedenken, dass die von A und B getroffenen letztwilligen Anordnungen wechselbezügliche Verfügungen innerhalb eines gemeinschaftlichen Testaments darstellen. Gemäß § 2270 Abs. 1 hat die Nichtigkeit einer derartigen Verfügung auch die Nichtigkeit der korrespondierenden anderen Verfügung zur Folge. Entgegen der allgemeinen Regel des § 2085 führt hier also die Formungültigkeit der Einsetzung des Mannes zum Erben der Frau auch zur Nichtigkeit der Einsetzung der Frau zur Erbin des Mannes.[18]

Im **Ergebnis** ist damit bei dieser Fallgestaltung das gemeinschaftliche Testament vom 30. 6. 1960 als nichtig anzusehen.[19] Eine Bindungswirkung konnte davon nicht aus-

---

[15] Nachweise oben Fn. 7.
[16] *BGH* NJW 1958, 547; *BayObLG* FamRZ 2004, 1237; Staudinger/*Kanzleiter*, § 2267 Rn. 13; Soergel/*Wolf*, § 2267 Rn. 2; MünchKomm/*Musielak*, § 2267 Rn. 21; Palandt/*Edenhofer*, Einf. v. § 2265 Rn. 8. Es steht der Wirksamkeit indes nicht entgegen, wenn sich an den Text der letztwilligen Verfügung und die Unterschrift des einen Ehegatten ein ebenfalls von diesem verfasster Zusatz anschließt, der von dem anderen Ehegatten unterschrieben wird, wenn diese Ergänzung keine eigene Verfügung enthält, sondern sich lediglich darin erschöpft, der bereits niedergeschriebenen Verfügung beitreten zu wollen, vgl. *OLG Rostock* OLGR 1999, 196; *LG Tübingen* BWNotZ 1986, 17; Staudinger/*Kanzleiter*, § 2267 Rn. 16.
[17] Vgl. *OLG Düsseldorf* FamRZ 1997, 518; MünchKomm/*Musielak*, § 2267 Rn. 21.
[18] Vgl. *BayObLG* ZEV 2000, 448 (449); Palandt/*Edenhofer*, § 2270 Rn. 12. Eine andere Beurteilung soll nach *KG* DFG 1943, 53 dann geboten sein, wenn aufgrund der Verhältnisse des Einzelfalles der Nachweis geführt wird, der Erblasser hätte seine Verfügung auch dann getroffen, wenn ihm die Unwirksamkeit der Verfügung des anderen Ehegatten bekannt gewesen wäre. Es handelt sich dann eben nicht um wechselbezügliche Verfügungen, da die Vermutung des § 2270 Abs. 2 widerlegt ist (vgl. oben Fn. 4), so dass § 2085 an Stelle von § 2270 Abs. 1 Platz greift. Selbst wenn die Verfügung des Erblassers wechselbezüglich und damit nichtig ist, kann sie möglicherweise im Wege der Umdeutung gem. § 140 als Einzeltestament aufrechterhalten werden, sofern den Formerfordernissen für Einzeltestamente Genüge getan ist; vgl. Staudinger/*Kanzleiter*, § 2265 Rn. 11; MünchKomm/*Musielak*, § 2265 Rn. 5 ff. m.w.N.
[19] So auch *BGH* NJW 1958, 547.

gehen. A hat daher rechtswirksam in seinem späteren eigenhändigen Testament vom 1. 2. 1962 seine Schwester S zur Alleinerbin eingesetzt. Frau B ist von der Erbfolge ausgeschlossen. Ihr steht jedoch unter Umständen ein güterrechtlicher Ausgleichsanspruch und daneben ein Pflichtteilsanspruch gegen S gem. § 2303 Abs. 2 zu. Die Höhe dieses Pflichtteilsanspruchs ist im Folgenden zu untersuchen.

2. Der Pflichtteilsanspruch der von der Erbfolge ausgeschlossenen Ehefrau

Ist der Ehegatte oder Lebenspartner des Erblassers durch Verfügung von Todes wegen von der Erbfolge ausgeschlossen, so kann der überlebende Ehegatte nach § 2303 Abs. 2 bzw. der überlebende Lebenspartner nach § 10 Abs. 6 Satz 1 LPartG von dem Erben den Pflichtteil verlangen. Dieser besteht in der Hälfte des Wertes des gesetzlichen Erbteils (§ 2303 Abs. 1 Satz 2, § 10 Abs. 6 Satz 1 LPartG). Neben Verwandten der zweiten Ordnung ist der überlebende Ehegatte bzw. Lebenspartner gem. § 1931 Abs. 1 Satz 1 bzw. § 10 Abs. 1 Satz 1 LPartG zur Hälfte der Erbschaft als gesetzlicher Erbe berufen.[20] Haben Ehegatten – wovon im vorliegenden Fall auszugehen ist – im gesetzlichen Güterstand der **Zugewinngemeinschaft** gelebt, so erhöht sich der dem überlebenden Ehegatten zustehende gesetzliche Erbteil gem. § 1931 Abs. 3 i.V.m. § 1371 Abs. 1 um ein weiteres Viertel der Erbschaft. Der gesetzliche Erbteil eines überlebenden Lebenspartners erhöht sich gem. § 6 Satz 2 LPartG i.V.m. § 1371 Abs. 1 ebenfalls um ein Viertel, sofern die Lebenspartner im gesetzlichen Güterstand der Zugewinngemeinschaft leben (§ 6 Satz 1 LPartG). Der Grundgedanke dieser sog. „erbrechtlichen Lösung" in Gestalt einer Erhöhung des gesetzlichen Erbteils liegt darin, den etwaigen Anspruch des überlebenden Ehegatten/Lebenspartners auf Ausgleich des Zugewinns in schematischer und pauschalierender Weise abzugelten, um die u.U. schwierige Ermittlung des auszugleichenden Zugewinns zu vermeiden.[21] Käme die gesetzliche Erbfolge zum Zuge, so würde B hier also 3/4 des Nachlasses erhalten. Ihr Pflichtteil beträgt somit **grundsätzlich** nach § 2303 Abs. 1 Satz 2 3/8 des Nachlasswertes (sog. **großer Pflichtteil**).[22] Von dem so berechneten Pflichtteil der B wäre etwa auszugehen, wenn A sie testamentarisch als Miterbin zu einer geringeren Quote als 3/8 des Nachlasses eingesetzt hätte oder sie mit einem Vermächtnis bedacht hätte, dessen Wert 3/8 des Nachlasses nicht erreicht (§§ 2305, 2307 Abs. 1 Satz 2).[23]

Wird der überlebende Ehegatte/Lebenspartner aber – wie im vorliegenden Fall – beim Tod seines Partners weder Erbe noch Vermächtnisnehmer, so kann er nach § 1371 Abs. 2 kraft der sog. „güterrechtlichen Lösung" Ausgleich des Zugewinns nach den Vorschriften der §§ 1373 ff. verlangen. Sein Pflichtteil „bestimmt sich in

---

[20] Die Schwester des A zählt nach § 1925 Abs. 1 zu den gesetzlichen Erben der zweiten Ordnung.
[21] BGHZ 37, 58 (63); BGHZ 42, 182 (187); *Schlüter*, Rn. 1030. Dies wird jedoch durch die erbschaftssteuerliche Regelung konterkariert: Gemäß § 5 Abs. 1 ErbStG kann bei der erbrechtlichen Lösung der fiktive Zugewinnausgleich als Freibetrag abgezogen werden, so dass dem überlebenden Ehegatten letztlich doch häufig die schwierige Ermittlung des Zugewinns nicht erspart bleibt, möchte er nicht zu viel Erbschaftssteuer zahlen.
[22] BGHZ 37, 58 (62); BGHZ 42, 182 (184). Von dem gem. § 1371 Abs. 1 erhöhten gesetzlichen Erbteil des überlebenden Ehegatten/Lebenspartners ist auch bei der Berechnung der Pflichtteilsansprüche enterbter Abkömmlinge auszugehen, selbst wenn der überlebende Ehegatte/Lebenspartner aufgrund einer Verfügung von Todes wegen zur Erbfolge berufen ist (BGHZ 37, 58 (60 m.w.N., 62 f.); MünchKomm/*Koch*, § 1371 Rn. 25; *Brox/Walker*, Rn. 551).
[23] Vgl. BGHZ 37, 58 (62); *BGH* NJW 1983, 388 (389). Vgl. ferner *Dieckmann*, DNotZ 1983, 630 (632); *Reinicke*, DB 1965, 1351 (1354); *Lange/Kuchinke*, § 37 VI 4b und g.

diesem Falle nach dem nicht erhöhten gesetzlichen Erbteil" (sog. **kleiner Pflichtteil**). Unter Zugrundelegung dieser Bestimmung wäre der Pflichtteil der B also nach ihrem gewöhnlichen gesetzlichen Erbteil gem. § 1931 Abs. 1 zu berechnen, würde also 1/4 des Nachlasswertes betragen. Zweifelhaft ist aber, ob sich B mit der güterrechtlichen Lösung und dem damit verbundenen kleinen Pflichtteil zufrieden geben muss, oder ob sie stattdessen auf den Ausgleich des Zugewinns verzichten und den großen Pflichtteil im Rahmen der erbrechtlichen Lösung gem. § 1371 Abs. 1 verlangen kann. Diese Frage ist umstritten.

Der Wortlaut des § 1371 Abs. 2 Halbs. 2 lässt offen, worauf sich die Wendung „in diesem Falle" bezieht, mit welcher die Voraussetzungen der güterrechtlichen Lösung und der Beschränkung auf den kleinen Pflichtteil umschrieben werden: Wird damit an den **gesamten** ersten Halbsatz der Bestimmung angeknüpft, also an die Tatsache, dass der überlebende Ehegatte/Lebenspartner weder Erbe noch Vermächtnisnehmer ist, oder bezieht sich diese Wendung nur auf das letzte Wort des ersten Halbsatzes („verlangen"), mithin also nur auf den Fall, dass der überlebende Ehegatte/Lebenspartner von der Befugnis **Gebrauch macht**, den Ausgleich des Zugewinns zu fordern?

a) Einheitstheorie

Nach der in Rechtsprechung und Schrifttum heute herrschenden Auffassung hat der überlebende Ehegatte/Lebenspartner, der weder Erbe noch Vermächtnisnehmer geworden ist, nach § 1371 Abs. **2 stets** nur den **kleinen Pflichtteil** und daneben den Ausgleich des Zugewinns nach den güterrechtlichen Bestimmungen zu beanspruchen. Dies gilt auch dann, wenn der überlebende Ehegatte/Lebenspartner im Einzelfall einen Anspruch auf Zugewinnausgleich nicht geltend machen kann oder will (**Einheitstheorie**).[24] Für diese Ansicht spricht zunächst der Wortlaut des § 1371 Abs. 2. Im ersten Halbsatz dieser Bestimmung ist nur davon die Rede, dass der überlebende Ehegatte, der weder Erbe noch Vermächtnisnehmer ist, den Ausgleich des Zugewinns verlangen **kann**. Es bedeutet also eine Verengung der Vorschrift, wenn man die Wendung „in diesem Falle" im zweiten Halbsatz darauf beziehen will, dass der Ausgleichsanspruch tatsächlich geltend gemacht **wird**.[25] Der Gesetzgeber ist danach offenbar von der Einheitstheorie ausgegangen.[26] Diese Auffassung steht auch im Einklang mit dem Grundgedanken des § 1371, der den Ausgleich des Zugewinns bei Beendigung des Güterstandes durch den Tod eines Ehegatten/Lebenspartners betrifft. Das BGB will mit der in § 1371 Abs. 1 vorgesehenen erbrechtlichen Lösung eine vereinfachte Form des Zugewinnausgleichs ermöglichen. Führt dieser Weg zu einer Schlechterstellung des überlebenden Ehegatten/Lebenspartners, so belässt ihm das Gesetz dementsprechend stets die Möglichkeit, den güterrechtlichen Ausgleich nach den dafür maßgeblichen Vorschriften zu vollziehen, indem er das ihm zufallende Erbe oder Vermächtnis ausschlägt (§ 1371 Abs. 2 und 3). Dagegen ist es nicht der Zweck der gesetzlichen Regelung, die **erbrechtliche Stellung** des überlebenden Ehegatten/Lebenspartners schlechthin zu verbessern.[27] Es ist deshalb kein Grund dafür

---

[24] BGHZ 42, 182 (185). Vgl. ferner *BGH* NJW 1982, 2497; *OLG Oldenburg* FamRZ 1964, 299; *OLG Stuttgart* FamRZ 1964, 631; Staudinger/*Thiele*, § 1371 Rn. 7; MünchKomm/*Lange*, § 2303 Rn. 36; Palandt/*Diederichsen*, § 1371 Rn. 3; *Brox/Walker*, Rn. 75; *Leipold*, Rn. 171; *Gernhuber/Coester-Waltjen*, § 37 III 4; *Schwab*, JuS 1965, 432 (433).
[25] BGHZ 42, 182 (186).
[26] Dies wird auch von den Gegnern dieser Theorie zugegeben: Vgl. *Lange/Kuchinke*, § 37 VI 1c; zur Entstehungsgeschichte der Regelung s. *Reinicke*, BB 1958, 575 (576 f.).
[27] Vgl. BGHZ 37, 58 (63); BGHZ 42, 182 (188).

ersichtlich, unter allen Umständen an Stelle des güterrechtlichen Ausgleichsanspruchs und des gewöhnlichen kleinen Pflichtteils den Zugang zu der erbrechtlichen Pauschallösung des großen Pflichtteils offenzuhalten. Ist der überlebende Ehegatte/Lebenspartner von der Erbfolge ausgeschlossen und auch nicht mit einem Vermächtnis bedacht, so verweist ihn das Gesetz auf den normalen güterrechtlichen Ausgleichsanspruch und gewährt ihm daneben den nicht erhöhten Pflichtteil. Damit muss er sich zufriedengeben, da eine Besserstellung **güterrechtlich** nicht geboten ist.[28]

b) Wahltheorie

Freilich führt die Einheitstheorie zu gewissen Unstimmigkeiten. Wendet der Erblasser dem Ehegatten/Lebenspartner von Todes wegen einen Erbteil oder ein Vermächtnis zu, das geringer ist als die Hälfte des Wertes des gesetzlichen Erbteils, so hat der Überlebende gem. §§ 2305, 2307 Abs. 1 Satz 2 einen Anspruch auf den großen Pflichtteil (§ 2303 Abs. 1 Satz 2 i.V.m. §§ 1931 Abs. 1 und 3, 1371 Abs. 1),[29] da die Ausnahmeregelung des § 1371 Abs. 2 nicht eingreift. Nur wenn der Erblasser seinen Partner gänzlich übergangen hat, hat es gem. § 1371 Abs. 2 bei der güterrechtlichen Lösung zuzüglich des kleinen Pflichtteils sein Bewenden. Damit hat es der Erblasser in der Hand, die dem Pflichtteilsberechtigten zustehenden Ansprüche zu beeinflussen. Dies ist ihm aber bei dem seiner Dispositionsfreiheit entzogenen Pflichtteil in der Regel nicht möglich. Hinzu kommt, dass es von der Zuwendung eines ganz geringfügigen Vermächtnisses abhängt, ob der überlebende Ehegatte/Lebenspartner den großen Pflichtteil beanspruchen kann oder gem. § 1371 Abs. 2 auf den kleinen Pflichtteil neben einer – wegen Fehlens der Voraussetzungen des § 1378 vielleicht nicht existierenden – Ausgleichsforderung angewiesen ist. Die Einheitstheorie kann hier in Einzelfällen zu unbilligen Ergebnissen führen.[30] Aus diesem Grund wird von einer Minderheit in der Literatur die Auffassung vertreten, dass der überlebende Ehegatte/Lebenspartner zwischen der erbrechtlichen Lösung mit dem großen Pflichtteil und der güterrechtlichen Lösung mit der Ausgleichsforderung neben dem kleinen Pflichtteil die Wahl haben müsse (**Wahltheorie**).[31] Rechtstechnisch lässt sich diese vor allem von *Heinrich Lange* entwickelte Auffassung damit begründen, dass sich die Wendung „in diesem Falle" in § 1371 Abs. 2 Halbs. 2 auf die tatsächliche Geltendmachung der Ausgleichsforderung beziehe. Nehme der Überlebende davon Abstand, was ihm freistehe, so behalte er den Anspruch auf den großen Pflichtteil.[32]

---

[28] BGHZ 42, 182 (187 f.).
[29] Obwohl nach dem Wortlaut des § 10 Abs. 6 LPartG ein Pflichtteilsanspruch eines überlebenden Lebenspartners nur bei dessen vollständigem Ausschluss von der Erbfolge gegeben ist, müssen nach Sinn und Zweck der Norm auch die §§ 2305, 2307 Abs. 1 Satz 2 auf Lebenspartner Anwendung finden; vgl. *Kaiser*, FPR 2005, 286 (287); *Walter*, FPR 2005, 279 (282).
[30] Der *BGH* erwägt bei geringfügigen Zuwendungen eine „Anpassung" der Rechtsstellung des überlebenden Ehegatten an diejenige eines vom Nachlass gänzlich ausgeschlossenen Ehepartners gem. § 1371 Abs. 2 (BGHZ 42, 182 (191 f.)). Krit. dazu MünchKomm/*Koch*, § 1371 Rn. 23; Staudinger/*Thiele*, § 1371 Rn. 24; *Brox/Walker*, Rn. 552; *Reinicke*, DB 1965, 1351 (1355).
[31] Vgl. die Nachweise bei BGHZ 42, 182 (185). Ausführlich zum Streitstand auch *Lange/Kuchinke*, § 37 VI 1.
[32] *H. Lange*, NJW 1958, 288 (289); *ders.*, NJW 1965, 369 (370). Die B würde sich dann für den großen Pflichtteil nach § 1371 Abs. 1 entscheiden, wenn ihre Forderung auf Zugewinnausgleich nur gering ist. Der Zugewinnausgleich wird nach §§ 2311, 1967 zunächst vom Aktivwert des Nachlasses abgezogen, bevor die Pflichtteile berechnet werden. Der Grenzwert ist erreicht, wenn B 1/6 oder 16,6% des Nachlasses als Zugewinnausgleich verlangen kann.

Die Wahltheorie entfernt sich – wie schon hervorgehoben – vom Wortlaut des § 1371 Abs. 2. Sie widerspricht ferner – worauf gleichfalls schon hingewiesen wurde – dem Grundgedanken der Regelung des Zugewinnausgleichs im Todesfall. Die in § 1371 Abs. 1 getroffene erbrechtliche Lösung stellt eine vereinfachte Form des Zugewinnausgleichs dar, mit der sich **beide** Ehegatten/Lebenspartner einverstanden erklären müssen. Der Überlebende hat daher nach § 1371 Abs. 2 und 3 stets die Möglichkeit, durch Ausschlagung der Erbschaft oder eines Vermächtnisses zur gewöhnlichen güterrechtlichen Ausgleichslösung zurückzukehren. Dieselbe Möglichkeit wird dem vorverstorbenen Ehegatten/Lebenspartner eingeräumt, der seinen Partner durch gänzlichen Ausschluss von der Erbfolge und Nichtzuwendung eines Vermächtnisses immer auf den güterrechtlichen Ausgleich des Zugewinns verweisen kann. Die pauschalierte erbrechtliche Lösung gem. § 1371 Abs. 1 soll danach **keinem** der beiden Ehegatten/Lebenspartner gegen seinen Willen aufgezwungen werden. Eben dies ist aber die Konsequenz der Wahltheorie, die es dem Belieben des überlebenden Ehegatten/Lebenspartners anheimstellt, von der güterrechtlichen Lösung zugunsten der erbrechtlichen abzuweichen. Darüber hinaus wird dadurch dem Überlebenden Einfluss auf die Höhe des ihm zustehenden Pflichtteils gewährt. Gleichzeitig hätte er es in der Hand, den Pflichtteil anderer Pflichtteilsberechtigter willkürlich zu schmälern. Dies aber ist mit den erbrechtlichen Grundprinzipien „mindestens so wenig zu vereinbaren, wie ein Bestimmungsrecht des Erblassers", das sich bei Anerkennung der Einheitstheorie aus der Möglichkeit ergibt, den überlebenden Ehegatten/Lebenspartner zum Erben oder Vermächtnisnehmer werden zu lassen und dadurch die Anwendung des § 1371 Abs. 2 auszuschließen.[33] Ein Wahlrecht des überlebenden Ehegatten/Lebenspartners führt überdies zu einer gewissen Rechtsunsicherheit: Da das Gesetz keinerlei Frist für seine Ausübung vorsieht, könnte die Wahl jedenfalls bis zur Verjährung des Pflichtteilsanspruches (vgl. §§ 195, 199 Abs. 1 mit Höchstgrenze des § 199 Abs. 3a) hinausgeschoben werden.[34]

3. Ergebnis

Im Ergebnis ist daher der von der h.M. vertretenen Einheitstheorie zu folgen. Da B weder Erbin noch Vermächtnisnehmerin wurde, kann sie gem. § 1371 Abs. 2 Ausgleich des Zugewinns von S nach den Vorschriften der §§ 1373 ff. beanspruchen.[35] Daneben hat sie gegen die Alleinerbin S einen Pflichtteilsanspruch, der sich nach ihrem nicht erhöhten gesetzlichen Erbteil bestimmt. B kann demnach nur den kleinen Pflichtteil in Höhe von 1/4 des Nachlasswertes verlangen (§ 2303 Abs. 1 Satz 2 i.V.m. § 1931 Abs. 1).

---

[33] BGHZ 42, 182 (190); *BGH* NJW 1982, 2497; zust. *Dieckmann*, DNotZ 1983, 630 (632).
[34] BGHZ 42, 182 (190).
[35] Vgl. dazu etwa *Gernhuber/Coester-Waltjen*, § 37 IV.

Fall 12. Vertrag zugunsten Dritter auf den Todesfall

Lebzeitige Verfügungsfreiheit des durch ein gemeinschaftliches Testament gebundenen Erblassers – beeinträchtigende Schenkungen

Sachverhalt

Der Rentner Alfons (A) errichtete am 13. 12. 1987 mit seiner Ehefrau Barbara (B) ein gemeinschaftliches Testament. Darin setzten sich die beiden Eheleute gegenseitig zu Erben und Carsten (C), den Sohn des A und Stiefsohn der B, zum Erben des länger Lebenden von ihnen ein. A verfügte ferner, dass nach seinem Tode C vorweg ein Mehrfamilienhaus erhalten sollte. Für B sah er darin ein unentgeltliches Wohnrecht vor. A starb am 21. 2. 1996, seine Witwe B am 10. 10. 2002.

Ein Sparkonto der Sparkasse S, das auf „A oder Frau B" lautete, wies nach dem Tode von A ein Guthaben von € 9.449,42 auf. Am 8. 12. 1999 vereinbarte B mit der Sparkasse S einen „Vertrag zugunsten Dritter", wonach im Zeitpunkt ihres Todes Daniel (D), der Sohn des C, Gläubiger der Spareinlage sein sollte. Bis zu ihrem Tod behielt sich B die Verfügung über die Spareinlage vor.

D erfuhr von dieser Regelung erst nach dem Tod der B durch eine Mitteilung der Sparkasse. Das Sparbuch wies zu dieser Zeit ein Guthaben von € 9.954,94 auf. Im Übrigen bestand der Nachlass aus einem Girokonto der B in Höhe von € 5.938,58. C nahm das Sparbuch als zum Nachlass gehörig an sich.

Frage: Kann D von C die Herausgabe des Sparbuchs verlangen?

Ausgangsfall:

BGH 26. 11. 1975 (IV ZR 138/74) BGHZ 66, 8.

Lösung

Herausgabeanspruch aus § 985

D könnte gegen C einen Anspruch auf Herausgabe des Sparbuchs nach § 985 haben. C hat das Sparbuch in Besitz genommen. D müsste Eigentümer geworden sein. Das Sparbuch gehört zu denjenigen Wertpapieren, bei denen das Recht am Papier dem Recht aus dem Papier folgt.[1] Das Eigentum am Buch steht gemäß § 952 Abs. 1 i.V.m. Abs. 2 dem Inhaber der verbrieften Forderung gegen die Sparkasse auf Auszahlung des Sparguthabens zu.[2]

---

[1] Vgl. *Canaris*, Bankvertragsrecht, 2. Bearb. 1981, Rn. 1182. Das Sparbuch ist eines der in § 808 geregelten sog. qualifizierten Legitimationspapiere oder hinkenden Inhaberpapiere, vgl. Palandt/*Sprau*, § 808 Rn. 6.

[2] Bei Spareinlagen ist nach h.M. ein Darlehen (§ 488) gegeben, vgl. Staudinger/*Marburger*, § 808 Rn. 42; *Canaris*, Bankvertragsrecht, 2. Bearb. 1981, Rn. 1165.

1. Forderungserwerb aufgrund Vertrags zugunsten Dritter

B hat die Forderung gegen die Sparkasse auf Auszahlung des Sparguthabens zu Lebzeiten nicht an D abgetreten. D könnte diese Forderung jedoch aufgrund eines zwischen B und der Sparkasse geschlossenen Vertrages zugunsten Dritter erworben haben.[3] Dies hätte zur Folge, dass die Forderung aus dem Nachlass der B ausgeschieden und damit nicht kraft Universalsukzession gem. § 1922 Abs. 1 auf den durch das gemeinschaftliche Testament der Eheleute A und B eingesetzten Schlusserben C übergegangen wäre.

Durch echten Vertrag zugunsten Dritter kann, wie sich aus den §§ 328, 331 ergibt, einem Dritten ein schuldrechtlicher Anspruch in der Weise zugewendet werden, dass der Rechtserwerb erst mit dem Tod des Versprechensempfängers – hier der Erblasserin B – eintritt.[4] Voraussetzung für den Rechtserwerb des D ist, dass die Versprechensempfängerin B ihm (dem Dritten) das Guthaben für den Todesfall zuwenden wollte und dass diese Rechtsfolge auch vom Vertragswillen der Versprechenden S umfasst war.[5] Das ist hier nach der getroffenen Vereinbarung der Fall. Der Umfang der Zuwendung ergibt sich aus der von B vorbehaltenen Verfügung über die Spareinlage bis zu ihrem Tod.[6] D sollte demnach dasjenige erhalten, was sich zur Zeit des Erbfalls auf dem Konto befindet.

a) Nichtigkeit gem. § 125 Satz 1 (Deckungsverhältnis)

Der Vertrag zugunsten Dritter auf den Todesfall wäre nichtig gem. § 125 Satz 1, wenn er gem. § 2301 Abs. 1 Satz 1 den erbrechtlichen Formvorschriften (§§ 2247, 2276)[7] unterläge. Als im Schuldrecht (§ 331) geregeltes Rechtsgeschäft unter Lebenden bedarf der Vertrag zugunsten Dritter auf den Todesfall jedoch auch dann nicht der für Schenkungen von Todes wegen vorgeschriebenen Form (§ 2301), wenn es sich im Verhältnis des Versprechensempfängers – hier der Erblasserin B – zu dem Dritten – hier dem Begünstigten D – um eine schenkweise Zuwendung handelt und der Forderungserwerb erst mit dem Tod des Versprechensempfängers eintreten soll.[8] Für die Form des Vertrags zugunsten Dritter ist allein maßgebend, ob für das im Deckungsverhältnis zwischen dem Versprechensempfänger und dem Versprechenden abgeschlossene Rechtsgeschäft eine Form vorgeschrieben ist.[9] Das ist hier nicht der Fall.

b) Nichtigkeit analog §§ 2271 Abs. 2, 2289 Abs. 1 Satz 2

Der Vertrag zugunsten Dritter könnte jedoch in entsprechender Anwendung der §§ 2271 Abs. 2, 2289 Abs. 1 Satz 2 unwirksam sein. Bei dem vorliegenden gemeinschaftlichen Testament (§ 2265) der Eheleute A und B ist mangels Anhaltspunkt für einen abweichenden Willen nach der Auslegungsregel des § 2269 Abs. 1 anzuneh-

---

[3] Zur Kontoinhaberschaft bei einem von Angehörigen eingerichteten Kindersparbuch s. *BGH* NJW 2005, 980.

[4] Vgl. BGHZ 41, 95 (96); Staudinger/*Kanzleiter*, § 2301 Rn. 42; *Brox/Walker*, Rn. 761.

[5] Vgl. BGHZ 46, 198 (202); *BGH* WM 1983, 1355 (1356); MünchKomm/*Musielak*, § 2301 Rn. 40.

[6] Vgl. *Canaris*, Bankvertragsrecht Erster Teil, 3. Aufl. 1988, Rn. 212.

[7] Nach überwiegender Auffassung ist nur die erbvertragliche Formvorschrift des § 2276 in Bezug genommen, vgl. etwa MünchKomm/*Musielak*, § 2301 Rn. 13.

[8] BGHZ 41, 95 (96); BGHZ 46, 198 (201); *BGH* NJW 1975, 382 (383); BGHZ 66, 8 (12 f.); *BGH* WM 1983, 1355 (1356); BGHZ 157, 79 (82); *BGH* NJW 2008, 2702 (2703) mit Anm. *Leipold*, ZEV 2008, 932. H.M., vgl. Staudinger/*Kanzleiter*, § 2301 Rn. 42 m.w.N.

[9] MünchKomm/*Musielak*, § 2301 Rn. 32; *Schlüter*, Rn. 1260. Vgl. hierzu auch *BGH* WM 1978, 895 (Schriftform für Erklärungen einer Sparkasse nach Landesrecht).

men, dass nicht eine Vor- und Nacherbfolge gemäß § 2100 angeordnet werden sollte, sondern dass der überlebende Ehegatte als Vollerbe des Erstverstorbenen und C als Schlusserbe des zuletzt verstorbenen Ehegatten eingesetzt ist.[10] Die von B vorgenommene Erbeinsetzung zugunsten des C steht nach der Auslegungsregel des § 2270 Abs. 2 im Verhältnis der Wechselbezüglichkeit zu ihrer eigenen Berufung als Alleinerbin des A. Mit dem Tod ihres Mannes war B deshalb nach § 2271 Abs. 2 an die im gemeinschaftlichen Testament getroffene letztwillige Verfügung zugunsten des C gebunden. Nach Annahme der Erbschaft ihres Mannes und dem damit eingetretenen Verlust ihres Ausschlagungsrechts (§ 1943) hätte B die Erbeinsetzung des C grundsätzlich nur bei Verfehlungen des Bedachten widerrufen können, die zur Entziehung des Pflichtteils berechtigen würden (vgl. § 2271 Abs. 2 i.V.m. § 2294). Die Beschränkung ihrer Testierfreiheit nach dem Tod ihres Mannes hat zur Folge, dass entsprechend § 2289 Abs. 1 Satz 2 spätere Verfügungen von Todes wegen insoweit unwirksam sind, als sie die Rechte des Schlusserben beeinträchtigen würden.[11]

Im vorliegenden Fall ergäbe sich dieselbe Rechtsfolge, nämlich die Unwirksamkeit des Vertrags zugunsten Dritter auf den Todesfall, wenn man die Begünstigung durch einen derartigen Vertrag ihrem sachlichen Gehalt nach als Verfügung von Todes wegen ansieht und deshalb die Anwendung materiellen Erbrechts, insbesondere erbrechtlicher Schutzvorschriften wie §§ 2271 Abs. 2, 2289 Abs. 1 Satz 2, befürwortet.[12] Das Gesetz hat indes den Vertrag zugunsten Dritter auf den Todesfall, wie die Regelung im Schuldrecht (§ 331) zeigt, den Rechtsgeschäften **unter Lebenden** zugeordnet.[13] Überdies ergibt sich aus § 2286, der aufgrund eines argumentum a fortiori nicht nur für Erbverträge, sondern entsprechend auch für gemeinschaftliche Testamente gilt,[14] dass dem überlebenden Ehegatten die Befugnis, über sein Vermögen unter Lebenden zu verfügen, uneingeschränkt erhalten bleibt.

Allerdings könnte sich eine andere Grenzziehung zwischen lebzeitigen und letztwilligen Verfügungen speziell bei Erbverträgen und bindend gewordenen gemeinschaftlichen Testamenten aus der Achtung vor der Bindung, die der Erblasser eingegangen ist, rechtfertigen.[15] Eine solche Ausdehnung des Anwendungsbereiches erbrechtlicher Vorschriften würde jedoch erhebliche Abgrenzungsschwierigkeiten aufwerfen und Rechtsunsicherheit schaffen.[16] Sie vertrüge sich auch nicht mit der gegenläufigen Entwicklung der Rechtsprechung zur „Aushöhlung" von Erbverträgen und bindend gewordenen gemeinschaftlichen Testamenten. Nach der früheren Rechtsprechung des BGH waren lebzeitige Verfügungsgeschäfte gemäß § 134 i.V.m. § 2289 Abs. 1 Satz 2 wegen Umgehung der durch einen Erbvertrag oder ein gemeinschaftliches

---

[10] Für ein gemeinschaftliches Testament der hier vorliegenden Art hat sich merkwürdigerweise die Bezeichnung „Berliner Testament" eingebürgert, obwohl für das frühere preußische Recht gerade eine andere Auslegungsregel als die in § 2269 vorgesehene galt; vgl. *Lange/Kuchinke*, § 24 IV 1a N. 91; ausführlich *Buchholz*, FamRZ 1985, 872 (873).
[11] § 2289 Abs. 1 Satz 2 ist auf bindend gewordene gemeinschaftliche Testamente analog anzuwenden, vgl. Staudinger/*Kanzleiter*, § 2271 Rn. 33 und § 2286 Rn. 12; *Harder/Kroppenberg*, Rn. 182.
[12] Vgl. *Harder*, FamRZ 1976, 418 (427) für Anwendung des § 2289 Abs. 1 Satz 2; ebenso *Kümpel*, WM 1977, 1186 (1192 N. 40); weitere Nachweise bei *Hager*, FS v. Caemmerer (1978), S. 127 (143 N. 64).
[13] BGHZ 66, 8 (12 f.); *Johannsen*, DNotZ 1977, 69 (81); *Schreiber*, Jura 1995, 159 (162) m.w.N.
[14] *BGH* DNotZ 1951, 343 (345); *BGH* DNotZ 1965, 357 (358).
[15] Dies erwägt BGHZ 66, 8 (13).
[16] Vgl. BGHZ 66, 8 (14); *Johannsen*, LM § 2301 Nr. 6; *ders.*, DNotZ 1977, 69 (82 f.).

Testament bewirkten Bindung nichtig, wenn ein Rechtsgeschäft unter Lebenden nur der äußeren Gestalt nach gegeben war, in Wirklichkeit aber die Ziele einer Verfügung von Todes wegen verfolgt wurden.[17] Diese Auffassung hat der BGH aufgegeben, weil sie Rechtsunsicherheit bezüglich der Gültigkeit solcher lebzeitigen Verfügungen geschaffen hatte und mit der eindeutigen Bestimmung des § 2286 in Konflikt geraten war.[18] Im Ergebnis ist es deshalb konsequent, auch im Falle der Bindung des Erblassers durch einen Erbvertrag oder ein gemeinschaftliches Testament Verträge zugunsten Dritter auf den Todesfall wie andere Rechtsgeschäfte unter Lebenden zu beurteilen. Eine Unwirksamkeit des von B geschlossenen Vertrags zugunsten des D entsprechend der §§ 2271 Abs. 2, 2289 Abs. 1 Satz 2 kommt daher nicht in Betracht.[19]

Mit dem Tode der Versprechensempfängerin B hat D folglich gemäß §§ 328, 331 den Anspruch auf Auszahlung des Sparguthabens und damit gemäß § 952 Abs. 1 i.V.m. Abs. 2 ipso iure das Eigentum am Sparbuch erworben. Der Anspruch aus § 985 ist daher gegeben.

2. Dolo-agit-Einrede

a) Unzulässige Rechtsausübung wegen rechtsgrundlosen Erwerbs

Dem C könnte jedoch die Einrede der unzulässigen Rechtsausübung (§ 242) zustehen, wenn der Erwerb des D nicht rechtsbeständig ist, weil die Zuwendung des Anspruchs im **Valutaverhältnis** zwischen der Versprechensempfängerin B und dem Begünstigten D nicht durch einen wirksamen Rechtsgrund gerechtfertigt wird. Hätte nämlich D die Forderung gegen die Sparkasse durch die Leistung der B ohne Rechtsgrund erlangt, müsste er sie nach Bereicherungsrecht gemäß § 812 Abs. 1 Satz 1 Alt. 1 gleich wieder an C als den Erben der B abtreten.[20]

aa) Bestehen eines Schenkungsvertrages als Rechtsgrund

Nach Auffassung des BGH ist die Frage des Rechtsgrundes im Valutaverhältnis bei Zuwendungen durch Vertrag zugunsten Dritter auf den Todesfall nicht nach Erbrecht, sondern nach Schuldrecht zu beurteilen.[21] Bei der hier vorliegenden unentgeltlichen Begünstigung kommt als Rechtsgrund nur eine **Schenkung** in Betracht. Vor dem Tod der Versprechensempfängerin B kam ein Schenkungsvertrag mit D über die unentgeltliche Zuwendung der Sparbuchforderung (§ 518 Abs. 1) nicht zustande. Der Abschluss eines solchen Vertrages blieb jedoch auch noch nach dem Tod der B möglich. Dies geschieht nach Ansicht des BGH konstruktiv auf folgendem Wege:[22]

---

[17] Vgl. *BGH* LM § 2271 Nr. 4; einen Überblick über die Entwicklung der Rechtsprechung zur „Aushöhlungsnichtigkeit" gibt Staudinger/*Kanzleiter*, § 2286 Rn. 13 ff. m.w.N.

[18] BGHZ 59, 343 (346 ff.); zust. *Spellenberg*, FamRZ 1973, 136 ff.; *Johannsen*, LM § 2286 Nr. 6; *Strätz*, JR 1973, 244 (245).

[19] Vgl. BGHZ 66, 8 (13 ff.); *BGH* WM 1976, 1130; *BGH* NJW 1993, 2171 (2172); Münch-Komm/*Musielak*, § 2301 Rn. 33; *Johannsen*, DNotZ 1977, 69 (83); *Muscheler*, WM 1994, 921 (922).

[20] Vgl. *BGH* NJW 1975, 382 (383); *BGH* WM 1976, 1130; *Muscheler*, WM 1994, 921 (921 f.). Beim echten Vertrag zugunsten Dritter erbringt der Versprechende durch Vollzug eine Leistung an den Versprechensempfänger im Deckungsverhältnis. Gleichzeitig leistet der Versprechensempfänger an den Dritten im Valutaverhältnis. Kritisch zur Arglistigkeitsrede (dolo facit, qui petit, quod statim redditurum est) im vorliegenden Zusammenhang *Harder*, FamRZ 1976, 418 ff.

[21] Vgl. zuletzt BGHZ 157, 79 (82); *BGH* NJW 2008, 2702 (2703); ferner *BGH* WM 1983, 1355 (1356); *BGH* NJW 1993, 2171 (2172).

[22] Vgl. BGHZ 41, 95 (97); BGHZ 46, 198 (203 f.); *BGH* NJW 1975, 382 (383 f.); BGHZ 66, 8 (13); *BGH* WM 1976, 1130 (1131); *BGH* WM 1983, 1355 (1356).

Fall 12. Vertrag zugunsten Dritter auf den Todesfall 99

In der mit der Sparkasse vereinbarten Drittbegünstigung liegt zugleich eine Schenkungsofferte der Versprechensempfängerin – der B – an den Dritten – den D – und ein Auftrag an die Sparkasse, diese Offerte nach dem Tod der B als Botin an D zu übermitteln. Dieses Angebot konnte auch nach dem Tod der B dem D gemäß § 130 Abs. 2 noch wirksam zugehen und von D gemäß § 153 angenommen werden, wobei die Annahme gemäß § 151 Satz 1 nicht gegenüber C als Rechtsnachfolger der Versprechensempfängerin B erklärt zu werden brauchte.[23] Allerdings hätte der Erbe C den Abschluss des Schenkungsvertrags noch durch rechtzeitigen Widerruf der von der Erblasserin B gemachten Schenkungsofferte gemäß § 130 Abs. 1 Satz 2 verhindern können.[24] Ein solcher Widerruf hätte dem D indes spätestens mit dem von der Sparkasse übermittelten Schenkungsangebot zugehen müssen, was hier nicht geschehen ist. Ein Schenkungsvertrag kam daher zustande.

bb) Nichtigkeit gem. § 125 Satz 1 (Valutaverhältnis)

Fraglich ist jedoch die Formwirksamkeit dieses Rechtsgrundes. Würde das Valutaverhältnis beim Vertrag zugunsten Dritter auf den Todesfall als – durch das Überleben des Begünstigten bedingtes – Schenkungsversprechen von Todes wegen qualifiziert, wären gemäß § 2301 Abs. 1 Satz 1 die erbrechtlichen Formvorschriften anzuwenden, wenn der Versprechensempfänger – wie im vorliegenden Fall – kein endgültiges Opfer zu Lebzeiten gebracht und die Schenkung daher nicht gemäß § 2301 Abs. 2 vollzogen hat.[25] Nach Auffassung des BGH wird jedoch § 2301 beim Vertrag zugunsten Dritter auf den Todesfall durch die Sondervorschrift des § 331 verdrängt, in der die Zulässigkeit solcher Zuwendungen durch Vertrag unter Lebenden vorausgesetzt werde.[26] Anwendbar sind allerdings die Formvorschriften für Schenkungen unter Lebenden. Schenkungsversprechen bedürfen gemäß § 518 Abs. 1 Satz 1 der notariellen Beurkundung, die hier nicht vorliegt. Dieser Formmangel wird jedoch aufgrund des von selbst erfolgenden Erwerbs der versprochenen Forderung durch den Begünstigten D mit dem Tode der Erblasserin B gemäß § 518 Abs. 2 geheilt.[27]

---

[23] Zur Tatbestandsstruktur des § 151 vgl. *Bydlinski*, JuS 1988, 36 ff.

[24] Vgl. Handkommentar BGB/*Hoeren*, § 2301 Rn. 45. Ausführlich zur Problematik des Widerrufsrechts und dem dadurch ausgelösten Wettlauf zwischen Erben und Begünstigtem *Hager*, FS v. Caemmerer (1978), S. 127 (144) und *Muscheler*, WM 1994, 921 ff. m.w.N. zum Meinungsstand. Möglich ist nach *BGH* WM 1976, 1130 (1132) ein Ausschluss des Widerrufsrechts der Erben mittels letztwilliger Verfügung; zust. *Finger*, VersR 1986, 508 (N. 7); *Kümpel*, WM 1993, 825 (826); *Muscheler*, WM 1994, 921 (934 ff.); a.A. *OLG Celle* WM 1993, 591 (592).

[25] *Medicus/Petersen*, Rn. 393 f.; *Brox/Walker*, Rn. 744. Im Einzelfall zu prüfen bleibt allerdings, ob überhaupt eine Schenkung unter Überlebensbedingung gem. § 2301 Abs. 1 oder aber eine auf den Tod befristete Schenkung vorliegt, die § 2301 Abs. 1 nicht unterfällt; vgl. *BGH* NJW 1987, 840 (840 f.) mit zust. Anm. *Leipold*, JZ 1987, 362 (363); *BGH* NJW 1984, 2731 (2732); *Kuchinke*, FamRZ 1984, 109 (113). Zum Vollzug gem. § 2301 Abs. 2 bei postmortalen Vollmachten vgl. BGHZ 87, 19 (25 f.) mit abl. Anm. *Kuchinke*, FamRZ 1984, 109 (112, 114); *BGH* FamRZ 1985, 693 (695 f.); *BGH* FamRZ 1986, 982 (983); BGHZ 127, 239 (242).

[26] Vgl. zuletzt *BGH* NJW 2008, 2702 (2703); ferner *BGH* NJW 1975, 382 (383); BGHZ 66, 8 (12 f.); ebenso *Johannsen*, LM § 2301 Nr. 6; *Lange/Kuchinke*, § 33 I 3a; *Schlüter*, Rn. 1257, 1264; *Schreiber*, Jura 1995, 159 (162); i.E. auch MünchKomm/*Musielak*, § 2301 Rn. 36 f. Inkonsequent von seinem Standpunkt aus *BGH* WM 1983, 1355 (1356) und BGHZ 157, 79 (82 f.), der wegen des „Von-Selbst-Erwerbs" des Begünstigten eine gem. § 2301 Abs. 2 vollzogene Schenkung annimmt und damit implizit die Anwendbarkeit des § 2301 Abs. 1 voraussetzt; dem BGH zust. *Kümpel*, WM 1977, 1186 (1190); hiergegen *Harder*, FamRZ 1976, 418 (425) und die in Fn. 25 Genannten.

[27] Vgl. BGHZ 41, 95 (97); *BGH* NJW 1975, 382 (383); *BGH* WM 1976, 1130; BGHZ 157, 79 (83). Zutreffender dürfte indes die Annahme einer (formlos gültigen) Handschenkung gem.

Folglich läge danach im Valutaverhältnis eine formwirksame Schenkungsabrede vor, die den Forderungserwerb des D kausal rechtfertigt.

Diese Auffassung des BGH ist in der Literatur auf vielfältige Kritik gestoßen, die sich sowohl gegen die Annahme einer Schenkung unter Lebenden als auch gegen deren Konstruktion richtet.[28] Dem Zustandekommen des Vertrages wird entgegengehalten, die §§ 130 Abs. 2, 153 wollten nicht die Fälle erfassen, in denen der Zugang einer Willenserklärung bewusst bis nach dem Tode des Erklärenden hinausgezögert wird.[29] Zudem sei die Bank regelmäßig einer Pflichtenkollision ausgesetzt. Da der Erbe nach §§ 1922, 672 Geschäftsherr des Auftrags werde, sei die Bank ihm aus § 666 verpflichtet, ihren Übermittlungsauftrag für das Schenkungsangebot an den Begünstigten mitzuteilen – mit der Folge, dass der Erbe dieses Angebot nach § 130 Abs. 1 Satz 2 regelmäßig sofort widerruft. Gleichzeitig müsse die Bank dem Begünstigten aus dem Auftrag, der auch als Vertrag zugunsten Dritter nach § 328 zu qualifizieren sei, unverzüglich die Offerte des Erblassers übermitteln.[30] Kommt sie dieser Pflicht nicht nach, dann haftet sie dem Begünstigten aus § 280.

Die Annahme, dass § 2301 von der Sondervorschrift des § 331 verdrängt werde, führe einerseits zu einer weitgehenden Aushöhlung der erbrechtlichen Formvorschriften, indem sie es gestatte, Zuwendungen auf den Todesfall mit Hilfe eines mündlichen Vertrags zustande zu bringen.[31] Sie bedeute andererseits auch eine ungerechtfertigte Benachteiligung von Pflichtteilsberechtigten und Nachlassgläubigern, da der Rechtsübergang außerhalb des Nachlasses erfolgt und der Gegenstand der Zuwendung damit dem Nachlass entzogen wird.[32] Die Rechtsprechung des BGH habe schließlich einen empfindlichen Funktionsverlust des Erbrechts zur Folge, da Konten und Depots in vielen Fällen den wesentlichen Teil des Nachlasses ausmachen.[33]

Um dem Erblasser eine Umgehung des Erbrechts unmöglich zu machen, wird deshalb einerseits die Anwendung von § 2301 im Valutaverhältnis befürwortet.[34] Mangels lebzeitigen Vollzuges der Schenkung gem. § 2301 Abs. 2 liegt danach ein formwirksamer Rechtsgrund im Verhältnis zu dem begünstigten Dritten nicht vor (vgl. § 2301 Abs. 1). Nach anderer Ansicht soll es sich im Valutaverhältnis um eine testamentarisch angeordnete Sondererbfolge handeln, die dem Erbrecht mit Ausnahme der Formvorschriften

---

§ 516 sein, da der Vollzug der Schenkung durch Erwerb des Forderungsrechts zeitlich vor dem Zustandekommen der Abrede über den Rechtsgrund, d.h. der Einigung über die Unentgeltlichkeit der Zuwendung, liegt, vgl. MünchKomm/*Koch*, § 518 Rn. 20; *Kümpel*, WM 1977, 1186 (1190 f.); dies wird offengelassen von *BGH* WM 1976, 1130. Während § 2301 auf (sofort vollzogene) Handschenkungen grundsätzlich nicht anwendbar ist (vgl. MünchKomm/*Musielak*, § 2301 Rn. 8), dürfte § 2301 nach seinem Normzweck auf solche eingeleiteten Handschenkungen, die nach dem Willen des Schenkers erst nach seinem Tode zustande kommen sollen, aber entsprechend anwendbar sein, vgl. auch *Nieder*, BWNotZ 1996, 129 (130). Dies wird vorliegend freilich nur relevant, wenn man entgegen dem BGH § 2301 überhaupt auf den Vertrag zugunsten Dritter auf den Todesfall für anwendbar hält.

[28] Übersicht über den Meinungsstand bei *Harder/Kroppenberg*, Rn. 530 ff.; *Schreiber*, Jura 1995, 159 (162). Die h.M. folgt indes dem BGH; vgl. die Nachweise bei MünchKomm/*Musielak*, § 2301 Rn. 34.

[29] *Brox/Walker*, Rn. 751; *Lange/Kuchinke* § 33 III 1b.

[30] *Canaris*, Bankvertragsrecht Erster Teil, 3. Aufl. 1988, Rn. 207, 214.

[31] *Medicus/Petersen*, Rn. 396.

[32] *Kipp/Coing*, § 81 V 1 (1); vgl. zu diesem „Einordnungsproblem" ferner *Finger*, JuS 1969, 309 (310); *Medicus/Petersen*, Rn. 397.

[33] *Canaris*, Bankvertragsrecht Erster Teil, 3. Aufl. 1988, Rn. 210.

[34] Vgl. oben Fn. 25.

unterliege.³⁵ Hiergegen spricht freilich, dass dem BGB lediglich die Universalsukzession bekannt, ihm die Einrichtung einer Sondererbfolge aber fremd ist.³⁶

Ferner wird vertreten, im Valutaverhältnis liege beim Vertrag zugunsten Dritter auf den Todesfall eine dem Vermächtnis ähnliche, kausale, formlos gültige, einseitige Zuwendung von Todes wegen besonderer Art vor, die den Rechtsgrund für den Erwerb des Dritten in sich trage und auf die die Vorschriften des Vermächtnisrechts analog anzuwenden seien.³⁷ Auch diese Ansicht gerät aber mit der abschließenden Regelung des Erbrechts in Konflikt.³⁸

Nach der Rechtsprechung des BGH stellt der Vertrag zugunsten Dritter auf den Todesfall eine dem Erblasser zusätzlich eröffnete Möglichkeit dar, über das Schicksal seines Vermögens nach dem Tode zu bestimmen.³⁹ Angesichts des unklaren Verhältnisses von § 331 zu § 2301 erscheint die Auffassung des BGH jedenfalls als eine vertretbare Lösung, die zudem der weiten Verbreitung solcher Zuwendungen durch Vertrag zugunsten Dritter auf den Todesfall Rechnung trägt. Durch Fortbildung des Rechts hat diese Judikatur einen beachtlichen Vertrauenstatbestand geschaffen, der einer dogmatischen Kritik standhält.⁴⁰ Im Ergebnis bleibt es folglich dabei, dass der Forderungserwerb des D im Valutaverhältnis kausal durch eine wirksame Schenkung unter Lebenden gerechtfertigt wird. Ein Bereicherungsanspruch des C und damit die Einrede der unzulässigen Rechtsausübung bestehen daher insoweit nicht.⁴¹

b) Herausgabeverpflichtung analog § 2287

Die Einrede der unzulässigen Rechtsausübung könnte C jedoch ferner dann zustehen, wenn er als Schlusserbe entsprechend § 2287 die Herausgabe der Schenkung von D, mithin die Abtretung des Anspruchs gegen die Sparkasse nach den Vorschriften über die ungerechtfertigte Bereicherung verlangen kann. Die dem Schutz des Vertragserben dienende Vorschrift des § 2287 wird entsprechend angewandt zum Schutz des Schlusserben, der durch eine in einem gemeinschaftlichen Testament getroffene

---

³⁵ *Finger*, JuS 1969, 309 (314); ders., WM 1970, 374 (380); ders., NJW 1970, 954 (955); ders., NJW 1972, 497 (498). Abl. *Bartholomeyczik*, FS v. *Lübtow* (1970), S. 729 (742 f.).

³⁶ *Brox/Walker*, Rn. 767. Die spezialgesetzlich geregelten Fälle einer Sondererbfolge in den Höfeordnungen sind historisch gewachsen und nicht analogiefähig, vgl. *Muscheler*, WM 1994, 921 (931). Zur Sondererbfolge bei der Nachfolge in Anteile an Personengesellschaften vgl. oben Fall 2.

³⁷ *Harder*, Zuwendungen unter Lebenden auf den Todesfall (1968), S. 154 m.w.N. in N. 172; ders., FamRZ 1976, 418 (426, 428); ders./Kroppenberg, Rn. 540 ff.; v. *Lübtow*, S. 1235; *Kipp/Coing*, § 81 V 2; *Kümpel*, WM 1977, 1186 (1191 f.).

³⁸ *Brox/Walker*, Rn. 767. Außer Betracht bleiben hier die von *Bühler*, NJW 1976, 1727 (1728) und Soergel/*Wolf*, § 2301 Rn. 25 angebotenen, von der BGH-Lösung abweichenden Konstruktionen einer Schenkung unter Lebenden, die das Ziel der Ausschaltung des – hier nicht relevanten – Widerrufsrechts des Erben verfolgen; s. dazu auch *Leipold*, ZEV 2008, 395 (396).

³⁹ *Johannsen*, LM § 2301 Nr. 6; siehe auch Palandt/*Edenhofer*, § 2301 Rn. 17.

⁴⁰ In diesem Sinn auch MünchKomm/*Musielak*, § 2301 Rn. 37; Staudinger/*Kanzleiter*, § 2301 Rn. 44; *Johannsen*, LM § 2301 Nr. 6. Nach BGHZ 66, 8 (13) ist jedoch noch keine gewohnheitsrechtliche Verfestigung der Rechtslage entstanden; so aber *Brox/Walker*, Rn. 768 und *Schreiber*, Jura 1995, 159 (162).

⁴¹ Konstruiert und abzulehnen ist demgegenüber die Auffassung von *Heilmann*, VersR 1980, 516 (518), zusammen mit der Sparbuchforderung sei dem begünstigten Dritten gem. §§ 328 Abs. 1, 331 ein Anspruch zugewandt, etwaige Bereicherungsansprüche nicht geltend zu machen, denen deshalb ihrerseits die Arglisteinrede entgegenstehe. Zur Frage des Einflusses des Scheiterns der Ehe auf den Fortbestand des Valutaverhältnisses vgl. im Übrigen BGHZ 128, 125 (133) (Wegfall der Geschäftsgrundlage).

und mit dem Tod des einen Ehegatten unwiderruflich gewordene wechselbezügliche Verfügung berufen ist.[42] C ist daher als Schlusserbe nach § 2287 aktivlegitimiert. Durch die von der Erblasserin B vorgenommene Schenkung des Sparguthabens an D wurde der dem C zustehende Nachlass wertmäßig gemindert.[43] Diese objektive Beeinträchtigung der Erbaussicht des C genügt aber allein nicht, um den Anspruch nach § 2287 auszulösen. Die Schenkung muss vielmehr auch in der Absicht des Erblassers erfolgt sein, den Vertrags- bzw. Schlusserben zu beeinträchtigen.[44]

Die Rechtsprechung hat in der Auslegung dieses Tatbestandsmerkmals der **Beeinträchtigungsabsicht** eine Wende vollzogen. Während der BGH früher forderte, dass der Wille, den Vertrags- bzw. Schlusserben zu beeinträchtigen, der leitende und bestimmende Beweggrund der Schenkung sein müsse,[45] setzte er die Anforderungen an das Vorliegen der Beeinträchtigungsabsicht im Zusammenhang mit der Aufgabe der Rechtsprechung zur „Aushöhlungsnichtigkeit" herab.[46] Eine Beeinträchtigungsabsicht liegt danach nunmehr schon dann vor, wenn ein **lebzeitiges Eigeninteresse** des Erblassers an der Schenkung nicht erkennbar ist und dessen Verfügung daher in Anbetracht der gegebenen Umstände nicht als billigenswert und gerechtfertigt erscheint.[47] Ein solches lebzeitige Eigeninteresse ist etwa bei Schenkungen zur Sicherung der Altersversorgung oder bei Erfüllung einer sittlichen Verpflichtung gegeben.[48] Hingegen greift der Schutz des § 2287 ein, wenn die „Verfügung des Erblassers ihrem Gehalt nach auf eine Korrektur des Erbvertrags oder des gemeinschaftlichen Testaments angelegt war,"[49] so dass ein anderer als der berufene Erbe das wesentliche Erblasservermögen ohne Gegenleistung erhält.

---

[42] Allg. M., vgl. statt aller BGHZ 66, 8 (15); Palandt/*Edenhofer*, § 2271 Rn. 10. Weitergehend *Speth*, NJW 1985, 463 (465), die unter Berufung auf den Schutzzweck des § 2271 Abs. 1 (Information des Ehegatten über die nicht zu Lebzeiten offen zutage tretenden Vermögensdispositionen des anderen) bei einem echten Vertrag zu Gunsten Dritter § 2287 bereits vor Eintritt der Bindungswirkung anwenden will; dagegen jedoch bereits BGHZ 87, 19 (23 f.).

[43] Die Vorschrift des § 2287 greift allerdings nicht ein, wenn der Beschenkte pflichtteilsberechtigt ist und soweit die Schenkung den Pflichtteilsanspruch nicht übersteigt; vgl. BGHZ 88, 269 (272); *Spellenberg*, NJW 1986, 2531 (2534). Im vorliegenden Fall ist diese Ausnahme indes nicht einschlägig, da D nicht pflichtteilsberechtigt ist.

[44] Durch eine Einwilligung in die Schenkung kann sich der Erbe jedoch seines Schutzes aus § 2287 begeben. Eine notarielle Beurkundung dieser Einwilligung in analoger Anwendung des § 2348 verlangen BGHZ 108, 252 (255); *Leipold*, Rn. 527 a.E.; ablehnend gegenüber dem Erfordernis der Beurkundung Palandt/*Edenhofer*, § 2287 Rn. 8; Soergel/*Wolf*, § 2287 Rn. 10; *Kanzleiter*, DNotZ 1990, 776 ff.; *ders.*, ZEV 1997, 261.

[45] Vgl. *BGH* LM § 2287 Nr. 3; *BGH* FamRZ 1961, 72 (74); *BGH* FamRZ 1964, 429 (431); *BGH* WM 1969, 1055 (1056).

[46] BGHZ 59, 343 (349 f.); vgl. dazu oben bei Fn. 17.

[47] Vgl. BGHZ 59, 343 (350); BGHZ 66, 8 (15 f.); BGHZ 77, 264 (266); BGHZ 83, 44 (45); BGHZ 116, 167 (176); *BGH* NJW 1992, 2630 (2631); *BGH* ZEV 2005, 479 (479 f.); *BGH* ZEV 2006, 312 (312); *BGH* ZEV 2006, 505 (505); *Spellenberg*, NJW 1986, 2531 ff.; *Nolting*, JA 1993, 129 (133 ff.). Zur Beeinträchtigungsabsicht im Anwendungsbereich des § 2288 vgl. BGHZ 111, 138 (140 ff.); BGHZ 124, 35 (36 ff.) mit Anm. *Siegmann*, ZEV 1994, 38 f.; *BGH* FamRZ 1998, 427 (428 f.). Auf die subjektive Vorstellung des Erblassers über seine rechtliche Bindung kommt es nicht an, also auch nicht auf einen Irrtum hierüber, vgl. *Schindler*, ZEV 2005, 334.

[48] Auch in Ermangelung eines lebzeitigen Eigeninteresses ist eine Beeinträchtigungsabsicht indes zu verneinen, wenn der Erblasser die Schenkung aus dem Bestreben vorgenommen hat, gerade den Vorteil des begünstigten Vertrags- oder Schlusserben wahrzunehmen; so *BGH* FamRZ 1986, 980 (982).

[49] BGHZ 66, 8 (16); BGHZ 88, 269 (270); *BGH* NJW-RR 1991, 1157 (1159) mit Anm. *Waltermann*, JuS 1993, 276 ff.; *OLG Düsseldorf* FamRZ 1999, 1621 (1623).

Gegen diese Ausdehnung des Anwendungsbereichs von § 2287 wird eingewandt, die Herabsetzung der Anforderungen an das Vorliegen der Beeinträchtigungsabsicht habe im Gesetz keine Grundlage.[50] Indessen ermöglicht diese Auslegung eine Entschärfung der im Gesetz angelegten „Antinomie von lebzeitiger Verfügungsfreiheit und letztwilliger Gebundenheit."[51] Sie wird dem Zweck des § 2287 gerecht, der darin besteht, den Vertrags- bzw. Schlusserben vor einer missbräuchlichen Ausübung des dem Erblasser an sich nach § 2286 verbliebenen Rechts, über sein Vermögen durch Rechtsgeschäfte unter Lebenden frei zu verfügen, zu schützen.[52] Daher kommt es im vorliegenden Fall darauf an, ob ein lebzeitiges Eigeninteresse der B an der Zuwendung des Sparguthabens an D erkennbar ist.

B wandte dem D zwei Drittel des Vermögens zu, das ihr nach Erfüllung der von A ausgesetzten Vermächtnisse verblieben war und das nach dem Testament C erben sollte.[53] Durch die Drittbegünstigung verkürzte sie den Nachlass also wesentlich. Ein lebzeitiges Eigeninteresse kann hier nicht aus dem Motiv einer Altersversorgung abgeleitet werden, da D von der Zuwendung des Sparguthabens erst nach dem Tod der B erfuhr.[54] Auch eine sittliche Verpflichtung für die Bevorzugung des D vor seinem Vater C bestand nicht. Andere einleuchtende Gründe für ein lebzeitiges Eigeninteresse der B sind nicht ersichtlich.[55] Der Anspruch des C gegen D auf Herausgabe des Geschenks entsprechend § 2287 ist folglich begründet. D ist verpflichtet, die Forderung gegen die Sparkasse auf Auszahlung des Sparguthabens an C nach Bereicherungsrecht abzutreten. Im Ergebnis steht dem Herausgabeverlangen des D deshalb die Einrede der unzulässigen Rechtsausübung entgegen (§ 242).[56]

---

[50] So Staudinger/*Kanzleiter*, § 2287 Rn. 13; krit. ferner *Speckmann*, NJW 1974, 341 (343 f.); *Finger/Füser/Hamm/Weber*, FamRZ 1975, 251 (254 ff.); *Nolting*, JA 1993, 129 (135).
[51] *Teichmann*, JZ 1974, 32 (33).
[52] Vgl. BGHZ 59, 343 (350); BGHZ 77, 264 (266); *Spellenberg*, FamRZ 1972, 349 (355); ders., FamRZ 1973, 136; ders., NJW 1986, 2531 (2536). Die h.L. folgt der BGH-Rechtsprechung, vgl. etwa Palandt/*Edenhofer*, § 2287 Rn. 6; Soergel/*Wolf*, § 2287 Rn. 13; Brox/Walker, Rn. 159; Leipold, Rn. 525.
[53] Die Zuwendung des Hauses an C stellt gem. § 2087 Abs. 2 die Anordnung eines *Vermächtnisses* durch den vorverstorbenen A dar. Die Annahme einer Erbeinsetzung des C nach A gem. § 2087 Abs. 1 scheitert an dem eindeutigen und im gemeinschaftlichen Testament erklärten Willen der Eheleute A und B. Insoweit als B, der Alleinerbin des A, ein unentgeltliches Wohnrecht zugewandt wird, handelt es sich um ein *Vorausvermächtnis* i.S.v. § 2150, und zwar als Untervermächtnis (vgl. § 2147 Satz 1), da C beschwert ist.
[54] So BGHZ 66, 8 (17).
[55] Grundsätzlich hat der Benachteiligte, der den Anspruch aus § 2287 geltend macht, die Beeinträchtigungsabsicht, d.h. das fehlende lebzeitige Eigeninteresse des Erblassers, zu beweisen. Im Falle der Beweisnot des benachteiligten Erben, der die für die Schenkung maßgeblichen Gründe nicht kennt, muss jedoch der Begünstigte Umstände darlegen, aus denen sich ein lebzeitiges Eigeninteresse ergibt. Tut oder kann er das nicht, ist der Anspruch aus § 2287 begründet, vgl. BGHZ 66, 8 (16 f.); BGHZ 77, 264 (267); OLG Köln NJW-RR 1992, 200. Kritisch zu dieser praktisch auf eine Beweislastumkehr hinauslaufenden Beweiserleichterung Staudinger/*Kanzleiter*, § 2287 Rn. 11. Sofern der Erbe hinreichend substantiiert Anhaltspunkte für eine sein Recht beeinträchtigende Schenkung dargetan hat, kommt auch ein auf § 242 gestützter Auskunftsanspruch gegen den Beschenkten in Betracht, vgl. BGHZ 97, 188 (192 f.) mit Anm. *Hohloch*, JuS 1986, 811 f.
[56] § 2287 enthält eine Rechtsfolgenverweisung auf das Bereicherungsrecht, vgl. Münch-Komm/*Musielak*, § 2287 Rn. 21.

Fall 13. Berliner Testament und Wiederverheiratungsklausel

Grundbuchberichtigungsanspruch – Verfügungsbeschränkungen des Vorerben – Vermutungswirkung und öffentlicher Glaube von einander widersprechenden Erbscheinen

Sachverhalt

Die Eheleute Viktor (V) und Marlene (M) Müller haben ein gemeinschaftliches Testament folgenden Inhalts errichtet:

„Wir ernennen hierdurch zu unseren Erben

I. den Überlebenden von uns

II. unsere beiden Kinder Kaspar (K) und Bruno (B).

Der überlebende Ehegatte soll, solange er lebt und sich nicht anderweitig verheiratet, über das gemeinsame Vermögen die freie und unbeschränkte Disposition unter Lebenden haben. Im Falle der Wiederverheiratung soll der Überlebende sich mit den Kindern nach den Regeln der gesetzlichen Erbfolge auseinandersetzen. Diese haben sich im Übrigen mit dem zu begnügen, was beim Tode des Letztverstorbenen von uns vom Nachlass noch vorhanden ist."

Nach dem Tode des V im Jahre 1939 beantragte M einen Erbschein als Alleinerbin. Entgegen ihrem Antrag wurde ihr am 11. 7. 1939 ein Erbschein erteilt, der M als befreite Vorerbin und ihre beiden Kinder K und B als Nacherben auswies.

Im Jahre 1947 beantragte die M erneut einen Erbschein als Alleinerbin, ohne den Erbschein aus dem Jahre 1939 zu erwähnen. Am 31. 8. 1947 stellte ihr das Amtsgericht – wie beantragt – einen Erbschein als Alleinerbin aus.

Am 16. 6. 1949 übertrug M ihrem Sohn B zu dessen 18. Geburtstag den gesamten zum Nachlass ihres Ehemannes V gehörenden Grundbesitz, als dessen Eigentümer zu diesem Zeitpunkt noch immer V im Grundbuch eingetragen war. Bald darauf wurde B als neuer Eigentümer eingetragen. Zwei Jahre später heiratete M erneut.

K verlangt nun von B die Einwilligung in die Grundbuchberichtigung. Er behauptet, M sei als Vorerbin zur unentgeltlichen Verfügung über die Grundstücke nicht befugt gewesen. Mit ihrer Wiederheirat sei die aus ihm selbst sowie M und B bestehende Miterbengemeinschaft Eigentümerin der Grundstücke geworden. Hilfsweise macht K geltend, dass der Miterbengemeinschaft für den Fall einer wirksamen Übereignung an B jedenfalls ein Anspruch auf Rückübereignung zustehe.

Frage: Konnte K von B im Jahr 1951 Einwilligung in die Grundbuchberichtigung bzw. Rückübereignung der Grundstücke verlangen?

Ausgangsfälle:

RG 25. 11. 1937 (IV B 34/37) RGZ 156, 172;

BGH 23. 11. 1960 (V ZR 142/59) BGHZ 33, 314.

Lösung

I. Anspruch auf Abgabe der zur Grundbuchberichtigung erforderlichen Bewilligung aus § 894

Steht der Inhalt des Grundbuchs in Ansehung eines Rechts an dem Grundstück mit der wirklichen Rechtslage nicht in Einklang, so kann derjenige, dessen Recht nicht oder nicht richtig eingetragen ist, die Zustimmung zur Berichtigung des Grundbuchs von demjenigen verlangen, dessen Recht durch die Berichtigung betroffen wird (§ 894). Der Anspruch aus § 894 ist auf die Abgabe einer formgerechten Berichtigungsbewilligung nach § 19 GBO gerichtet. Er hat drei Voraussetzungen: 1. Unrichtigkeit des Grundbuchs, d.h. ein Widerspruch zwischen Grundbuchinhalt und materieller dinglicher Rechtslage; 2. materielle Berechtigung des Anspruchstellers und 3. formelle Berechtigung des Anspruchsgegners in Bezug auf das unrichtig eingetragene Recht.

1. Unrichtigkeit des Grundbuches

Das Grundbuch ist unrichtig, wenn B fälschlicherweise als Eigentümer eingetragen ist. Aus der Unrichtigkeit des Grundbuchs ergibt sich aber nicht ohne weiteres die materielle Berechtigung des Anspruchstellers. Denn K kann nicht geltend machen, er selbst sei Eigentümer der Grundstücke. Sein Verlangen richtet sich vielmehr auf Bewilligung der Eintragung der Miterbengemeinschaft, bestehend aus K, B und M. Gemäß § 2039 Satz 1 kann aber ein Miterbe Ansprüche, die zum Nachlass gehören, im eigenen Namen geltend machen, dabei allerdings nur Leistung an alle Miterben fordern. Auch der Grundbuchberichtigungsanspruch des § 894 kann ein zum Nachlass gehörender Anspruch i.S. des § 2039 sein.[1] Die formelle Berechtigung des B ergibt sich aus dessen Eintragung als Eigentümer im Grundbuch.[2] Somit kann K die Eintragungsbewilligung verlangen, wenn das Eigentum an den Grundstücken nicht B, sondern K, B und M als Miterbengemeinschaft zur gesamten Hand zusteht, § 2032. Das ist der Fall, wenn die Übertragung des Eigentums an den Grundstücken von M an B unwirksam war, diese also weiterhin zum Nachlass des V gehörten und mit der Wiederheirat der M als Eintritt eines Nacherbfalls gem. §§ 2139, 2032 auf eine aus K, B und M bestehende Miterbengemeinschaft übergegangen sind.

Die Verfügung der Mutter M über die Grundstücke könnte unwirksam sein, wenn M zu diesem Zeitpunkt Vorerbin war und somit den Verfügungsbeschränkungen des § 2113 unterlag. Das gemeinschaftliche Testament, zu dessen Errichtung M und V als Ehegatten

---

[1] Vgl. BGHZ 44, 367. Jeder Miterbe ist als Gesamthänder und Mitgläubiger nach § 2039 Satz 1 materiell berechtigt, einen Anspruch der Erbengemeinschaft geltend zu machen. Daneben gewährt die Vorschrift auch die Prozessführungsbefugnis für den Miterben und enthält damit einen Fall der *gesetzlichen Prozessstandschaft*, vgl. Palandt/*Edenhofer*, § 2039 Rn. 6.

[2] B durfte auch grundbuchrechtlich als Eigentümer ins Grundbuch eingetragen werden. Zwar ist gem. § 39 Abs. 1 GBO für eine solche Eintragung regelmäßig erforderlich, dass derjenige, dessen Recht durch die Eintragung betroffen wird, hier also M, als Berechtigter voreingetragen ist. Von dieser Regel macht § 40 Abs. 1 GBO jedoch eine Ausnahme, wenn der Betroffene Erbe des eingetragenen Berechtigten ist. Ihre Erbschaft konnte M gem. § 35 Abs. 1 S. 1 GBO durch Vorlegung des Erbscheins aus dem Jahre 1947, der sie als Alleinerbin auswies, nachweisen.

gem. § 2265 befugt waren,³ enthält zwei Klauseln, die die Anordnung einer Vor- und Nacherbschaft beinhalten könnten. Zum einen ist bestimmt, dass die Kinder sich im Todesfall des Letztverstorbenen mit dem begnügen sollen, was vom Nachlass übrig ist; andererseits soll im Fall der Wiederverheiratung der überlebende Ehegatte sich mit den Kindern nach den Regeln der gesetzlichen Erbfolge auseinandersetzen. Beide Klauseln können unterschiedlich ausgelegt werden und sind deshalb getrennt zu untersuchen.

a) Berliner Testament

Die erste Klausel bietet Raum für zwei Konstruktionsmöglichkeiten. Nach der einen liegt darin die Anordnung einer Vor- und Nacherbschaft gem. § 2100. Der Nachlass des V geht also zunächst auf M als Vorerbin und mit deren Tod auf die Kinder als Nacherben über, während M ihr eigenes Vermögen davon getrennt vererbt („**Trennungslösung**"). Nach der anderen Möglichkeit wird M bei dem Tod des V normale unbeschränkte Erbin („Vollerbin"). Bei ihrem eigenen Tod fällt dann der beiderseitige Nachlass an die Kinder als sog. Schlusserben. Nach dem Tod des V verschmilzt danach also sein Nachlass mit dem schon vorhandenen Vermögen der M zu einer einheitlichen Vermögensmasse, die den beiden Kindern beim Tod der M zufällt („**Einheitslösung**", sog. Berliner Testament).

Den beiden unterschiedlichen Konstruktionen entsprechen unterschiedliche materiellrechtliche Konsequenzen. So unterliegt der Vorerbe im Gegensatz zum Vollerben den Verfügungsbeschränkungen der §§ 2113 ff. Des Weiteren erwirbt der Nacherbe, nicht aber der Schlusserbe eine Nacherbenanwartschaft gem. § 2108 Abs. 2.⁴ Schließlich führt im Rahmen des Pflichtteilsrechts die Einheitslösung dazu, dass der Schlusserbe beim ersten Erbfall zunächst völlig enterbt wird und ihm deshalb, sofern er ein Abkömmling des Erblassers ist, lediglich sein Pflichtteilsrecht zusteht (§ 2303 Abs. 1).⁵ Bei der Trennungslösung hingegen können die zu Nacherben eingesetzten Abkömmlinge nach dem Tod des vorverstorbenen Ehegatten den Pflichtteil gem. § 2306 Abs. 2 i.V.m. § 2306 Abs. 1 Satz 2 nur dann geltend machen, wenn sie ihre Nacherbeneinsetzung ausschlagen.

Ob im Einzelfall von den Testierenden die Einheitslösung oder die Trennungslösung gewollt ist, muss zunächst durch Auslegung ermittelt werden; erst wenn diese ergebnislos bleibt, ist gem. § 2269 die Einheitslösung anzunehmen.⁶ Bei der Auslegung ist

---

³ Seit Inkrafttreten des LPartG am 1. 8. 2001 ist die Errichtung eines gemeinschaftlichen Testaments nicht mehr ausschließlich Ehegatten vorbehalten, sondern kann gem. § 10 Abs. 4 Satz 1 LPartG auch durch Lebenspartner im Sinne von § 1 Abs. 1 LPartG erfolgen. Auf ein gemeinschaftliches Testament von Lebenspartnern finden gem. § 10 Abs. 4 Satz 2 LPartG die §§ 2266 bis 2272 entsprechende Anwendung.
⁴ Vgl. Staudinger/*Kanzleiter*, § 2269 Rn. 14, 21.
⁵ Zum Schutz des überlebenden Ehegatten wird deshalb häufig eine Pflichtteilssanktionsklausel des Inhalts aufgenommen, dass ein Abkömmling, der bereits beim Tode des Erstversterbenden seinen Pflichtteil verlangt, auch nach dem Tode des Zweitversterbenden lediglich den Pflichtteil erhalten soll. Vgl. zu diesem Themenkreis *BGH* NJW 2006, 3064; *OLG Zweibrücken* ZEV 1999, 108 ff. mit Anm. *Loritz*, ZEV 1999, 187; *BayObLG* NJW-RR 2004, 654; *OLG München* NJW-RR 2008, 1034; *OLG Celle* ZEV 2010, 86; *Lübbert*, NJW 1988, 2706 ff.; *Wacke*, DNotZ 1990, 403 ff.
⁶ Ein gemeinschaftliches Testament, das diese Fallgestaltung enthält, wird üblicherweise als „Berliner Testament" bezeichnet. Zur Herkunft dieses Ausdrucks vgl. Fall 12 Fn. 10. Die Auslegungsregel des § 2269 findet gem. § 10 Abs. 4 Satz 2 LPartG auch auf gemeinschaftliche Testamente von Lebenspartnern Anwendung. Während bei gemeinschaftlichen Ehegattentestamenten jedoch üblicherweise die gemeinsamen Kinder als Schlusserben eingesetzt werden, kommt diese Konstellation bei gemeinschaftlichen Testamenten von Lebenspartnern insofern nicht in

ausschlaggebend, ob die Eheleute das beiderseitige Vermögen ersichtlich als Einheit angesehen haben.[7] Im vorliegenden Fall spricht für die Einheitslösung die Verwendung des Ausdrucks „gemeinsames Vermögen" sowie der Wille der Erblasser, den Überlebenden keinen Verfügungsbeschränkungen zu unterwerfen. Jedoch könnte damit auch die Einsetzung des Überlebenden zum befreiten Vorerben gem. § 2136 im Rahmen der Trennungslösung gemeint sein, vgl. § 2137 Abs. 1 und 2. Da es an weiteren Anhaltspunkten für eine Auslegung mangelt, ist gem. der gesetzlichen Auslegungsregel des § 2269 Abs. 1 anzunehmen, dass M für den Nachlass des V als **Vollerbin**, die beiden Kinder für den beiderseitigen Nachlass als **Schlusserben** eingesetzt sind.

b) Wiederverheiratungsklausel

Ähnliche Überlegungen sind bei der rechtlichen Qualifizierung der Wiederverheiratungsklausel anzustellen.[8] Auch durch diese Klausel kann die Anordnung einer Vor- und Nacherbschaft gewollt sein. Nacherbfall im Sinn des § 2139 ist dann nicht der Tod des überlebenden Ehegatten, sondern bereits dessen Wiederheirat. Mit diesem Ereignis soll schon zu Lebzeiten des überlebenden Ehegatten der Nachlass teilweise den Kindern zufallen, da durch die neue Ehe die Gefahr besteht, dass auch das Vermögen des Vorverstorbenen zur Versorgung der neuen Familie verwendet und die Kinder aus der alten Ehe vernachlässigt werden. Die Verfügung enthält demnach insgesamt sechs Anordnungen, und zwar für jeden der Ehegatten zum einen die Erbeinsetzung des jeweils anderen im Fall des eigenen Erstversterbens, zum anderen die Erbeinsetzung der gemeinsamen Kinder für den Fall des eigenen Überlebens und schließlich, bei Wiederheirat des anderen, die Bestimmung der Abkömmlinge als Nacherben des Erstversterbenden gem. § 2100 in Höhe ihrer gesetzlichen Erbteile.[9] Eine Trennung der Vermögensmassen der Ehegatten ist von diesen allerdings nur im Fall der Wiederverheiratung des Überlebenden und nur in Höhe der den Abkömmlingen zustehenden Erbquote beabsichtigt. Heiratet der überlebende Ehegatte dagegen nicht noch einmal, soll der beiderseitige Nachlass geschlossen nach dem Einheitsprinzip vererbt werden. Konstruktiv lässt sich diesem Regelungswillen der Eheleute auf unterschiedliche Weise Rechnung tragen.

Die h.M. nimmt in Höhe der den Kindern zustehenden gesetzlichen Erbquote eine Kombination von **auflösend bedingter Vollerbeneinsetzung** des überlebenden Ehegatten mit einer **aufschiebend bedingten Vor- und Nacherbeneinsetzung** an.[10] Nach dieser Auffassung ist der überlebende Ehegatte zunächst Vollerbe hinsichtlich des gesamten Nachlasses und bleibt es auch, wenn er nicht wieder heiratet. Mit der Wieder-

---

Betracht, als diese nach geltendem Recht wegen § 1742 keine gemeinschaftliche Elternschaft im Wege der Adoption erlangen können (s. hierzu *Kaiser*, JZ 2001, 617 (623 f.)).

[7] RGZ 113, 234 (240); BayObLGZ 1966, 49 (61), 408 (417). Demgegenüber kommt der bloßen *Bezeichnung* des Abkömmlings als Nacherbe keine entscheidende Bedeutung zu, vgl. *BGH* NJW 1983, 277 (278) mit zust. Anm. *Stürner*, JZ 1983, 149; *KG* RPfleger 1987, 111 (112); *BayObLG* FamRZ 1992, 1476.

[8] Zu den Gestaltungsmöglichkeiten bei Wiederverheiratungsklauseln vgl. ausführlich *Haegele*, RPfleger 1976, 73 ff. und Brambring/Jerschke/*Bengel/Reimann*, Beck'sches Notarhandbuch, 5. Aufl. 2009, C. V. 6.

[9] *Otte*, AcP 187 (1987), 603.

[10] St. Rspr. seit RGZ 156, 172 (180), vgl. die Nachweise bei *Dippel*, AcP 177 (1977), 349 (360 N. 57); zuletzt BGHZ 96, 198 (202 f.); aus der Lit. vgl. Staudinger/*Kanzleiter*, § 2269 Rn. 42; Soergel/*Wolf*, § 2269 Rn. 26; Palandt/*Edenhofer*, § 2269 Rn. 17; Reimann/Bengel/Mayer/*Mayer*, § 2269 Rn. 61; *Schlüter*, Rn. 349; *Simshäuser*, FamRZ 1972, 273 (274); *Haegele*, RPfleger 1976, 73 (75 f.).

verheiratung endigt seine Vollerbeneinsetzung in Höhe des gesetzlichen Erbteils der Abkömmlinge (§§ 2075, 158 Abs. 2). Gleichzeitig tritt die aufschiebende Bedingung der in dieser Höhe angeordneten Vor- und Nacherbschaft ein (§§ 2074, 158 Abs. 1). Darüber hinaus markiert dieses Datum auch den Nacherbfall selbst.[11] Dies führt zu dem Ergebnis, dass die Phase der Vorerbschaft überhaupt nicht entsteht: Die Kinder würden mit der erneuten Heirat ihrer Mutter Nacherben werden, ohne dass diese Vorerbin gewesen wäre, da sie bis zum Bedingungseintritt – ihrer Heirat – Vollerbin gewesen ist. Gemäß § 158 Abs. 1 dürfen nämlich die Wirkungen der Vorerbschaft nicht auf den Tod des erstverstorbenen Ehegatten zurückbezogen werden. Sie entstehen erst mit dem Eintritt der Bedingung selbst, hier also mit der Wiederverheiratung.[12] Gleichzeitig erlöschen sie aber auch wieder gem. § 2139 mit dem Eintritt des Nacherbfalles, also ebenfalls mit der Wiederverheiratung. Abgesehen von den konstruktiven Schwierigkeiten, denen auch mit dem Kunstgriff der juristischen Sekunde nicht zu begegnen ist, führt diese Auffassung noch zu einem weiteren Problem: Sieht man den überlebenden Ehegatten bis zur Wiederheirat in Bezug auf den gesamten Nachlass als Vollerben an, so unterliegt er im Gegensatz zum Vorerben keinen Verfügungsbeschränkungen. Folglich wären die Schlusserben vor Eingriffen des überlebenden Ehegatten in die Substanz des Nachlasses ungeschützt. Dies widerspräche aber dem Sinn der Wiederverheiratungsklausel, die gerade sicherstellen soll, dass den Kindern im Fall einer erneuten Heirat des überlebenden Ehegatten der ihnen zugedachte Anteil am Nachlassvermögen zu ihrer besseren Versorgung zufällt. Aus diesem Grunde sieht sich die h.M. gezwungen, die Verfügungsbeschränkungen des Vorerben gem. §§ 2113 ff. analog auch auf den nur bedingten Vorerben anzuwenden.[13]

Eine andere Meinung deutet die Wiederverheiratungsklausel demgegenüber als Anordnung einer **nicht aufschiebend, sondern lediglich auflösend bedingten Vor- und Nacherbschaft**.[14] Bei der vorliegenden Gestaltung der Klausel wird der Überlebende mit dem Tode des erstverstorbenen Ehegatten Vorerbe in Höhe der den Abkömmlingen zustehenden gesetzlichen Erbquote, im Übrigen Vollerbe. Mit seiner Wiederverheiratung tritt der Nacherbfall ein. Als Vorerbe ist der überlebende Ehegatte den Verfügungsbeschränkungen der §§ 2113 ff. unterworfen. Jedoch wird er dadurch in seiner wirtschaftlichen Bewegungsfreiheit nicht sinnwidrig eingeschränkt. Denn Verfügungen, die von den Schutzvorschriften der §§ 2113 ff. erfasst werden, sind nach § 2113 Abs. 1 nur „im Falle des Eintritts der Nacherbfolge insoweit unwirksam, als sie das Recht des Nacherben vereiteln oder beeinträchtigen" würden. Ihre Unwirksamkeit ist also bis zum Eintritt des Nacherbfalls hinausgeschoben; vorher sind sie grundsätzlich wirksam.[15] Ist die Bedingung der Wiederheirat endgültig ausgefallen – dies lässt sich erst beim Tod des überlebenden Ehegatten feststellen –, so ist dieser rückwirkend als Vollerbe des gesamten Nachlasses zu behandeln.[16] Das

---

[11] Kritisch zu dieser Konstruktion v. *Lübtow*, S. 919 N. 21.
[12] Eine Rückbeziehung kann gem. § 159 nur mit schuldrechtlicher, nicht mit dinglicher Wirkung erfolgen, vgl. *Leipold*, Rn. 480 N. 47.
[13] RGZ 156, 172 (181); offenlassend BGHZ 96, 198 (204); aus der Lit. vgl. Staudinger/*Kanzleiter*, § 2269 Rn. 43; *Stürner*, JZ 1983, 149 (150); *Haegele*, RPfleger 1976, 73 (75); *Simshäuser*, FamRZ 1972, 273 (274) m.w.N. Abl. MünchKomm/*Musielak*, § 2269 Rn. 58 f.; *Meier-Kraut*, NJW 1992, 143 (145); *Buchholz*, FamRZ 1985, 872 (883).
[14] MünchKomm/*Musielak*, § 2269 Rn. 54; *Leipold*, Rn. 480; *Zawar*, DNotZ 1986, 544 (545 f.); mit Vorbehalt *Stürner*, JZ 1983, 149 (150) („konsequente Logik").
[15] BGHZ 52, 269 (270); MünchKomm/*Grunsky*, § 2113 Rn. 9.
[16] Vgl. MünchKomm/*Musielak*, § 2269 Rn. 54; *Leipold*, Rn. 480; *ders.*, FamRZ 1988, 352 (353). Unbeschadet gleicher sachlicher Ergebnisse wird diese Begrifflichkeit teilweise abgelehnt

lässt sich konstruktiv bewältigen, indem man für die auf die Abkömmlinge entfallende Erbquote von einer Kombination aus auflösend bedingter Vorerbschaft und aufschiebend bedingter Vollerbeneinsetzung des überlebenden Ehegatten ausgeht, wobei die Bedingung dann darin besteht, dass dieser Ehegatte nicht wieder heiratet.[17] Tritt die Bedingung (keine Wiederverheiratung) ein, wird das Vermögen der Eheleute als einheitliche Vermögensmasse vererbt. Im Wiederverheiratungsfall fällt das Vermögen des erstversterbenden Ehegatten demgegenüber quotenmäßig den eingesetzten Nacherben zu. Auf diese Weise wird die zuletzt genannte Auffassung der Funktion der Wiederverheiratungsklausel gerecht und vermeidet gleichzeitig die Schwierigkeiten, mit denen sich die h.M. im Hinblick auf die Anwendung der §§ 2113 ff. auf den nur aufschiebend bedingten Vorerben konfrontiert sieht. Ihr ist daher – gegen die h.M. – der Vorzug zu geben.

Auf den vorliegenden Fall übertragen bedeutet dies, dass M bis zu ihrer neuerlichen Heirat in Höhe der gesetzlichen Erbquote von K und B Vorerbin bezüglich des Vermögens des V war, und zwar gem. §§ 2137, 2136 befreite Vorerbin, da sie nach dem Testament „die freie und unbeschränkte Disposition" über das gemeinsame Vermögen haben sollte.[18] Somit war sie zwar nicht der Verfügungsbeschränkung des § 2113 Abs. 1, wohl aber der des § 2113 Abs. 2 Satz 1 unterworfen. Die unentgeltliche Verfügung über einen Erbschaftsgegenstand durch M ist danach mit dem Eintritt des Nacherbfalls insoweit unwirksam, als sie das Recht des Nacherben vereiteln oder beeinträchtigen würde. Da ohne diese Verfügung die Grundstücke in das Eigentum der aus den Nacherben K und B sowie der quotenmäßig beschränkten Vollerbin M bestehenden Miterbengemeinschaft fallen würden, ist sie daher insgesamt unwirksam.

c) Gutgläubiger Erwerb kraft Erbscheins

Jedoch könnte B nach § 2366 i.V.m. § 2113 Abs. 3 aufgrund des öffentlichen Glaubens des Erbscheins gleichwohl Eigentum an den Grundstücken erworben haben.[19] Nach § 2366 gilt der Inhalt des Erbscheins, soweit die Vermutung des § 2365 reicht, als richtig, wenn jemand gutgläubig von demjenigen, der im Erbschein als Erbe bezeichnet ist, einen Erbschaftsgegenstand durch Rechtsgeschäft erwirbt. Geschützt werden dabei allerdings nur sog. Verkehrsgeschäfte, nicht jedoch Rechtsgeschäfte, die zwecks vorweggenommener Erbfolge oder zur Auseinandersetzung unter Miterben vorgenommen werden.[20] Im vorliegenden Fall waren M und B zwar gemeinsam mit K nach Eintritt des Nacherbfalls Miterben nach V. Die unentgeltliche Verfügung über die Grundstücke erfolgte aber schon vor dem Nacherbfall, also nicht zur Aus-

---

und stattdessen die auch in sprachlicher Hinsicht vollständige Identität dieser Konstruktion mit der Anordnung einer Vor- und Nacherbschaft im Sinne der §§ 2100 ff. betont. So insbesondere *Wilhelm*, NJW 1990, 2857 (2860 ff.); vgl. ferner *Lange/Kuchinke*, § 24 IV 3c ß; *Zawar*, FS Schippel (1996), S. 327 (336); *ders.*, DNotZ 1986, 544 (545).

[17] *Leipold*, Rn. 480; *Zawar*, NJW 1988, 16 (17).
[18] Ob eine nicht ausdrücklich angeordnete Befreiung dem Testament regelmäßig im Wege der Auslegung entnommen werden kann, ist str; vgl. BGHZ 96, 198 (204) (offenlassend); *Haegele*, RPfleger 1976, 73 (76) m.w.N. zum Meinungsstand. Dafür etwa Bamberger/Roth/*Litzenburger*, § 2136 Rn. 12.
[19] Zu den Besonderheiten des Erwerbs vom Nichtberechtigten nach §§ 2365 f. vgl. *Medicus/Petersen*, Rn. 568 ff.; *Wiegand*, JuS 1975, 283 ff.
[20] *OLG Hamm* FamRZ 1975, 510 (513 f.); MünchKomm/*Mayer*, § 2366 Rn. 11. Dieselbe Problematik kann auch im Rahmen des § 892 auftauchen, vgl. MünchKomm/*Kohler*, § 892 Rn. 33 ff. Im vorliegenden Fall ist § 892 unbeachtlich, da M nicht im Grundbuch eingetragen war.

einandersetzung der Miterbengemeinschaft. Auch wollte M nicht das Nacherbenrecht des B am Nachlass des V vorzeitig befriedigen. Somit liegt ein Verkehrsgeschäft vor.

Problematisch ist aber ferner, dass hier zwei Erbscheine mit widersprechendem Inhalt im Umlauf waren: Dem ersten Erbschein zufolge war M als befreite Vorerbin in ihren Verfügungen gem. § 2136 i.V.m. § 2113 Abs. 2 beschränkt, nach dem zweiten Erbschein aus dem Jahre 1947 war sie Alleinerbin. Beide Erbscheine waren weder eingezogen noch für kraftlos erklärt worden, also gem. § 2361 wirksam.

B konnte das Eigentum an den Grundstücken demnach nur gutgläubig erwerben, wenn der Erbschein aus dem Jahre 1947, der M als Alleinerbin auswies, öffentlichen Glauben entfaltete. Dann durfte B darauf vertrauen, dass M als Alleinerbin keinen – im Erbschein anzugebenden – Verfügungsbeschränkungen unterlag. Der öffentliche Glaube des Erbscheins nach § 2366 reicht so weit wie seine Vermutungswirkung gem. § 2365.[21] Diese Vermutungswirkung setzt mit der Erteilung des Erbscheins ein und dauert bis zu seiner Einziehung, Kraftloserklärung oder Herausgabe an das Nachlassgericht (vgl. §§ 2361, 2362) fort.[22] Dabei wirkt der Rechtsschein unabhängig davon, ob der Erbschein vorgelegt wird oder dem Erwerber überhaupt bekannt ist.[23] Die h.M. geht demnach davon aus,[24] dass beim Umlauf zweier, einander widersprechender Erbscheine, soweit der Widerspruch reicht, keiner von beiden die Vermutungswirkung des § 2365 zu entfalten vermag.

Dieser Auffassung ist indes nicht zu folgen. Sie kollidiert einerseits mit der detaillierten Regelung des § 2361, die im Einzelnen bestimmt, unter welchen Voraussetzungen ein im Umlauf befindlicher Erbschein kraftlos wird.[25] Sie wird andererseits dem Normzweck der §§ 2365, 2366, der auf den Ausgleich des typischen Interessenkonflikts zwischen dem Erhaltungsinteresse des wahren Erben und dem Vertrauensinteresse Dritter gerichtet ist, nicht gerecht: Für die Interessenlage macht es keinen Unterschied, wenn statt eines unrichtigen Erbscheins mehrere einander widersprechende Erbscheine umlaufen. Dies gilt selbst dann, wenn man (insoweit mit der h.M.) die Rechtsscheinswirkung des § 2366 unabhängig von der Vorlage des Erbscheins eingreifen lässt: **Potentieller** Rechtsscheinsträger ist ein Erbschein auch dann, wenn noch ein zweiter im Umlauf ist. Danach entfalteten beide Erbscheine öffentlichen Glauben i.S.v. § 2365.[26] Folglich konnte B kraft des öffentlichen Glau-

---

[21] Ganz h.M. Vgl. nur MünchKomm/*Mayer*, § 2366 Rn. 2; Soergel/*Zimmermann*, § 2366 Rn. 3 f. m.w.N. A.A. *Lindacher*, DNotZ 1970, 93 (100 f.).
[22] H.M. Vgl. nur MünchKomm/*Mayer*, § 2365 Rn. 3 m.w.N. A.A. *Lindacher*, DNotZ 1970, 93 (95 ff.): Es komme darauf an, ob die dem Erbschein zugrundeliegende Feststellung als Hoheitsakt des Nachlassgerichts durch die *Bekanntmachung* der Einziehungsverfügung oder des Kraftloserklärungsbeschlusses – die auch konkludent erfolgen könne – aufgehoben sei; dagegen *Herminghausen*, NJW 1986, 571 (571 f.).
[23] Vgl. Staudinger/*Schilken*, § 2366 Rn. 2 m.w.N. A.A. *Canaris*, Die Vertrauenshaftung im deutschen Privatrecht (1971), § 40 II 1; *Parodi*, AcP 185 (1985), 362 (365); *Wiegand*, JuS 1978, 145 (149 f.). Die h.M. ist nicht unproblematisch, da sie die Rechtsscheinwirkung des Erbscheins ohne Vertrauenstatbestand eintreten lässt.
[24] BGHZ 33, 314 (317); BGHZ 58, 105 (108); *BGH* FamRZ 1990, 1111 (1112); Staudinger/ *Schilken*, § 2366 Rn. 19; Soergel/*Zimmermann*, § 2366 Rn. 4; MünchKomm/*Mayer*, § 2366 Rn. 6; *Schlüter*, Rn. 595; *Brox/Walker*, Rn. 617.
[25] *Parodi*, AcP 185 (1985), 362 (373).
[26] Ebenso *Parodi*, AcP 185 (1985), 362 (372 f.); *Herminghausen*, NJW 1986, 571 (572); *Weiß*, RPfleger 1984, 389 (390); i.E. auch *Lindacher*, DNotZ 1970, 93 (101 f.). Bei mehreren, einander widersprechenden Verfügungen ist allerdings nur der Ersterwerber zu schützen.

bens des Erbscheins aus dem Jahre 1947 gem. §§ 2113 Abs. 3, 2366 gutgläubig Eigentum an den Grundstücken erwerben.

2. Ergebnis

Mit dem Eintritt des Nacherbfalls ist das Grundbuch nicht unrichtig geworden. Ein Grundbuchberichtigungsanspruch gem. § 894 gegen B auf Bewilligung der Eintragung der Miterbengemeinschaft bestehend aus K, B und M besteht daher nicht.

II. Anspruch auf Rückübereignung

In Betracht kommt aber auch noch ein Anspruch der Erbengemeinschaft auf **Rückübereignung** der Grundstücke, der sich aus bereicherungs- oder deliktsrechtlichen Vorschriften ergeben kann.[27]

1. Bereicherungsrecht

Möglicherweise kann K nämlich das Eigentum des B für die Miterbengemeinschaft kondizieren. Ein Anspruch aus § 812 Abs. 1 Satz 1 Alt. 1 scheitert indes an der fehlenden Leistungsbeziehung im Verhältnis zu B. Nach dessen Empfängerhorizont übereignete M als Alleineigentümerin und nicht als Teil der Erbengemeinschaft. Eine Nichtleistungskondiktion gem. § 812 Abs. 1 Satz 1 Alt. 2 wiederum ist durch die vorrangige Leistungsbeziehung zwischen M und B gesperrt. Dies gilt jedoch nicht für den Sonderfall der Eingriffskondiktion aus § 816 Abs. 1 Satz 2.[28] Hiernach kann der Berechtigte vom Erwerber die Herausgabe seiner Bereicherung verlangen, wenn diese auf der unentgeltlichen Verfügung eines Nichtberechtigten beruht. Obwohl M befreite Vorerbin war, unterlag sie der Verfügungsbeschränkung des § 2113 Abs. 2. Bezüglich der Übereignung der Grundstücke hatte sie also keine Verfügungsmacht. Die von M als Nichtberechtigte dennoch vorgenommene Verfügung wiederum beruhte mit der Schenkung auf einem unentgeltlichen Rechtsgeschäft und war wegen der Rechtsscheinswirkung des Erbscheins gem. § 2366 wirksam. K kann deshalb für die Miterbengemeinschaft von B Rückübereignung der Grundstücke aus § 816 Abs. 1 Satz 2 verlangen.

2. Deliktsrecht

Schließlich kommt auch ein Anspruch aus § 823 Abs. 1 i.V.m. § 249 Abs. 1 in Betracht. B wäre dann im Zuge der Naturalrestitution verpflichtet, die Grundstücke zurück zu übereignen. Durch den Eigentumserwerb des B wurde das Eigentum der Miterbengemeinschaft an den Grundstücken zwar verletzt. Das kausale Verletzungsverhalten des B könnte in einem etwaigen Eintragungsantrag gem. § 13 GBO liegen. Dieses Verhalten ist jedoch nicht rechtswidrig gewesen, da er wirksam über § 2366 Eigentum erwerben konnte. Ein Anspruch aus Deliktsrecht scheidet somit aus.

3. Ergebnis

Als Gesamtergebnis ergibt sich, dass K gegen B gem. § 816 Abs. 1 Satz 2 einen Anspruch auf Rückübereignung der Grundstücke geltend machen kann.

---

[27] Vgl. hierzu *Baur/Stürner*, Sachenrecht, 18. Aufl. 2009, § 18 C I 4.
[28] Zur Rückabwicklung des gutgläubigen Erwerbs über § 816 Abs. 1 Satz 2 vgl. BGHZ 81, 395 (396 f.).

Fall 14. Abgrenzung von Teilungsanordnung und Vorausvermächtnis

Teilauseinandersetzung – Testamentsanfechtung – Bindungswirkung wechselbezüglicher Verfügungen im gemeinschaftlichen Testament

Sachverhalt

Die Eheleute M und F sind zu gleichen Teilen Eigentümer eines unbelasteten Grundstücks im Wert von € 50.000,–. Dort betreiben sie eine Gärtnerei. Ihr übriges Vermögen besteht aus einem „Oder"-Konto mit einem Guthaben von € 30.000,– sowie aus der Briefmarkensammlung des M im Wert von € 10.000,–.

Am 24. 12. 2004 bestimmen sie in einem von M geschriebenen und von M und F unterschriebenen Testament: „Wenn einer von uns stirbt, soll der Überlebende sein Alleinerbe sein. Wenn auch dieser stirbt, sollen unsere drei Söhne A, B und C zu gleichen Teilen alles erben. Unser Grundstück soll jedoch A in Anrechnung auf seinen Erbteil allein bekommen und die Gärtnerei in unserem Geiste weiterführen. Zum Ausgleich sollen B und C jeweils noch € 10.000,– von ihm erhalten."

Am 1. 1. 2005 stirbt F. M nimmt die Erbschaft an. Die drei Söhne stellen keine Ansprüche.

Im November 2006 beginnt auch M, der die Gärtnerei weitergeführt hatte, zu kränkeln. Er bittet daraufhin den A brieflich, bereits jetzt die Gärtnerei zu übernehmen. A, der ein lukratives Auskommen als Investmentbanker gefunden hat, zögert. M ist über das zaudernde Verhalten seines Sohnes sehr verärgert. Er errichtet deshalb am 15. 11. 2006 das folgende, eigenhändig geschriebene und unterschriebene Testament: „Mein Sohn A ist sich offensichtlich für den Beruf des Gärtners zu schade. Er soll das Grundstück deshalb nicht bekommen!".

M stirbt am 24. 11. 2006.

A ist nun bereit, die Gärtnerei zu übernehmen und die vorgesehenen Beträge an B und C zu zahlen. Sein Zögern im November sei bei einer so wichtigen persönlichen Entscheidung sachlich begründet gewesen. Seiner Ansicht nach habe M die am 24. 12. 2004 getroffene Anordnung im November 2006 gar nicht mehr aufheben können. Vorsorglich fechte er die Anordnung des M vom 15. 11. 2006 aber gegenüber B und C an. Diese widersprechen dem Vortrag des A. Im Übrigen sei die von A gewollte beschränkte Auseinandersetzung des Nachlasses gar nicht möglich.

Frage: Ist der Anspruch des A auf Übertragung des Grundstücks gegen Zahlung der vorgesehenen Ausgleichsbeträge begründet?

Ausgangsfälle:

BGH 14. 3. 1984 (IVa ZR 87/82) NJW 1985, 51;

BGH 23. 5. 1984 (IVa ZR 185/82) FamRZ 1985, 62;

BGH 28. 1. 1987 (IVa ZR 191/85) FamRZ 1987, 475.

Fall 14. Abgrenzung von Teilungsanordnung und Vorausvermächtnis

Lösung

I. Miterbenstellung des A und Zuweisung des Grundstückes durch Teilungsanordnung

Das Verlangen des A könnte gem. § 2042 Abs. 1 i.V.m. § 2048 Satz 1 begründet sein, wenn er neben B und C Miterbe nach dem zuletzt verstorbenen Ehegatten M wurde und ihm das Grundstück durch eine Teilungsanordnung des M zugewiesen worden ist.

1. Erbfolge nach M

Die Eheleute M und F haben sich in dem gemeinschaftlichen Testament vom 24. 12. 2004 gegenseitig zu Alleinerben und ihre drei Söhne A, B und C zu je einem Drittel als Schlusserben nach dem zuletzt Versterbenden eingesetzt (§§ 2265, 2267, 2269 Abs. 1).[1]

2. Abgrenzung von Teilungsanordnung und Vorausvermächtnis

a) Teilungsanordnung

Gemäß § 2048 Satz 1 kann der Erblasser durch letztwillige Verfügung Teilungsanordnungen in Bezug auf die Auseinandersetzung einer Miterbengemeinschaft treffen. Teilungsanordnungen berühren die gesamthänderische Zuordnung der einzelnen Nachlassgegenstände zu der aus den Miterben gebildeten Miterbengemeinschaft nicht.[2] Sie geben jedem Miterben lediglich einen schuldrechtlichen Anspruch gegen die anderen auf Beachtung des vorgeschriebenen Teilungsmodus bei der entsprechend ihren Erbquoten durchzuführenden Auseinandersetzung des Nachlasses.[3]

b) Vorausvermächtnis

Das Rechtsinstitut der Teilungsanordnung ist abzugrenzen von demjenigen des Vorausvermächtnisses (§ 2150). Die Besonderheit des Vorausvermächtnisses liegt darin, dass der Vermächtnisnehmer, also derjenige, dem ein Vermögensvorteil zugewendet wird (§ 1939), zugleich Allein- oder Miterbe ist. Seine erbrechtliche Stellung ist in vieler Hinsicht günstiger als diejenige eines Miterben, dem ein Gegenstand lediglich durch eine Teilungsanordnung zugewiesen wird:

Als Vermächtnisnehmer ist er zunächst vorweg aus dem Nachlass zu befriedigen (§§ 1967 Abs. 2, 2046, 2047). Anschließend nimmt er mit seiner Erbquote an der Auseinandersetzung des Restnachlasses teil. Der Begünstigte kann also auf Grund eines Vorausvermächtnisses bereits vom Anfall des Vermächtnisses an, d.h. grundsätzlich mit Eintritt des Erbfalls (§ 2176), die Leistung verlangen, wohingegen eine Teilungsanordnung in der Regel erst nach der Erfüllung der Nachlassverbindlichkeiten (§§ 2046 Abs. 1, 2047 Abs. 1) im Rahmen der Erbauseinandersetzung vollzogen wird. Der Vorausvermächtnisnehmer ist weiterhin berechtigt, das Vorausvermächtnis auszuschlagen (§ 2180), während ihn eine Teilungsanordnung des Erblassers binden würde. Das Vorausvermächtnis unterfällt ferner im Zweifel nicht dem Nacherbenrecht (§ 2110 Abs. 2). Schließlich kann es im Gegensatz zur Teilungsanordnung an

---

[1] Vgl. zu der von den Ehegatten hier unzweifelhaft gewollten Einheitslösung auch Fall 13.
[2] Vgl. dazu Palandt/*Edenhofer*, § 2048 Rn. 4; MünchKomm/*Ann*, § 2048 Rn. 8.
[3] Palandt/*Edenhofer*, § 2048 Rn. 4; *Kipp/Coing*, § 44 III; *Brox/Walker*, Rn. 524.

der Bindungswirkung von Erbverträgen und gemeinschaftlichen Testamenten teilhaben (§§ 2278 Abs. 2, 2270 Abs. 3).[4]

c) **Auslegung des gemeinschaftlichen Testaments**

Grundsätzlich dienen Teilungsanordnungen gewissermaßen der technischen Durchführung der Erbauseinandersetzung, während Vorausvermächtnisse wertmäßige Gewichtsverschiebungen unter den Miterben bewirken sollen.[5] Ob eine Teilungsanordnung oder ein Vorausvermächtnis vorliegt, muss durch Auslegung festgestellt werden (§ 133).

Die von M als Erblasser der Schlusserben in dem gemeinschaftlichen Testament gewählte Formulierung, A solle in Anrechnung auf seinen Erbteil das Grundstück allein bekommen und zum Ausgleich B und C jeweils € 10.000,– zahlen, bietet dabei Raum für mehrere Konstruktionsmöglichkeiten:

Es könnte sich einerseits um eine reine **Teilungsanordnung** handeln. A erhielte danach das Grundstück gem. § 2048 Satz 1 kraft Auseinandersetzungsanordnung bei der Teilung unter Anrechnung auf seine Erbquote. Die damit eintretende überquotale Begünstigung in Höhe von € 20.000,– (auf Grund seiner Erbquote steht A statt € 50.000,– nur 1/3 des Nachlasswertes von € 90.000,– = € 30.000,– zu) wird durch die in der Teilungsanordnung vorgesehenen Ausgleichszahlungen zugunsten von B und C ausgeglichen.[6]

Die Klausel könnte andererseits auch so gedeutet werden, dass A das Grundstück als doppelt aufschiebend bedingtes **Vorausvermächtnis** erhält: unter der Bedingung, dass er sich den Vermächtniswert auf seinen Erbteil anrechnen lässt[7] und unter der weiteren Bedingung, dass er an B und C jeweils € 10.000,– zahlt (§§ 2150, 2177).[8]

Schließlich ist auch eine **Kombination** von Teilungsanordnung und Vorausvermächtnis denkbar:[9] Die Zuweisung des Grundstücks an A erfolgt gem. § 2048 Satz 1 durch Teilungsanordnung unter Anrechnung auf seinen Erbteil. Bezüglich der überquotalen Begünstigung in Höhe von € 20.000,– besteht zu seinen Gunsten ein – durch die Zahlung

---

[4] Zu den weiteren Unterschieden der beiden Rechtsinstitute und den damit verbundenen rechtlichen Konsequenzen vgl. auch MünchKomm/*Ann*, § 2048 Rn. 18; *Schlüter*, Rn. 898; *Kipp/Coing*, § 44 II 3; *Coing*, JZ 1962, 529 (530); *Mattern*, DNotZ 1963, 450 (454 ff.); *Loritz*, NJW 1988, 2697 (2699).

[5] BGHZ 36, 115 (119).

[6] In Teilungsanordnungen ist auch die Anordnung solcher Ausgleichszahlungen möglich, vgl. BGHZ 82, 274 (279); *BGH* FamRZ 1985, 62 (63); *BGH* NJW 1985, 51 (52); *BGH* FamRZ 1987, 475 (476); zust. *Leipold*, Rn. 748. Der Erblasser kann den Bedachten jedoch nicht dazu verpflichten, diese Ausgleichszahlungen aus seinem *Privatvermögen* vorzunehmen (*Eidenmüller*, JA 1991, 150 (155 N. 42); a.A. BGHZ 82, 274 (279); *BGH* FamRZ 1985, 62 (63)). Vielmehr hat er insoweit nur die Möglichkeit, die betreffende Teilungsanordnung unter eine entsprechende aufschiebende Bedingung zu stellen. In diesem Sinne wird man auch die Testamentsklausel im vorliegenden Fall interpretieren können.

[7] Vgl. dazu *BGH* Urteil v. 5. 3. 1975 bei *Johannsen*, WM 1977, 270 (276). Konstruktiv kann die *Anrechnungsbestimmung* ihrerseits auch als Teilungsanordnung angesehen werden; die *Grundstückszuweisung* erfolgt jedoch auch dann durch das Vorausvermächtnis. So noch *BGH* LM § 2048 Nr. 5a und treffend *John*, Rn. 481; ebenso MünchKomm/*Schlichting*, § 2150 Rn. 6; *Dieckmann*, FS Coing Bd. I (1982), S. 53 (64); *Mattern*, DNotZ 1963, 450 (463). Insoweit a.A. Staudinger/*Otte*, § 2150 Rn. 9; *Lange/Kuchinke*, § 29 V 1 d δ (2); *Coing*, JZ 1962, 529 (533).

[8] Vgl. dazu *BGH* Urteil v. 5. 3. 1975 bei *Johannsen*, WM 1977, 270 (276) und *John*, Rn. 482. Konstruktiv kann die *Ausgleichszahlungspflicht* auch als Untervermächtnis angesehen werden, §§ 2147 Satz 1 Alt. 2, 2186.

[9] Zu dieser Konstruktion vgl. *BGH* NJW 1985, 51 (52); *BGH* FamRZ 1985, 62 (63); *BGH* FamRZ 1987, 475 (476) und *John*, Rn. 481.

Fall 14. Abgrenzung von Teilungsanordnung und Vorausvermächtnis

von jeweils € 10.000,– an B und C aufschiebend bedingtes[10] – Vorausvermächtnis (§ 2150) als **Wertvermächtnis**, mit dem im Innenverhältnis der Miterben nur B und C beschwert sind.[11] Nimmt A die Erbschaft und das Vorausvermächtnis an, so würde sein vermächtnisrechtlicher Anspruch auf Verschaffung dieses Mehrwertes dadurch erfüllt, dass er bei der Auseinandersetzung des Nachlasses das durch die Teilungsanordnung zugewiesene Grundstück gegen Leistung der vorgesehenen Ausgleichszahlungen erhält.

Fraglich ist nun, welche Kriterien zur Entscheidung zwischen den einzelnen Konstruktionsmöglichkeiten heranzuziehen sind.

Ein Vermächtnis setzt gem. § 1939 voraus, dass der Erblasser dem Bedachten einen Vermögensvorteil zuwendet. Unter einer Zuwendung ist die willentliche Übertragung eines Gegenstands zu verstehen.[12] Der Bedachte muss demnach einen **objektiven Vermögensvorteil** erhalten, und die Zuweisung dieses Vermögensvorteils muss in subjektiver Hinsicht von einer entsprechenden **Begünstigungsabsicht** des Verfügenden getragen sein.

Ursprünglich legte der BGH den Begriff des Vermögensvorteils weit aus und ließ bereits das Recht eines Miterben zur Übernahme eines bestimmten Nachlassgegenstands gegen volle Anrechnung auf seinen Erbteil bzw. entsprechende Ausgleichszahlungen an die anderen Miterben genügen.[13] In der Folgezeit schien die Rechtsprechung dann zu einer etwas strengeren Sichtweise zu tendieren und im Vergleich mit der durch die Erbquoten festgelegten Beteiligung am Nachlass eine **objektive Wertverschiebung** für das Vorliegen eines Vorausvermächtnisses zu fordern.[14] Jedoch ist der BGH mittlerweile ausdrücklich zu seiner großzügigen Interpretation des Vermögensvorteils zurückgekehrt.[15] Er billigt dem Kriterium der objektiven Wertverschiebung nur noch eine Indizwirkung zu,[16] bei deren Fehlen ein Vorausvermächtnis zugunsten eines Miterben nicht von vornherein ausscheiden soll.[17] Entscheidend für die Annahme eines Vorausvermächtnisses ist nach Ansicht des BGH nunmehr (wieder) die vom Erblasser gewollte Verteilung des Nachlasses.[18]

Auf der Grundlage dieser Rechtsprechung wäre demnach zu fragen, ob M den A durch die Zuweisung des Grundstücks trotz voller Anrechnung auf dessen Erbteil sowie der von ihm zu leistenden Ausgleichszahlungen mit einem Vermögensvorteil begünstigen wollte. Bei der Zuwendung von unvertretbaren Realwerten erscheint dies zumindest nicht von vornherein ausgeschlossen.[19]

---

[10] Vgl. Fn. 8.
[11] Auch in diesem Fall liegt nach der Legaldefinition des § 2150 noch ein Vorausvermächtnis vor. Die Fiktion des § 2150 ist dann allerdings ohne Bedeutung, da in diesem Fall mangels *gemeinschaftlicher* Nachlassverbindlichkeit eine gesamtschuldnerische Haftung des A nicht besteht, A also nicht sein eigener Schuldner ist, §§ 2046 Abs. 2, 2058; vgl. Palandt/*Edenhofer*, § 2150 Rn. 2 und § 2059 Rn. 8; *Johannsen*, WM 1972, 866 (870).
[12] *Eidenmüller*, JA 1991, 150 (154); *Mattern*, DNotZ 1963, 450 (461).
[13] Grundlegend BGHZ 36, 115 (117); *BGH* LM § 2048 Nr. 5 und 5a. Zust. die h.L., vgl. Staudinger/*Otte*, § 2150 Rn. 11; MünchKomm/*Schlichting*, § 2150 Rn. 6; Soergel/*Wolf*, § 2048 Rn. 9; *Mattern*, DNotZ 1963, 450 (460). A.A. *Kipp/Coing*, § 44 II 4; *Grunsky*, JZ 1963, 250 (252).
[14] *BGH* NJW 1985, 51 (52); *BGH* FamRZ 1985, 62 (63); *BGH* FamRZ 1987, 475 (476).
[15] *BGH* ZEV 1995, 144 (145).
[16] *Skibbe*, ZEV 1995, 145.
[17] *BGH* ZEV 1995, 144 (145).
[18] *BGH* NJW 1998, 682. Zust. die h.L., vgl. Staudinger/*Otte*, § 2150 Rn. 10; MünchKomm/*Schlichting*, § 2150 Rn. 9; *Lange/Kuchinke*, § 29 V 1 d δ (2); Palandt/*Edenhofer*, § 2048 Rn. 6.
[19] *BGH* LM § 2048 Nr. 5a; zust. *Mattern*, DNotZ 1963, 450 (460); *Johannsen*, WM 1972, 866 (866 f.) (für den Fall eines höheren „Dauerwertes" des Gegenstandes). A.A. *Kipp/Coing*, § 44 II 4; *Grunsky*, JZ 1963, 250 (251 f.).

Diese sehr weitgehende Rechtsprechung des BGH ist jedoch bedenklich. Denn der Wortlaut des § 1939 spricht dafür, einen Vermögensvorteil nur dann anzunehmen, wenn der bedachte Erbe durch die Zuweisung eines einzelnen Gegenstands **wirtschaftlich** bessergestellt wird.[20] An dieser wirtschaftlichen Besserstellung fehlt es jedoch bei demjenigen, der lediglich einen Gegenstand für einen anderen, objektiv gleichwertigen erhält. Zwar ist es in Zeiten geringer Geldwertstabilität denkbar, dass der Erwerb eines unvertretbaren Sachwertes – z.B. eines Grundstücks – selbst dann als vorteilhaft angesehen wird, wenn dafür ein dem gegenwärtigen Verkehrswert entsprechender Betrag zu zahlen ist. Es ist aber auch möglich, dass bei fallenden Immobilienpreisen gerade die entgegengesetzte Einschätzung besteht.[21] Einen wirtschaftlichen Vorteil trotz Anrechnung des Verkehrswertes auf die Erbquote bzw. entsprechender Ausgleichszahlungen erlangt der bedachte Miterbe nur in den seltenen Fällen, in denen der Erwerb des Gegenstandes für ihn – etwa auf Grund von Synergieeffekten – einen über den Verkehrswert hinausgehenden wirtschaftlichen Nutzen besitzt. Die Legaldefinition der Auflage in § 1940 steht dieser engen Auslegung des Vermögensvorteils nicht entgegen. Wenn in § 1940 von einem Recht auf die Leistung die Rede ist, heißt dies nicht, dass auch bei § 1939 der Begriff des Vermögensvorteils mit demjenigen der Leistung identisch ist, also alles umfasst, was Gegenstand eines Anspruchs sein kann. Der Gesetzgeber hat vielmehr ausdrücklich zwischen dem Begriff des Vermögensvorteils und dem der Leistung differenziert. Potentieller Gegenstand eines Vermächtnisses ist eben nur ein Vermögensvorteil und nicht schlechthin jede Leistung. Schließlich weist auch § 2049 Abs. 1 in die hier angedeutete Richtung. Diese Vorschrift regelt den besonderen Fall des Rechts auf Übernahme eines Landgutes. Dieses soll im Zweifel mit dem Ertragswert angesetzt werden, der regelmäßig unter dem Verkehrswert liegt.[22] Nur in diesem **Spezialfall** kann daher bei einem bloßen Übernahmerecht von dem Vorliegen eines Vermögensvorteils ausgegangen werden. Im Regelfall impliziert eine solche **rechtliche** Besserstellung des Bedachten aber gerade noch keinen **wirtschaftlichen** Vermögensvorteil.[23] Wenn der Erblasser anordnet, dass der zugewiesene Gegenstand voll mit seinem Verkehrswert auf den Erbteil des Bedachten angerechnet werden soll bzw. entsprechende Ausgleichszahlungen an die übrigen Miterben zu erfolgen haben, ist eine Teilungsanordnung ihrer **Typizität** nach das passende Rechtsinstitut. Der Gesichtspunkt der nur technischen Durchführung der Erbauseinandersetzung steht dann im Vordergrund.

Auch die Annahme eines Vorausvermächtnisses als Wertvermächtnis hinsichtlich der überquotalen Begünstigung des Bedachten kann daher nicht überzeugen. Dass diese Konstruktion zudem in rechtstechnischer Hinsicht problematisch ist, wird deutlich, wenn der Bedachte die Erbschaft, nicht aber das Vermächtnis ausschlägt. Da die Teilungsanordnung, mit der ihm ein bestimmter Gegenstand zugewiesen wird, in diesem

---

[20] *Eidenmüller*, JA 1991, 150 (152); *Grunsky*, JZ 1963, 250 (251); *Strohtmann*, Jura 1982, 349 (356).

[21] *Eidenmüller*, JA 1991, 150 (152).

[22] Während in den letzten Jahrzehnten die Erträge landwirtschaftlicher Betriebe stagnierten, stieg der Verkehrswert der zugehörigen Flächen gerade in Stadtnähe oftmals sprunghaft an. Da mit den üblichen Schwankungen des Verkehrswertes Rechtsunsicherheit verbunden ist und zudem die Gefahr besteht, dass ein unverhältnismäßig hoher Verkehrswert im Hinblick auf die Auseinandersetzung den Übernehmenden daran hindern würde, das Landgut als solches fortzuführen, hat sich der Gesetzgeber für den Ertragswert als Bewertungsgrundlage entschieden, vgl. MünchKomm/*Damrau*, Art. 137 EGBGB Rn. 1.

[23] *Eidenmüller*, JA 1991, 150 (151); *Grunsky*, JZ 1963, 250 (251 f.). Anders verhält es sich aber, wenn der Bedachte das Recht zum Ankauf unter Wert hat, vgl. *BGH* NJW 2001, 2883.

Fall 14. Abgrenzung von Teilungsanordnung und Vorausvermächtnis

Fall gegenstandslos ist, müsste er als berechtigt angesehen werden, gem. § 2176 vorab den hypothetischen überquotalen Mehrwert in Geld abzüglich der vorgesehenen Ausgleichszahlungen zu verlangen.[24] Indes ließe sich die Höhe des Wertvermächtnisses als Nachlassverbindlichkeit i.S.v. § 2046 Abs. 1 erst beziffern, nachdem alle übrigen Nachlassverbindlichkeiten, insbesondere auch die nach dem Erbfall entstehenden Nachlasskostenschulden,[25] beglichen wurden. Die Erfüllung des Vorausvermächtnisses wäre i.S.v. § 2177 aufschiebend durch die Nachlassauseinandersetzung bedingt und damit die vom Gesetz gewollte Reihenfolge der Abwicklung umgekehrt. Die Rechtsfigur des **Wertvermächtnisses** ist daher **abzulehnen**.

Kam es dem Erblasser bei seiner Verfügung trotz des Fehlens eines objektiven Vermögensvorteils aber gerade auf die besonderen Rechtsfolgen eines Vermächtnisses an,[26] ist – um diesem Willen gerecht zu werden – allerdings noch die Annahme eines Vorausvermächtnisses im Wege einer **teleologischen Extension** des § 1939 zu erwägen.[27] Mit der Zuweisung des Grundstücks an A ging es M und F darum, den Fortbestand ihres Familienunternehmens sicherzustellen. Aus diesem Grund bedachten sie ihren Sohn A, da er ihnen am besten geeignet erschien, die Gärtnerei in ihrem Sinne weiterzuführen. M ging überdies davon aus, diese Einzelzuweisung als überlebender Ehegatte testamentarisch – wie am 15. 11. 2006 geschehen – widerrufen zu können. Dieser Weg wäre ihm bei einem Vorausvermächtnis, das gem. § 2270 Abs. 3 i.V.m. § 2271 der Bindungswirkung wechselbezüglicher Verfügungen unterliegen kann, versperrt. Teil des Nachlasses war weiterhin ein Oder-Konto mit einem Guthaben von € 30.000,–, so dass keine Gefahr drohte, das Grundstück vor der Auseinandersetzung zur Tilgung von Nachlassverbindlichkeiten gem. § 2046 Abs. 3 versilbern zu müssen. Auch aus diesem Grund bestand keine Notwendigkeit für ein Vermächtnis. Ein Vorausvermächtnis wäre schließlich aber das geeignete Rechtsinstitut, wenn M und F bei der Errichtung ihres Testament daran gelegen war, dem A das Grundstück möglichst schnell zukommen zu lassen, um so eine unwirtschaftliche, gemeinschaftliche Verwaltung der Gärtnerei durch alle Miterben gem. § 2038 zu verhindern. Beide Eheleute konnten indes davon ausgehen, dass die Abwicklung des Nachlasses angesichts der wenigen Vermögensgegenstände, die sie vererben wollten, nur eine kurze Zeit in Anspruch nehmen würde. Darüber hinaus kann ihrem Willen auch durch eine vorrangige Teilauseinandersetzung entsprochen werden,[28] ohne dass sie auf ein Vorausvermächtnis angewiesen wären. Die Auslegung ihres Testaments bietet demnach keine Anhaltspunkte dafür, dass M und F mit der Einzelzuweisung der Gärtnerei ein Vermächtnis beabsichtigt haben. Für eine teleologische Extension des § 1939 bleibt insoweit kein Raum.

Nach alledem ist die Verfügung des M nur als **Teilungsanordnung** aufrechtzuerhalten. Wegen der überquotalen Begünstigung des A i.H.v. € 20.000,– könnte es sich um eine sog. wertverschiebende Teilungsanordnung handeln,[29] durch die A mehr erhielte, als ihm nach seiner Erbquote gebührt. Eine solche Rechtsfigur ginge jedoch über die

---

[24] Ebenso *Rudolf*, FamRZ 1985, 63 (64).
[25] Vgl. hierzu *Schlüter*, Rn. 1060. Hierzu zählen beispielsweise die Kosten der Todeserklärung (§ 34 Abs. 2 VerschG, § 128 KostO), der Testamentseröffnung (§ 348 FamFG, § 102 KostO) und der gerichtlichen Nachlasssicherung (§ 1960, § 104 KostO).
[26] Vgl. o. im Text Abschnitt I. 2. b).
[27] *Eidenmüller*, JA 1991, 150 (153); *Loritz*, NJW 1988, 2697 (2703 ff.); *Bürger*, MDR 1986, 445 (447).
[28] Vgl. u. im Text Abschnitt II.
[29] Vgl. *BGH* LM § 2048 Nr. 5.

Grenzen einer Teilungsanordnung hinaus, die nur dazu dient, innerhalb bestehender Erbquoten die Auseinandersetzung zwischen den Miterben zu regeln. Will der Erblasser dagegen einen seiner Erben über dessen Quote hinaus begünstigen, muss er ein Vorausvermächtnis anordnen. Wertverschiebende Teilungsanordnungen sind abzulehnen.[30] Im vorliegenden Fall war in dem Testament überdies eine Ausgleichspflicht hinsichtlich des Mehrwerts vorgesehen, so dass es bereits an einer entsprechenden Wertverschiebung fehlt. Da M wegen der Anrechnungsbestimmung und der angeordneten Ausgleichszahlungen dem A keinen Vermögensvorteil zugewendet hat, ist seine Verfügung demnach im Ergebnis als reine Teilungsanordnung i.S. des § 2048 Satz 1 zu qualifizieren. Gemäß § 2042 Abs. 1 i.V.m. § 2048 Satz 1 hätte A deshalb einen schuldrechtlichen Anspruch gegen B und C auf die Wahl eines Auseinandersetzungsmodus, in dessen Vollzug ihm die Miterbengemeinschaft das Grundstück gegen Anrechnung auf seinen Erbteil und zusätzliche Zahlungen von je € 10.000,– an B und C zu Eigentum überträgt (§§ 873, 925).[31]

2. Widerruf der Teilungsanordnung

M hat allerdings am 15. 11. 2006 die Zuweisung des Grundstücks an A in der Form des § 2247 widerrufen. Nach der von M und F gewählten Einheitslösung (§ 2269) war mit dem Vorversterben der F eine Verschmelzung ihrer beider Vermögen in der Person des M eingetreten. Damit wurde die Teilungsanordnung der F gegenstandslos, da sie nur für den Fall getroffen worden war, dass F selbst Erblasserin der Schlusserben A, B und C werden sollte. Es existierte nur mehr die Teilungsanordnung des M. Diese Teilungsanordnung könnte M durch das formgerechte Widerrufstestament vom 15. 11. 2006 gem. §§ 2253, 2254 rechtswirksam widerrufen haben.[32]

a) Unwirksamkeit des Widerrufs gem. § 2271 Abs. 2

Fraglich ist allerdings, ob die Vorschrift des § 2271 Abs. 2 dem entgegensteht. Nach dem Tod der F war M gem. § 2271 Abs. 2 i.V.m. 2271 Abs. 1 an die von ihm getroffenen wechselbezüglichen Verfügungen in dem gemeinschaftlichen Testament der Ehegatten gebunden. Mangels weiterer Anhaltspunkte ist nach der Auslegungsregel des § 2270 Abs. 2 Alt. 2 davon auszugehen, dass die Erbeinsetzung des M durch F mit der Erbeinsetzung der Schlusserben A, B und C durch M im Verhältnis der Wechselbezüglichkeit steht. Die Vorschrift des § 2270 Abs. 1 und damit auch diejenige des § 2270 Abs. 2 finden jedoch gem. § 2270 Abs. 3 auf andere Verfügungen als Erbeinsetzungen, Vermächtnisse oder Auflagen keine Anwendung, gelten also nicht für Teilungsanordnungen, selbst wenn diese von den Erblassern als wechselbezüglich „gewollt" sein sollten.[33]

---

[30] BGHZ 82, 274 (279); *BGH* NJW 1985, 51 (52); *BGH* FamRZ 1985, 62 (63); *BGH* FamRZ 1987, 475 (476); *BGH* FamRZ 1990, 396 (397); *Dieckmann*, FS Coing Bd. I (1982), S. 53 (64 f.); *Loritz*, NJW 1988, 2697 (2705); *Eidenmüller*, JA 1991, 150 (155).

[31] Die Durchführung der Auseinandersetzung erfolgt schuldrechtlich durch einen mehrseitigen Auseinandersetzungsvertrag zwischen den Miterben. Fehlen Teilungsanordnungen, so bleibt jedem Miterben, der eine bestimmte Form der Auseinandersetzung erstrebt, nur die Möglichkeit, gegen die anderen Miterben auf Zustimmung zu einem von ihm selbst vorgelegten Vertragsentwurf (Teilungsplan) zu klagen. Hat die Klage Erfolg, so gilt die Zustimmung mit Rechtskraft des Urteils als abgegeben, § 894 ZPO.

[32] Eine testamentarische *Enterbung* des A gem. §§ 1938, 2253, 2254, 2089 dürfte dem Willen des M nicht entsprechen. Sie wäre im Übrigen gem. § 2271 Abs. 2 unwirksam, so dass über § 140 eine Umdeutung in den Widerruf der Teilungsanordnung in Betracht käme.

[33] Palandt/*Edenhofer*, § 2270 Rn. 13. Die Rechtslage entspricht derjenigen beim Erbvertrag, vgl. §§ 2289 Abs. 1 Satz 2, 2278 Abs. 2.

§ 2271 Abs. 2 steht deshalb dem testamentarischen Widerruf der Teilungsanordnung durch M gem. §§ 2253, 2254 nicht entgegen.

b) Unwirksamkeit des Widerrufs gem. § 142 Abs. 1

Die Unwirksamkeit des Widerrufs der Teilungsanordnung könnte sich jedoch aus § 142 Abs. 1 ergeben. A hat das Widerrufstestament durch Erklärung gegenüber B und C angefochten. Da die Aufhebung des Widerrufs dem A unmittelbar zustattenkäme, ist er gem. § 2080 Abs. 1 zur Anfechtung berechtigt. Erklärungsgegner ist bei der Anfechtung des Widerrufs einer Teilungsanordnung, wie sich im Umkehrschluss aus § 2081 Abs. 1 ergibt, gem. § 143 Abs. 4 jeder durch den Widerruf Begünstigte,[34] hier also B und C. M irrte sich über die Bereitschaft des A, die Gärtnerei zu übernehmen. Der Widerruf der Teilungsanordnung beruht daher auf einem Motivirrtum nach § 2078 Abs. 2. Somit steht dem A auch ein Anfechtungsgrund zur Seite.[35] Der testamentarische Widerruf der Teilungsanordnung durch M vom 15. 11. 2006 ist deshalb gem. §§ 2078 Abs. 2, 2080 Abs. 1 i.V.m. § 142 Abs. 1 unwirksam.

II. Anspruch auf Teilauseinandersetzung

Zu fragen bleibt aber, ob A aufgrund der Teilungsanordnung des M gem. §§ 2042 Abs. 1, 2048 Satz 1 befugt ist, eine auf das Grundstück beschränkte **Teilauseinandersetzung** des Nachlasses zu verlangen. Grundsätzlich geht der Anspruch aus § 2042 auf Auseinandersetzung des **gesamten** Nachlasses unter Beachtung der von dem Erblasser gem. § 2048 Satz 1 getroffenen Anordnungen.[36] Davon abweichend können die Miterben aus Zweckmäßigkeitsgesichtspunkten **einvernehmlich** sowohl eine gegenständlich als auch eine persönlich beschränkte Teilauseinandersetzung vereinbaren.[37]

Gegen den Willen der übrigen Miterben kann eine **persönlich** beschränkte Teilauseinandersetzung dagegen nicht verlangt werden. Ihr steht das Interesse der widerstrebenden Miterben daran entgegen, alle bestehenden Streitigkeiten nach Möglichkeit in einem einzigen Verfahren zu klären und sich darüber nicht mit jedem Miterben gesondert auseinandersetzen zu müssen.[38] Anders kann es bei dem Verlangen nach einer **gegenständlich** beschränkten Teilauseinandersetzung liegen, bei der einzelne Nachlassgegenstände aus der gesamthänderischen Bindung ausscheiden, während für den übrigen Nachlass die Gesamthandsgemeinschaft fortbesteht: Sie kann gegen den Willen der übrigen Miterben dann begehrt werden, wenn Nachlassverbindlichkeiten nicht mehr bestehen und berechtigte Belange der Erbengemeinschaft und der einzelnen Miterben nicht gefährdet werden.[39] So erscheint es etwa unzumutbar, die Miterben bei einem umfangreichen Nachlass, dessen klärende Auseinandersetzung viele Fragen aufwirft, Jahre auf die erste Zuteilung warten zu lassen.[40] In

---

[34] Vgl. Palandt/*Edenhofer*, § 2081 Rn. 5.
[35] Vgl. dazu auch Fall 7.
[36] *BGH* NJW 1985, 51 (52); *OLG München* NJW-RR 1991, 1097; *OLG Köln* NJW-RR 1996, 1352; Palandt/*Edenhofer*, § 2042 Rn. 9; MünchKomm/*Ann*, § 2042 Rn. 18; Staudinger/*Werner*, § 2042 Rn. 40; *Leipold*, Rn. 745; *Lange/Kuchinke*, § 44 III 2a; *Emmerich*, JuS 1962, 269 (270).
[37] Ganz h.M., vgl. nur *BGH* NJW 1985, 51 (52); Palandt/*Edenhofer*, § 2042 Rn. 10 f.; MünchKomm/*Ann*, § 2042 Rn. 17; Soergel/*Wolf*, § 2042 Rn. 37; *Leipold*, Rn. 745; *Lange/Kuchinke*, § 44 III 2b; *Emmerich*, JuS 1962, 269 (270).
[38] H.M., vgl. *BGH* NJW 1985, 51 (52).
[39] H.M., vgl. *BGH* NJW 1985, 51 (52); *BGH* LM § 2042 Nr. 4; *OLG Köln* NJW-RR 1996, 1352; Palandt/*Edenhofer*, § 2042 Rn. 11; MünchKomm/*Ann*, § 2042 Rn. 19; Soergel/*Wolf*, § 2042 Rn. 40; *Emmerich*, JuS 1962, 269 (270).
[40] MünchKomm/*Ann*, § 2042 Rn. 19; Staudinger/*Werner*, § 2042 Rn. 30.

anderen Fällen kann das Prinzip der gemeinschaftlichen Nachlassverwaltung (vgl. §§ 2032 Abs. 2, 2038 Abs. 1) einer effizienten Bewirtschaftung eines konkreten Nachlassgegenstandes auf Dauer entgegenstehen.

So liegt es hier. Nachlassverbindlichkeiten sind nicht zu berichtigen. Die Bewirtschaftung der mit dem Grundstück verbundenen Gärtnerei kann auf Dauer nicht sinnvoll in der schwerfälligen Handlungsform einzelner Mehrheitsentscheidungen (vgl. § 2038 Abs. 2 i.V.m. § 745) der aus A, B und C bestehenden Miterbengemeinschaft erfolgen. Im Ergebnis ist deshalb das Verlangen des A, ihm das Grundstück gegen Anrechnung auf seinen Erbteil und Zahlung von jeweils € 10.000,- an B und C aufgrund einer auf diesen Nachlassgegenstand beschränkten Teilauseinandersetzung der Miterbengemeinschaft zu übertragen, gem. § 2042 Abs. 1 i.V.m. § 2048 Satz 1 begründet.

Fall 15. Pflichtteilsrecht

Pflichtteilsergänzung – ergänzungsfeste Schenkungen – Fristbeginn nach § 2324 Abs. 3 bei Belastung mit einem Nießbrauch

Sachverhalt

Der Sohn S und die Tochter T der verwitweten Erblasserin E sind deren einzige Kinder. Durch Testament hat die 2010 verstorbene E ihre Tochter zur Alleinerbin eingesetzt. Der Wert des Nachlasses beträgt € 160.000,–. Im Jahre 1999 hatte sich die damals 70-jährige E in einem notariell beurkundeten Schenkungsvertrag verpflichtet, der T ein Wohngrundstück unter Nießbrauchsvorbehalt zu schenken. Zu diesem Zweck hatte sich E kurz darauf zunächst einen lebenslangen Eigennießbrauch im Grundbuch eintragen lassen und das Grundstück anschließend an T übereignet. Das Grundstück hatte bei der Schenkung ebenso wie bei deren Vollzug einen Wert von € 300 000,– und beim Erbfall einen Wert von € 320.000,– (inflationsbereinigt). Der Jahresnettoertrag des Grundstücks im Jahre 1999 betrug € 15.000,–, im Zeitpunkt des Erbfalls dagegen € 16.000,– (inflationsbereinigt). Ebenfalls 1999 hatte E ihrem Sohn S € 40.000,– zur freien Verfügung geschenkt. Bei beiden Schenkungen hatte E nicht bestimmt, dass die Zuwendungen auf den Pflichtteil angerechnet werden sollen. Auch eine Ausgleichung der Zuwendungen hatte sie nicht angeordnet. 2010 erfährt S vom Tode seiner Mutter und von ihrem letzten Willen. Er verlangt von T seinen „Pflichtteil".

Fragen:
1. Was kann S von T verlangen?
2. Unterstellt, S erfährt erst 2015 von der Schenkung des Wohngrundstückes und macht erst dann Ansprüche gegen T geltend. T beruft sich nunmehr (2015) auf Verjährung. Sind die Ansprüche des S gegen T im Jahre 2015 verjährt?

Bearbeiterhinweis: Der kapitalisierte Wert eines lebenslänglichen Nießbrauchs ergibt sich als Produkt aus dem Jahresnettoertrag des Grundstücks und einem auf das Lebensalter des Berechtigten bezogenen Vervielfältigungsfaktor. Für das Jahr 1999 ist gem. Anlage 9 zu § 14 BewG für eine 70-jährige Frau der Nettoertrag mit 9 zu multiplizieren, für 2010 mit 9,633 gem. Schreiben des BMF zu § 14 Abs. 1 BewG vom 1. 10. 2009 (BStBl. I S. 1168).

Ausgangsfälle:
BGH 9. 3. 1988 (IVa ZR 272/86) BGHZ 103, 333;
BGH 30. 5. 1990 (IV ZR 254/88) NJW-RR 1990, 1158;
BGH 27. 4. 1994 (IV ZR 132/93) BGHZ 125, 395.

Lösung

Frage 1: Ansprüche des S gegen T

I. Pflichtteilsanspruch gem. § 2303 Abs. 1 Satz 1

Möglicherweise hat S gegen T einen Pflichtteilsanspruch gem. § 2303 Abs. 1 Satz 1.

1. Ausschluss des S von der Erbfolge durch Verfügung von Todes wegen

S kann von der Erbin den Pflichtteil in Höhe der Hälfte des Wertes des gesetzlichen Erbteils verlangen, wenn er als Abkömmling der Erblasserin durch Verfügung von Todes wegen von der Erbfolge ausgeschlossen ist. Aus der Erbrechtsgarantie gem. Art. 14 Abs. 1 Satz 1 GG und dem Schutz der Familie in Art. 6 Abs. 1 GG folgt für den Gesetzgeber eine Pflicht, den nächsten Angehörigen eine Mindestbeteiligung am Wert des Nachlasses einzuräumen,[1] da den Erblasser eine über den Tod hinausgehende Sorgepflicht für seine nahen Angehörigen trifft.[2] Allerdings wird das Pflichtteilsrecht als Ausfluss und Ersatz des gesetzlichen Erbrechts durch den Gesetzgeber nicht in Gestalt eines Noterbrechts mit dinglicher Berechtigung gewährt, sondern nur als schuldrechtlicher, auf Geld gerichteter Anspruch.[3] Bei Pflichtteilsberechtigten kann der Erblasser daher im Ergebnis **wirtschaftlich** nur über die Hälfte des Wertes seines Vermögens von Todes wegen frei verfügen.[4]

S ist Abkömmling der Erblasserin und wäre ohne die Verfügung von Todes wegen gemäß § 1924 Abs. 1 gesetzlicher (Mit-)Erbe. Eine Enterbung kann ausdrücklich (§ 1938) oder konkludent erfolgen.[5] E hat ihren Sohn durch die Einsetzung der T zur Alleinerbin stillschweigend übergangen und ihn damit durch ihr Testament von der Erbfolge ausgeschlossen. Eine wirksame Entziehung des Pflichtteils gemäß §§ 2333 Abs. 1, 2336 liegt nicht vor. Der Pflichtteilsanspruch des S ist daher dem Grunde nach gegeben.

2. Höhe des Pflichtteilsanspruchs

Fraglich ist weiter, in welcher Höhe dieser Anspruch besteht.

a) Hälfte des gesetzlichen Erbteils als Pflichtteilsquote

Gemäß § 2303 Abs. 1 Satz 2 beträgt der Pflichtteil die Hälfte des Wertes des gesetzlichen Erbteils. Dieser bestimmt sich nach der Erbquote des Pflichtteilsberechtigten für den Fall, dass die gesetzliche Erbfolge nach §§ 1924 ff. gelten würde.[6] Hiernach würde S neben seiner Schwester T gemäß § 1924 Abs. 1 und 4 mit einer Quote von 1/2 erben. Die Pflichtteilsquote beträgt dann wiederum die Hälfte des gesetzlichen Erbteils, also ein Viertel. Um die Höhe des Geldanspruches zu bestimmen, muss

---

[1] Vgl. jüngst BVerfGE 112, 332 (348 ff.); *Lange/Kuchinke*, § 37 III 4; *Schlüter*, Rn. 946; *Leipold*, Rn. 821 ff.
[2] *Brox/Walker*, Rn. 542.
[3] *Lange/Kuchinke*, § 37 I 2; *Brox/Walker*, Rn. 542; *Schlüter*, Rn. 946; *Leipold*, Rn. 828.
[4] *Lange/Kuchinke*, § 37 II 1.
[5] Palandt/*Edenhofer*, § 2303 Rn. 2; *Brox/Walker*, Rn. 544; *Schlüter*, Rn. 957.
[6] Palandt/*Edenhofer*, § 2303 Rn. 13; *Brox/Walker*, Rn. 548. Bei dieser Feststellung sind gemäß § 2310 Satz 1 auch solche Personen mitzuzählen, die wegen Enterbung, Erbausschlagung oder Erbunwürdigkeit tatsächlich keine Erben werden; dagegen wird gemäß § 2310 Satz 2 nicht berücksichtigt, wer durch Erbverzicht von der Erbfolge ausgeschlossen ist.

der Wert des Nachlasses zum Zeitpunkt des Erbfalles mit der Pflichtteilsquote multipliziert werden,[7] wobei § 2311 bestimmt, mit welchem Wert der Nachlass anzusetzen ist. Bei einem Nachlasswert von € 160.000,– und einer Pflichtteilsquote von 1/4 hat S also einen Anspruch gegen die Erbin T in Höhe von € 40.000,–.

b) Ausgleichspflicht

Gemäß § 2316 Abs. 1 Satz 1 käme allerdings eine anderweitige Pflichtteilsberechnung in Betracht, wenn die von S erhaltene Zuwendung i.H.v. € 40.000,– gem. § 2050 ausgleichspflichtig wäre. Die Voraussetzungen dieser Vorschrift liegen allerdings hier nicht vor. Ein Ausgleich nach § 2050 Abs. 1 scheitert daran, dass E die Zuwendung nicht zum Zwecke der Ausstattung i.S. des § 1624 vorgenommen hat. Ihr Geschenk sollte auch keinen Zuschuss zur Verwendung als Einkünfte gem. § 2050 Abs. 2 darstellen, da es der E insoweit an einer Wiederholungsabsicht fehlte.[8] Eine Ausgleichung gem. § 2050 Abs. 3 schließlich kommt mangels Ausgleichsanordnung ebenfalls nicht in Betracht. Aus demselben Grund braucht sich S das Geschenk auch nicht gem. § 2315 Abs. 1 auf seinen Pflichtteilsanspruch anrechnen zu lassen.

II. Pflichtteilsergänzungsanspruch gem. § 2325 Abs. 1

S könnte aber zusätzlich einen **Pflichtteilsergänzungsanspruch** gegen T gem. § 2325 Abs. 1 haben. Durch das Pflichtteilsergänzungsrecht soll verhindert werden, dass der Erblasser das in der Regel nicht entziehbare Pflichtteilsrecht dadurch unterläuft,[9] dass er wesentliche Teile seines Vermögens vor seinem Tod verschenkt, um auf diese Weise den Wert des Nachlasses zu verringern und den Anspruch der Pflichtteilsberechtigten auszuhöhlen. Schuldner des Pflichtteilsergänzungsanspruchs ist grundsätzlich der Erbe, auch wenn nicht er selbst, sondern ein Dritter beschenkt wurde. Dessen Haftung tritt nur unter den besonderen Voraussetzungen des § 2329 ein. Beschenkter Dritter kann dagegen jede Person außer dem Pflichtteilsergänzungsberechtigten selbst sein, insbesondere auch der Erbe oder ein anderer Pflichtteilsberechtigter.[10] Hat die Erblasserin einem Dritten ein Geschenk gemacht, das im Rahmen des § 2325 zu berücksichtigen ist, kann der pflichtteilsberechtigte S gemäß § 2325 Abs. 1 von der Erbin T als Ergänzung seines Pflichtteils den Betrag verlangen, um den sich der Pflichtteil erhöht, wenn der Wert des verschenkten Gegenstands dem Nachlass hinzugerechnet wird. Hierzu ist zunächst der Wert des Geschenks dem Nachlass zuzuschlagen. Der so rechnerisch erhöhte – fiktive – Nachlass ist dann mit der Pflichtteilsquote zu multiplizieren. Das Produkt bildet den Gesamtpflichtteil. Zieht man in einem weiteren Schritt von diesem Gesamtpflichtteil den Wert des ordentlichen Pflichtteils ab, wie er ohne Hinzurechnung des Geschenks besteht, verbleibt als Betrag der Wert des Pflichtteilsergänzungsanspruchs.[11]

1. Vorliegen einer Schenkung

Voraussetzung ist zunächst eine Schenkung im Sinne einer dauerhaften unentgeltlichen Vermögenszuwendung der Erblasserin zugunsten eines Dritten. § 2325 Abs. 1

---

[7] *Leipold*, Rn. 832; *Schlüter*, Rn. 962; *Brox/Walker*, Rn. 547.
[8] Vgl. zur Notwendigkeit einer Wiederholungsabsicht Palandt/*Edenhofer*, § 2050 Rn. 9.
[9] Vgl. aber §§ 2333-2338.
[10] MünchKomm/*Lange*, § 2325 Rn. 15. Ist der Erbe beschenkt, kann ein Anspruch gegen ihn in seiner Eigenschaft als Erbe (§ 2325) und ein davon zu unterscheidender Anspruch in seiner Eigenschaft als Beschenkter (§ 2329) gegeben sein. Vgl. RGZ 80, 134 (136); BGHZ 107, 200 (202 ff.).
[11] Palandt/*Edenhofer*, § 2325 Rn. 3; *Schlüter*, Rn. 1001–1003; vgl. auch *Leipold*, Rn. 846.

erfasst dabei die Hand- bzw. Realschenkung gem. § 516 Abs. 1 ebenso wie die Versprechensschenkung nach § 518 Abs. 1.[12] Die E hatte sich in einem notariellen Schenkungsvertrag zur Übereignung ihres Grundstücks verpflichtet. Sie ließ sich jedoch einen lebenslangen **Nießbrauch** zu ihren Gunsten eintragen, der sie auch nach dem Eigentumswechsel gem. § 1036 zum Besitz berechtigte und ihr gem. § 1030 Abs. 1 erlaubte, weiterhin die Nutzungen aus dem Grundstück zu ziehen.[13] Damit stellt sich die Frage, worin im vorliegenden Fall eine Zuwendung an T besteht.

Der Nießbrauch als beschränktes dingliches Recht unterscheidet sich vom Eigentum darin, dass dem Berechtigten keine Verfügungsbefugnis über die Sache zusteht. Mit Eintragung im Grundbuch im Jahre 1999 wurde T Eigentümerin des mit dem Nießbrauch belasteten Grundstücks, ohne hierfür eine Gegenleistung an E erbracht zu haben oder später erbringen zu müssen. Ab diesem Zeitpunkt hätte T das Grundstück veräußern oder mit einem Grundpfandrecht belasten können.[14] Zumindest diese **Berechtigung** ist ihr offenbar als der **Unterschied zwischen Eigentum und Nießbrauch** von E unentgeltlich zugewendet worden. Da die Legaldefinition der Schenkung in § 516 Abs. 1 nur von einer Zuwendung spricht, ohne diesen Begriff weiter einzugrenzen, steht einer solchen unbenannten Rechtsposition, wie sie sich aus der Differenz zwischen beschränktem dinglichem Recht und dem Eigentum ergibt, als Gegenstand einer Schenkung nichts entgegen. Dies folgt insbesondere auch aus dem Institut der gemischten Schenkung, in der die Parteien sogar den **Wertunterschied** zwischen einer Leistung und einer zu niedrigen Gegenleistung als Geschenk vereinbaren können. Die Verfügungsmacht als überschießende Berechtigung des Eigentümers gegenüber dem Nießbrauchsberechtigten ist somit ein zulässiger Schenkungsgegenstand.

Als E jedoch 2010 verstarb, erlosch gem. § 1061 auch ihr Nießbrauch. Die Erblasserin könnte der T daher ebenso das **unbelastete Eigentum** an dem Grundstück zugewandt haben. Naheliegend ist diese Erwägung, weil sich nach dem Tode der E das Grundstück ohne Belastung im Vermögen der T befand. Von den Vertragsparteien war dieses Ergebnis auch gewollt, so dass der Schenkungsvertrag aus dem Jahre 1999 den Rechtsgrund für diese endgültige Vermögensverschiebung darstellt. Schließlich müsste T bei einer hypothetischen bereicherungsrechtlichen Rückabwicklung der Zuwendung nach dem Erbfall Wertersatz i.S.v. § 818 Abs. 2 in Höhe des unbelasteten Grundstücks leisten und nicht nur die Wertdifferenz zwischen Eigentum und Nießbrauch erstatten. Insoweit spricht einiges dafür, als Gegenstand der Schenkung das Eigentum an dem unbelasteten Grundstück anzunehmen.

---

[12] Palandt/*Edenhofer*, § 2325 Rn. 8; *Schlüter*, Rn. 996. Gemischte Schenkungen sind hinsichtlich des unentgeltlichen Teils ergänzungspflichtig (vgl. *OLG Köln* FamRZ 1992, 480). Auch die objektiv unentgeltlichen, sogenannten unbenannten (ehebezogenen) Zuwendungen sind nach h.M. im Rahmen des Pflichtteilsergänzungsanspruchs als Schenkungen anzusehen, obwohl die Ehepartner subjektiv keine Einigung über die Unentgeltlichkeit getroffen haben (BGHZ 116, 167 (169 f.); Palandt/*Edenhofer*, § 2325 Rn. 10). Objektive Unentgeltlichkeit liegt aber nur dann vor, wenn die Leistung eines Ehegatten weder unterhaltsrechtlich geschuldet war noch der Alterssicherung oder der Vergütung von Diensten diente noch ihr sonst eine durch sie ganz oder teilweise vergütete konkrete Gegenleistung des anderen Gatten gegenüberstand.

[13] Die Bestellung eines Eigennießbrauchs ist zulässig: Da das Einigungserfordernis in § 873 lediglich dem Schutz des Grundstückseigentümers dient, kann die Belastung zu eigenen Gunsten mit einem beschränkten dinglichen Recht durch eine einseitige Erklärung erfolgen.

[14] Vgl. *Kollhosser*, AcP 194 (1994), 231 (264).

Einer **wirtschaftlichen Betrachtungsweise**, wie sie im Rahmen von § 2325 vorzunehmen ist, hält dies jedoch nicht stand. Der Pflichtteilsberechtigte ist gerade nicht so zu stellen, als befände sich die verschenkte Sache noch im Nachlass. Hinzuzurechnen ist vielmehr nur der Betrag, den der Beschenkte bei einer hypothetischen Veräußerung erlöst hätte.[15] Denn dasjenige, was der nießbrauchsberechtigte Erblasser an Nutzungen bis zu seinem Tode ziehen konnte, fließt zumindest in Form ersparter Aufwendungen – etwa für ein vergleichbares Mietshaus – bereits dem Nachlass und damit auch den Pflichtteilsberechtigten zu.[16] Die E hätte von 1999 bis zu ihrem Tod im Jahre 2010 das Grundstück verpachten und den Pachtzins ansparen können. Dieser Geldbetrag wäre mit dem Erbfall Teil des Nachlasses geworden und hätte sich dementsprechend auch auf den Pflichtteil ausgewirkt.[17] Da diese Nutzungen bereits einen Teil des Grundstückswertes ausmachen, dürfen sie nicht ein weiteres Mal angesetzt werden, indem das unbelastete Grundstück dem Nachlass hinzuaddiert wird. Es käme dann nämlich zu einer insgesamt doppelten Berücksichtigung dieses Betrages bei der Pflichtteilsergänzung. Ergänzungspflichtiger Schenkungsgegenstand ist demzufolge im Ergebnis nur der **Wert der Differenz zwischen Eigentum und Nießbrauch**, d.h. der Wert der isolierten Verfügungsbefugnis als Bruchteil des Wertes des unbelasteten Gegenstands.

Der wirtschaftliche Wert einer Sache ist gleich dem Wert der Summe all ihrer Nutzungen.[18] Dieses über die Jahre verteilte **Nutzungspotential** ist ex ante in etwa bekannt und nicht mehr vermehrbar.[19] Bei einem Nießbrauch bedeutet dies, dass dem Berechtigten für den Zeitraum von der Bestellung bis zu seinem Tode alle Nutzungen zugewiesen sind. Dem Eigentümer dagegen stehen nur die zukünftigen Nutzungen ab dem Tode des Nießbrauchers zu. Je höher die Lebenserwartung des Nießbrauchers ist, desto länger kann er die Nutzungen ziehen, und desto größer ist sein Anteil am Gesamtnutzungspotential der Sache. Entsprechend geringer stellen sich die zukünftigen Nutzungsmöglichkeiten für den Eigentümer dar. Seine Veräußerungsbefugnis macht also wirtschaftlich gerade den Wert dieser Nutzungen in der Zukunft aus: Ein Erwerber bezahlt einen Kaufpreis nur dafür, dass er die Sache später nutzen kann. Zieht man nun vom Wert des unbelasteten Grundstücks als Wert der gesamten Nutzungen den Wert der Nutzungen des Nießbrauchers ab, ergibt sich der **Wert der zukünftigen Nutzungen** und damit der Wert des Geschenks.[20] Der Wert des kapitalisierten Nießbrauchs wiederum folgt aus dem Betrag der jährlichen Nutzungen des Grundstücks, seinem Jahresnettoertrag, multipliziert mit einem statistischen Faktor, der sich nach der Lebenserwartung des Nießbrauchsberechtigten richtet.[21] Allgemein gebräuchlich für diese Zwecke ist die Tabelle in Anlage 9 zu § 14 BewG bzw. für Sachverhalte ab 2009 die jeweiligen Schreiben des BMF zu § 14

---

[15] BGHZ 118, 49 (52).
[16] *BGH* NJW 1992, 2887.
[17] Vgl. BGHZ 118, 49 (52).
[18] *Kessler*, BB 1985, 1386 (1388).
[19] *Kessler*, BB 1985, 1386 (1387).
[20] Vgl. BGHZ 118, 49 (52); *BGH* WM 1996, 684 (687).
[21] Die Bewertung des Nießbrauchs ist im Einzelnen streitig: Nach einer Mindermeinung soll er konkret aus der Sicht ex post zum Zeitpunkt des Todes bewertet werden (Staudinger/*Olshausen*, § 2325 Rn. 103 f.; *Mayer*, FamRZ 1994, 739 (744); *Pentz*, FamRZ 1997, 724 (728)). Nach zutreffender h.M. erfolgt demgegenüber eine abstrakte Berechnung unter Berücksichtigung der voraussichtlichen Lebenserwartung (gemäß jeweiligem Schreiben des BMF zu § 14 Abs. 1 BewG) aus der Sicht ex ante, d.h. zum Zeitpunkt der Schenkung (Soergel/*Dieckmann*, § 2325 Rn. 39; *Reiff*, ZEV 1998, 241 (247)).

BewG,²² die sich aus den Sterbetafeln für die Bundesrepublik Deutschland ergeben. Für die T gilt im Jahre 1999 daher folgendes: Vom Grundstückswert i.H.v. € 300.000,- ist der kapitalisierte Nießbrauch mit einem Wert von € 135.000,- (der Vervielfältigungsfaktor aus Anlage 9 zu § 14 BewG für eine 70-jährige Frau von 9 mal dem Jahresnettoertrag i.H.v. € 15.000,-) abzuziehen. Die E hat der T somit 1999 zukünftige Nutzungsmöglichkeiten an dem Grundstück im Wert von € 165.000,- geschenkt (€ 300.000,- – € 135.000,-).

2. Zeitgrenze des § 2325 Abs. 3

Dieses Geschenk ist jedoch nach § 2325 Abs. 3 Satz 2 nur dann zu berücksichtigen, wenn zur Zeit des Erbfalls nicht mehr als **zehn Jahre** seit der Leistung des geschenkten Gegenstands vergangen sind. Im Übrigen gilt nunmehr die pro-rata-Regelung des § 2325 Abs. 3 Satz 1, wodurch es zu einer sukzessiven Abschmelzung des Schenkungswertes kommt.²³

a) Maßgeblicher Zeitpunkt für Fristlauf

Wann eine Leistung i.S. des § 2325 Abs. 3 erfolgt, ist umstritten. Auf den Abschluss des notariellen Schenkungsvertrags kann es in keinem Fall ankommen, da das schuldrechtliche Geschäft das Vermögen des Beschenkten nur insoweit mehrt, als es ihm einen Anspruch auf Übertragung des eigentlichen Geschenks gewährt. Zu einer dinglichen Rechtsänderung führt es noch nicht. Offen bleibt, ob das Gesetz, wenn es von „Leistung des geschenkten Gegenstands" spricht, die Leistungshandlung des Schenkers oder den Eintritt des Leistungserfolgs meint.

Ursprünglich stellte der BGH auf die **Leistungshandlung** ab: Danach begann die Ausschlussfrist bereits zu laufen, wenn der Schenker alles getan hatte, was von seiner Seite für den Erwerb des Leistungsgegenstands durch den Beschenkten notwendig war.²⁴ Nach Meinung des BGH durfte der Schwebezustand hinsichtlich der Frage, ob eine Schenkung noch ergänzungspflichtig ist, aus billiger Rücksichtnahme auf den Beschenkten nicht zu lange aufrechterhalten werden. Denn bei Rückgriff auf viele Jahre zurückliegende Vorgänge werde eine Aufklärung des genauen Geschehens immer schwieriger und der Zusammenhang zwischen dem verschenkten Gut und dem Nachlass mit der Zeit immer geringer.²⁵ Zugute zu halten ist dieser Entscheidung, dass sie mit dem Rückgriff auf die Leistungshandlung eine einfache und präzise Bestimmung des Fristbeginns ermöglicht. Allerdings erlaubt sie offenbar dem Erblasser, mit der Bestellung eines Nießbrauchs, der ihm alle Nutzungen zugesteht, gezielt Vermögensgegenstände zum Nachteil des Pflichtteilsberechtigten ergänzungsfest am Nachlass vorbei zu steuern,²⁶ ohne zu Lebzeiten die Nutzungsmöglichkeiten an der Sache zu entbehren. Spätestens mit der Bewilligung der Eintragung gem. § 19 GBO hätte E bereits 1999 alles ihrerseits Erforderliche getan, um den Erwerb der T zu ermöglichen. Zwischen der Leistungshandlung und dem Erbfall im Jahre 2010 lägen somit mehr als zehn Jahre. Die Schenkung wäre mithin im Rahmen von § 2325 Abs. 3 für eine Pflichtteilsergänzung außer Betracht zu lassen.

---

²² Die Anlage 9 zu § 14 BewG ist durch Gesetz vom 24. 12. 2008 (BGBl. I 2008, S. 3018) mit Wirkung vom 1. 1. 2009 aufgehoben worden.
²³ Das Abschmelzungsmodell findet auch dann Anwendung, wenn die Schenkung vor Inkrafttreten des Reformgesetzes am 1. 1. 2010 vollzogen worden ist; maßgeblich ist allein, ob der Erbfall nach diesem Zeitpunkt eingetreten ist, vgl. Art. 229 § 23 Abs. 4 EGBGB.
²⁴ *BGH* NJW 1970, 1638 (1639).
²⁵ *BGH* NJW 1970, 1638 (1639).
²⁶ BGHZ 98, 226 (229); *Lange/Kuchinke*, § 37 X 4a N. 491 a.E.

In einem Grundsatzurteil hat der BGH im Jahre 1986 diese Rechtsprechung allerdings ausdrücklich aufgegeben.[27] Um eine planmäßige Benachteiligung der Pflichtteilsberechtigten durch den Erblasser, wie sie die frühere Rechtsprechung anscheinend zuließ, zu verhindern, fordert der BGH für den Fristbeginn gem. § 2325 Abs. 3 nunmehr, dass „der Erblasser einen Zustand geschaffen hat, dessen Folgen er selbst noch zehn Jahre lang zu tragen hat und der ihn schon im Hinblick auf diese Folgen von einer ‚böslichen' Schenkung abhalten kann."[28] Dazu bedürfe es jedenfalls einer **wirtschaftlichen Ausgliederung** des Geschenks aus dem Vermögen des Erblassers.[29] Nach dem Willen des Gesetzgebers sei die Einführung der Zeitschranke in § 2325 Abs. 3 darauf angelegt, dass sich die nahen Angehörigen des Erblassers nach Ablauf von zehn Jahren an das Vermögensopfer gewöhnt haben und eine Schenkung dann nicht mehr als böslich zu Lasten der Pflichtteilsberechtigten gewertet werden könne.[30] Auch § 2325 Abs. 3 Satz 3, nach dem die Frist bei Ehegattenschenkungen erst mit Auflösung der Ehe beginnt, spreche dafür, dass der Schenker den Genuss des verschenkten Gegenstands **tatsächlich** entbehren müsse.[31] In einem Urteil aus dem Jahre 1994 hat das Gericht diese Voraussetzungen weiter präzisiert. Eine Leistung i.S.v. § 2325 Abs. 3 liege erst dann vor, wenn der Erblasser nicht nur seine Rechtsstellung als Eigentümer aufgibt, sondern auch darauf verzichtet, den verschenkten Gegenstand im Wesentlichen weiterhin zu nutzen.[32] Behalte sich der Erblasser bei der Schenkung eines Grundstücks den Nießbrauch uneingeschränkt vor, gebe er den „Genuss" des verschenkten Gegenstands nicht auf. Trotz Umschreibung im Grundbuch fehle es daher an einer Leistung des verschenkten Gegenstands.[33] Da E zu Lebzeiten nicht auf den Nießbrauch verzichtet hat und somit das Grundstück bis zu ihrem Tode nutzen konnte, wäre ihre Leistung nach Ansicht des BGH erst mit dem Erbfall im Jahre 2010 erfolgt. Das Geschenk an T wäre dementsprechend noch ergänzungspflichtig i.S. des § 2325 Abs. 3, und zwar in vollem Umfang, die pro-rata-Regelung des § 2325 Abs. 3 Satz 1 fände also keine Anwendung.

In der Literatur wird diese Rechtsprechung weitgehend gebilligt.[34] Für den Fristbeginn komme es regelmäßig darauf an, dass der rechtliche Leistungserfolg eingetreten sei.[35] Entscheidend wäre folglich die Übereignung der verschenkten Sache bzw. die Abtretung des jeweiligen Rechts. Nur wenn mit diesem rechtlichen nicht auch der wirtschaftliche Erfolg verbunden sei, etwa weil sich der Schenker die Nutzungen an dem Gegenstand vorbehält, beginne die Frist erst in dem Zeitpunkt zu laufen, in dem der Schenker ein spürbares Vermögensopfer zu tragen hat.[36] Uneinigkeit besteht allerdings darüber, ab wann der Erblasser bei einer Schenkung unter Nießbrauchsvorbehalt dieses Opfer erbracht hat. Teilweise wird auf den Erbfall abgestellt, da sich die finanzielle Situation des Erblassers vor und nach der Schenkung nicht nen-

---

[27] BGHZ 98, 226.
[28] BGHZ 98, 226 (233).
[29] BGHZ 98, 226 (233).
[30] BGHZ 98, 226 (231 f.) unter Berufung auf Prot. V, 587.
[31] BGHZ 98, 226 (232) unter Berufung auf Prot. V, 587 f.
[32] BGHZ 125, 395.
[33] BGHZ 125, 395 (398).
[34] Palandt/*Edenhofer*, § 2325 Rn. 26; *Brox/Walker*, Rn. 562; *Schlüter*, Rn. 998; *Leipold*, Rn. 844a. A.A. Soergel/*Dieckmann*, § 2325 Rn. 36 f.; *Lange/Kuchinke*, § 37 X 4a.
[35] *Lange/Kuchinke*, § 37 X 4a N. 489.
[36] Palandt/*Edenhofer*, § 2325 Rn. 26; *Schlüter*, Rn. 998; *Leipold*, Rn. 844a; *Siegmann*, DNotZ 1994, 787 (790); *Leipold*, JZ 1994, 1121 (1122 f.); *Draschka*, NJW 1993, 437 (438); *Speckmann*, NJW 1978, 358 (359).

nenswert unterscheide. Schließlich bleibe der Schenker nach wie vor berechtigt, das Grundstück in gewinnbringender Weise durch Vermietung oder Verpachtung zu verwerten.[37] Eine andere Auffassung lässt es hingegen genügen, dass der Schenker das Grundstück nicht mehr veräußern kann und nimmt eine wirtschaftliche Einbuße bereits mit der Übereignung des nießbrauchsbelasteten Grundstücks an den Beschenkten an.[38] Einen Mittelweg beschreitet schließlich die Ansicht, die nur den durch die sinkende Lebenserwartung des Berechtigten bedingten Wertverlust des Nießbrauchs in den letzten zehn Jahren vor dem Erbfall anrechnen will.[39]

Ausschlaggebend für die Entscheidung, wann bei einer Schenkung unter Nießbrauchsvorbehalt die Frist des § 2325 Abs. 3 beginnt, ist die genaue Bestimmung der **Zuwendung** an den Beschenkten. Diejenigen Auffassungen, die einen Verzicht des Nießbrauchsberechtigten bzw. den Erbfall für den Fristbeginn fordern, müssen sich wie oben ausgeführt entgegenhalten lassen, dass sie den Wert der vom Nießbraucher zu dessen Lebzeiten gezogenen Nutzungen zweimal auf den Pflichtteil anrechnen. Bereits mit der **Übereignung des nießbrauchsbelasteten Grundstücks** an T hat die E über zukünftige Nutzungsmöglichkeiten im Wert von € 165.000,– verfügt und damit bereits 1999 ein (spürbares) Vermögensopfer zugunsten ihrer Tochter erbracht. Der Fall ist insoweit nicht anders zu behandeln, als die Übertragung der Immobilie gegen Einräumung einer Leibrente im Wert von € 135 000,– im Rahmen einer gemischten Schenkung[40] (der Erwerber der Immobilie erhält so einen wirtschaftlichen Wert in Höhe von € 165.000,–) oder als die Zuwendung eines Geldbetrages in Höhe von € 165.000,– an T. Aufgrund der wirtschaftlichen Ausgliederung eines Teils der zukünftigen Nutzungen aus dem Vermögen des Schenkers besteht auch bei einem Nießbrauchsvorbehalt demzufolge keine Gefahr der Aushöhlung von Pflichtteilsansprüchen. Zwischen der Leistung des geschenkten Gegenstands und dem Erbfall im Jahre 2010 liegen somit im Ergebnis mehr als zehn Jahre. Nach zutreffender Ansicht bliebe das Geschenk deshalb vollständig unberücksichtigt.

b) Maßgeblicher Zeitpunkt für Bewertung des Grundstücks

Folgte man gleichwohl dem BGH und nähme man hier eine Leistung erst mit Eintritt des Erbfalls im Jahre 2010 an, stellte sich weiter die Frage, mit welchem Wert das Geschenk anzusetzen ist. Da es sich bei den Nutzungsmöglichkeiten an einem Grundstück nicht um verbrauchbare Sachen handelt, richtet sich die Bewertung nach § 2325 Abs. 2 Satz 2. Das Geschenk ist danach mit seinem Wert zur Zeit des Erbfalls anzusetzen. Hatte es hingegen bei der Schenkung einen geringeren Wert, so ist nur dieser entscheidend. Dieses sog. **Niederstwertprinzip** belastet den Pflichtteilsberechtigten also mit dem Risiko des Wertverfalls und enthält ihm zugleich die Wertsteigerungen des Geschenks bis zum Erbfall vor.[41] Begründet wurde diese Regelung vom Gesetzgeber mit einem **argumentum a fortiori**: Bei einem Untergang des ver-

---

[37] *Draschka*, NJW 1993, 437 (437 f.).
[38] *Kollhosser*, AcP 194 (1994), 231 (264).
[39] *Reiff*, Die Dogmatik der Schenkung unter Nießbrauchsvorbehalt (1989), S. 288 ff.
[40] Vgl. Staudinger/*Olshausen*, § 2325 Rn. 102; *Mayer*, FamRZ 1994, 739 (740 f., 743); *Behner*, FamRZ 1994, 1375. A.A. *Reiff*, ZEV 1998, 241 (245): Während der unter Nießbrauchsvorbehalt Beschenkte beim Tod des Schenkers Eigentümer des lastenfreien Grundstücks ist, ohne dafür je ein eigenes Vermögensopfer erbracht zu haben, musste der gemischt Beschenkte für dasselbe Grundstück die monatliche Leibrente an den Veräußerer zahlen, unabhängig davon, ob er wirklich aus dem Ertrag des Grundstücks bestreiten konnte. Die Risikoverteilung sei also unterschiedlich.
[41] *Dieckmann*, FS Beitzke (1979), S. 399 (403).

schenkten Gegenstands entfalle die Pflichtteilsergänzung vollständig. Daher müsse dem Erben auch die teilweise Entwertung des Geschenks zugutekommen.[42]

Im Jahre 1999 hatte das Geschenk der E einen Wert von € 165.000,–. Dieser Betrag ist jedoch nur dann anzusetzen, wenn er geringer ist als der Wert des Geschenks zum Zeitpunkt des Erbfalls. Denkbar ist zunächst, für diesen Zeitpunkt auf den Wert des unbelasteten Grundstücks abzustellen, da der Nießbrauch mit dem Tod der E gem. § 1061 erloschen und folglich mit einem Wert von Null vom Gesamtwert des Grundstücks abzuziehen ist. Einer solchen Vorgehensweise steht jedoch der Zweck des § 2325 Abs. 2 Satz 2 entgegen. Das Niederstwertprinzip will den Erben nur hinsichtlich der unsystematischen, **zufälligen Wertveränderungen** privilegieren. Der Nießbrauch dagegen verliert zwangsläufig an Wert, weil sich mit sinkender Lebenserwartung des Berechtigten auch die ihm noch verbleibenden Nutzungsmöglichkeiten vermindern. Diese **systematische Wertentwicklung** soll dem Erben gerade nicht zugutekommen.[43] Um den Wert des Geschenks zur Zeit des Erbfalls zutreffend zu ermitteln, ist die Differenz aus dem Grundstückswert zu diesem Zeitpunkt und einem **(hypothetischen) Nießbrauch** zu bilden, der dem der E zur Zeit der Schenkung entspricht. Denn nur so ist sichergestellt, dass der Vergleich in beiden Fällen von demselben Schenkungsgegenstand – den zukünftigen Grundstücksnutzungen – ausgeht und damit die richtige Aussage über den jeweils niedrigeren Wert trifft. Von dem Grundstückswert 2010 ist daher der Wert eines kapitalisierten Nießbrauchs bei einer wiederum 70-jährigen Berechtigten abzuziehen. Die Differenz ist dann der auf das Jahr 2010 bezogene Wert der von E 1999 verschenkten (zukünftigen) Nutzungsmöglichkeiten an ihrem Wohngrundstück. Der Wert des Geschenks im Jahre 2010 beträgt somit € 165.872,– (= € 320.000,– Grundstückswert – Jahresnettoertrag im Jahre 2010 von € 16.000,– x 9,633 als Vervielfältigungsfaktor für eine 70-jährige gem. Schreiben des BMF zu § 14 Abs. 1 BewG vom 1. 10. 2009 (BStBl. I S. 1168)) und ist damit höher als der Wert des Geschenks im Jahre 1999 (€ 165.000,–).

Der BGH nimmt den Wertvergleich auf eine andere Art und Weise vor, kommt hier aber zu demselben Ergebnis. Er erkennt zutreffend, dass bei einer Grundstücksschenkung unter Nießbrauchsvorbehalt die Summe der Nutzungen nach dem Tode des Schenkers geleistet worden ist.[44] Gleichwohl stellt er jeweils nur die **Grundstücke** in ihrem Wert gegenüber.[45] Diese Vorgehensweise ist jedoch im Ergebnis unproblematisch, wenn man sich vergegenwärtigt, dass der Jahresnettoertrag ein Bruchteil des Grundstückswertes ist und sich somit auch in dessen Höhe widerspiegelt. Steigt der Jahresertrag einer Sache um einen bestimmten Betrag, erhöht sich auch der Sachwert entsprechend. Umgekehrt ist vom Grundstückswert die Schlussfolgerung auf den Jahresertrag und damit auf den Wert des Nießbrauchs möglich. Je niedriger der Grundstückswert, desto niedriger ist der Jahresertrag, und desto niedriger ist der Wert eines Nießbrauchs an diesem Grundstück. Da im vorliegenden Fall der Wert des Grundstücks wie dessen Jahresertrag um jeweils 1/15 gestiegen sind, wäre es zur Bestimmung des nach § 2325 Abs. 2 Satz 2 maßgeblichen Stichtags ebenso zulässig, nur die Grundstückswerte zu vergleichen. Abzustellen wäre damit ebenfalls auf den Wert zur Zeit der Schenkung. Ausgehend von diesem niedrigeren Wert ist dann wiederum ein Wert des Geschenks i.H.v. € 165.000,– anzusetzen.

---

[42] Prot. V, 583 f.
[43] BGHZ 118, 49 (50).
[44] BGHZ 118, 49 (52 f.).
[45] BGHZ 118, 49; *BGH* WM 1996, 684 (687).

c) Berechnung des Pflichtteilsergänzungsanspruches

Zur Berechnung des Pflichtteilsergänzungsanspruchs des S wäre der Nachlass demzufolge im Ergebnis gem. § 2325 Abs. 1 mit € 325.000,– anzusetzen (= € 160.000,– + € 165.000,–). Der erhöhte Pflichtteil des S beliefe sich dann auf € 81.250,– (= € 325.000,– x 1/4). Die Differenz zwischen dem ursprünglichen Pflichtteil und dem erhöhten Pflichtteil würde die Höhe des Anspruchs auf Pflichtteilsergänzung bilden, hier also € 41 250,– (= € 81.250,– – € 40.000,–).

3. Anrechnung des Eigengeschenkes

Ein Pflichtteilsergänzungsanspruch des S in dieser Höhe besteht jedoch nur, wenn das ihm von der E zugewandte Geldgeschenk von € 40.000,– nicht ebenfalls zu berücksichtigen ist. Ein Geschenk des Erblassers an den Pflichtteilsberechtigten ist nach § 2327 Abs. 1 Satz 1 wie das einem Dritten gemachte Geschenk dem Nachlass hinzuzurechnen und gleichzeitig zu Lasten des Pflichtteilsberechtigten auf die Ergänzung anzurechnen. Solche **Eigengeschenke** sind bei der Bemessung des Ergänzungsanspruchs ohne jede zeitliche Schranke zu berücksichtigen.[46] Wenn § 2327 Abs. 1 Satz 1 davon spricht, dass Geschenke, die der Pflichtteilsberechtigte selbst erhalten hat, dem Nachlass „in gleicher Weise wie das dem Dritten gemachte Geschenk" hinzuzurechnen sind, so betrifft das dem Wortlaut nach nur die Frage, **wie** eine solche Anrechnung zu erfolgen hat. § 2327 Abs. 1 Satz 1 kann deshalb nicht als Verweisung auf § 2325 Abs. 3 angesehen werden, da diese Vorschrift darüber entscheidet, **welche** Geschenke zu berücksichtigen sind.[47] Dem tatsächlichen Nachlasswert in Höhe von € 160.000,– ist deshalb sowohl der Wert des Grundstücksgeschenks i.H.v. € 165.000,– als auch der Wert des Eigengeschenks i.H.v. € 40.000,– hinzuzurechnen. Dieser erhöhte fiktive Nachlasswert in Höhe von € 365.000,– ist mit der Pflichtteilsquote (1/4) zu multiplizieren. Das Produkt bildet den Gesamtpflichtteil in Höhe von € 91.250,–. Dann ist nach § 2327 Abs. 1 Satz 1 das Eigengeschenk von € 40.000,–, das S erhalten hat, abzuziehen. Von den verbleibenden € 51.250,– entfallen € 40.000,– bereits auf den ordentlichen Pflichtteil nach § 2303 Abs. 1 Satz 1 und sind daher ebenfalls noch in Abzug zu bringen.[48] S hat somit einen Pflichtteilsergänzungsanspruch nach § 2325 Abs. 1 gegen T in Höhe von € 11.250,–.

4. Einrede aus § 2328

Möglicherweise kann die als Abkömmling grundsätzlich selbst pflichtteilsberechtigte T allerdings gem. § 2328 die Ergänzung des Pflichtteils soweit verweigern, dass ihr der **eigene Pflichtteil** unter Einschluss etwaiger **Ergänzungen** verbleibt. Diese Regelung schützt den Erben und bewahrt ihn davor, dass er nach der Pflichtteilsergänzung schlechter steht, als wenn er selbst nur den Pflichtteil zuzüglich etwaiger Ergänzungen erhalten hätte. Wäre T enterbt worden, so hätte sie zum einen gem. § 2303 Abs. 1 einen ordentlichen Pflichtteil in Höhe von € 40.000,– beanspruchen können. Ein Pflichtteilsergänzungsanspruch stünde ihr demgegenüber nicht zu, weil auf den Wert der Ergänzung i.H.v. € 51.250,– (€ 365.000,– x 1/4 – € 40.000,–) das erhaltene Eigengeschenk im Wert von € 165 000,– angerechnet werden müsste

---

[46] RGZ 69, 389; BGHZ 108, 393 (399); Erman/*Schlüter*, § 2327 Rn. 2; Soergel/*Dieckmann*, § 2327 Rn. 5; Staudinger/*Olshausen*, § 2327 Rn. 8; MünchKomm/*Lange*, § 2327 Rn. 6 (jeweils m.w.N.); *Lange/Kuchinke*, § 37 X 4b.

[47] KG OLGZ 1974, 257 (261); Staudinger/*Olshausen*, § 2327 Rn. 8; MünchKomm/*Lange*, § 2327 Rn. 6 mit Hinweis auch auf die Entstehungsgeschichte (Prot. VI, 105).

[48] 1/4 vom ursprünglichen Nachlasswert, also € 40.000,–, vgl. im Text Frage 1 I. 2.

(§§ 2325, 2327 Abs. 1 Satz 1). Im Vergleich dazu erhält sie als Erbin den Nachlasswert in Höhe von € 160.000,– abzüglich der an S zu leistenden Pflichtteilsergänzung in Höhe von € 11 250,– und steht damit deutlich besser (€ 148.750,– > € 40.000,–). Die Einrede aus § 2328 kann die T somit nicht erheben.

III. Ergebnis

Im Ergebnis hat S deshalb auf der Grundlage der Rechtsprechung des BGH einen Pflichtteilsanspruch gem. § 2303 Abs. 1 Satz 1 i.H.v. € 40.000,– sowie einen Pflichtteilsergänzungsanspruch gegen T auf Zahlung von € 11.250,– aus § 2325 Abs. 1.

Frage 2: Verjährung im Jahre 2015

I. Pflichtteilsanspruch

Der Pflichtteilsanspruch des S könnte gem. §§ 195, 199 Abs. 1, 3a verjährt sein.[49] Der Pflichtteilsanspruch verjährt in drei Jahren ab Schluss des Jahres der Entstehung des Anspruchs (§ 195 Abs. 1 Nr. 1), d.h. des Jahres des Erbfalls (§ 2317 Abs. 1), und der Kenntniserlangung des Pflichtteilsberechtigten von den anspruchsbegründenden Umständen, § 195 Abs. 1 Nr. 2. Voraussetzung ist also Kenntnis des Pflichtteilsberechtigten vom Eintritt des Erbfalls und von der ihn beeinträchtigenden Verfügung.[50] Die beeinträchtigende Verfügung ist die nach §§ 2303-2307 enterbende oder beschränkende letztwillige Verfügung.[51] S hatte bereits im Jahre 2010 sowohl vom Tode der E als auch von ihrem Testament erfahren. Im Jahre 2015 ist der Anspruch aus § 2303 Abs. 1 Satz 1 auf den Pflichtteil demzufolge mittlerweile verjährt. T hat damit das Recht, die Leistung zu verweigern, § 214 Abs. 1.

II. Pflichtteilsergänzungsanspruch

Auch der Pflichtteilsergänzungsanspruch könnte gem. §§ 195, 199 Abs. 1, 3a verjährt sein. Streitig ist aber, wann diese Verjährung beginnt.

Nach h.M. setzt die Verjährung des Anspruchs auf Pflichtteilsergänzung Kenntnis sowohl der **Verfügung von Todes** wegen als auch von der **beeinträchtigenden Schenkung unter Lebenden** voraus.[52] Weiß der Pflichtteilsberechtigte zuerst von der Verfügung von Todes wegen und erst danach von der Schenkung, so beginnen jeweils selbständige Verjährungsfristen für den ordentlichen Pflichtteilsanspruch und den Ergänzungsanspruch zu laufen.[53] Bei dem Pflichtteils- und dem Pflichtteilsergänzungsanspruch (gegen den Erben) handele es sich nämlich nicht nur um „besondere Richtungen" eines einheitlichen Anspruchs.[54] Vielmehr habe der Gesetzgeber den Ergänzungsanspruch als einen selbständigen, vom Vorhandensein eines ordentlichen Pflichtteilsanspruchs unabhängigen Anspruch ausgestaltet, was auch hinsichtlich der Verjährung den Ausschlag geben müsse.[55] Richtig sei es allein, für § 199 Abs. 1 Nr.

---

[49] Die Verjährung erbrechtlicher Ansprüche wurde durch die Reform des Erb- und Verjährungsrechts (Gesetz v. 24. 9. 2009, BGBl. I 2009, S. 3142) mit Wirkung zum 1. 1. 2010 reformiert. Die bisherige 30-jährige Sonderverjährung (§ 197 Abs. 1 Nr. 2 a.F.) wurde aufgehoben und die Verjährung erbrechtlicher Ansprüche weitgehend in das System der Regelverjährung integriert. Zum Übergangsrecht s. Art. 229 § 23 Abs. 2 EGBGB.
[50] Vgl. hierzu Palandt/*Edenhofer*, § 2317 Rn. 11 ff.
[51] Vgl. Bamberger/Roth/*Mayer*, § 2332 Rn. 7.
[52] Palandt/*Edenhofer*, § 2325 Rn. 6.
[53] BGHZ 103, 333 (336 f.); Palandt/*Edenhofer*, § 2325 Rn. 6; *Schlüter*, Rn. 1013.
[54] BGHZ 103, 333 (337). A.A. OLG Schleswig MDR 1978, 757; vgl. auch Soergel/*Dieckmann*, § 2332 Rn. 12; Lange/Kuchinke, § 37 XI 2d N. 564.

2 nach der Kenntnis des Pflichtteilsberechtigten bezüglich jeder einzelnen, ihn konkret beeinträchtigenden Verfügung zu fragen.[56] Auf diese Weise würden Pflichtteilsberechtigte in der gebotenen Weise vor unzulässigen Benachteiligungen wirksam geschützt.[57]

Demgegenüber verjährt der Ergänzungsanspruch nach einer anderen Auffassung zusammen mit dem **ordentlichen Pflichtteilsanspruch**.[58] Der Auskunftsanspruch des Pflichtteilsberechtigten gem. § 2314 beziehe sich auch auf ergänzungspflichtige Schenkungen, und es sei kein Grund dafür ersichtlich, den Erben das verjährungsrechtliche Risiko tragen zu lassen, wenn er diese Auskunft subjektiv richtig erteilt habe und erst nach Jahren (weitere) benachteiligende Verfügungen des Erblassers bekannt würden.[59]

Dieser Meinung steht allerdings der klare Wortlaut des § 199 Abs. 1 Nr. 2 entgegen: Anspruchsbegründende Tatsachen sind **kumulativ** sowohl der Erbfall wie auch die ergänzungspflichtige Schenkung. Erst wenn der Ergänzungsberechtigte auch insoweit Kenntnis besitzt, beginnt die Verjährungsfrist für den Pflichtteilsergänzungsanspruch zu laufen. Anders als der reguläre Pflichtteilsanspruch aus § 2303 Abs. 1 Satz 1 ist der Anspruch des S gegen T auf Pflichtteilsergänzung gem. § 2325 Abs. 1 demzufolge auch im Jahre 2015 noch durchsetzbar.

---

[55] BGHZ 103, 333 (337).
[56] BGHZ 103, 333 (337).
[57] BGHZ 103, 333 (337).
[58] *OLG Schleswig* MDR 1978, 757; Soergel/*Dieckmann*, § 2332 Rn. 12; *Dieckmann*, FamRZ 1984, 1124 (1126).
[59] *Dieckmann*, FamRZ 1984, 1124 (1126).

Paragrafenregister

Die Zahlen verweisen auf die Seiten des Buches.

AGG
§ 19   37

BeurkG
§ 9   34
§ 27   79
§ 34   80
§ 46   75
§ 47   86

BewG
§ 14   121, 125, 129

BGB
§ 12   2, 10
§ 25   36
§ 100 72
§ 119 59, 63
§ 125 14, 53 f., 58, 63, 90, 96, 99
§ 126 53
§ 130 28, 86, 99 f.
§ 133 32, 57, 114
§ 134 36, 53, 97
§ 138 35 ff., 53, 62
§ 139 54
§ 140 90, 118
§ 142 41, 59, 63, 65, 84, 119
§ 143 119
§ 151 99
§ 153 28, 99
§ 157 32, 57
§ 158 40, 108
§ 159 108
§ 162 40 f.
§ 185 28
§ 195 60, 94, 131
§ 195 a. F.   60
§ 197 60
§ 197 a. F.   60
§ 199 94, 131 f.
§ 242 98, 103
§ 249 5, 11
§ 253 5, 10, 29
§ 254 29
§ 271 67
§ 273 67, 71
§ 274 68 f., 71
§ 280 100
§ 328 16, 77, 96, 98, 100 f.
§ 331 96 ff.
§ 488 95
§ 516 100, 124
§ 518 98 f., 124
§ 598 70
§ 604 71
§ 666 100
§ 672 100
§ 718 66
§ 727 15
§ 738 15 f., 19 ff.
§ 745 120
§ 791 28
§ 808 95
§ 812 62, 69, 72, 98, 111
§ 816 111
§ 818 70, 72, 124
§ 823 7 f., 10, 25 ff., 29, 62, 111
§ 836 27
§ 857 26, 28, 69
§ 861 62, 69
§ 862 2, 10
§ 873 118, 124
§ 892 109
§ 894 72, 105, 111
§ 925 118
§ 932 68
§ 943 28
§ 952 95, 98
§ 985 62, 67, 69, 71, 95, 98
§ 986 69
§ 993 68, 70
§ 994 68
§ 996 68
§ 1000 67 ff., 71 f.
§ 1004 2, 10
§ 1007 62, 69
§ 1027 2
§ 1030 124
§ 1036 124
§ 1061 124, 129
§ 1065 2
§ 1090 2
§ 1134 2
§ 1192 2
§ 1227 2
§ 1371 15, 91 ff.
§ 1373 91, 94
§ 1378 93

§		§	
§ 1418	66	§ 2084	47, 57 f.
§ 1473	66	§ 2085	54, 90
§ 1624	123	§ 2087	49, 73 f., 103
§ 1638	66	§ 2088	34, 74
§ 1742	107	§ 2089	118
§ 1754	9	§ 2096	33
§ 1757 a. F.	9	§ 2100	31 ff., 97, 106, 107, 109
§ 1922	3 f.,15, 17 f., 20 f., 26, 33, 71, 96, 100	§ 2102	33
		§ 2103	47
§ 1924	15, 26, 34, 64, 79, 84, 122	§ 2108	106
§ 1925	26, 91	§ 2109	32, 34
§ 1931	15, 34, 91, 92 ff.	§ 2110	113
§ 1934a	15	§ 2111	66
§ 1937	8, 13, 15, 36, 62, 79	§ 2113	33, 105 f., 105 f., 108 ff.
§ 1938	118, 122	§ 2136	107, 109 f.
§ 1939	34, 49, 73, 113, 115 ff.	§ 2137	107, 109
§ 1940	56, 116	§ 2139	33, 105, 107 f.
§ 1941	15, 32, 62	§ 2146	31, 33
§ 1942	26, 29	§ 2147	54, 103
§ 1943	29, 97	§ 2150	103, 113, 115
§ 1944	15	§ 2151	44
§ 1948	15	§ 2169	57
§ 1953	29	§ 2171	37, 56 f., 59
§ 1958	29	§ 2172	57
§ 1960	117	§ 2173	57
§ 1967	3, 26, 28 f., 71, 93, 113	§ 2174	54
§ 1975	30	§ 2176	113, 117
§ 1990	30	§ 2177	110, 117
§ 2014	29 f.	§ 2180	113
§ 2018	56, 60, 62, 65, 67, 69 f., 72	§ 2186	114
§ 2019	65 f., 69	§ 2192	56 f., 59
§ 2020	70, 72	§ 2195	56, 59
§ 2021	68, 70, 72	§ 2203	23
§ 2022	67 ff., 71 f.	§ 2205	23
§ 2023	68	§ 2206	24
§ 2024	68	§ 2209	23, 24
§ 2026	60	§ 2229	80
§ 2029	69 f., 72	§ 2231	14, 59
§ 2032	15, 17, 20 f., 77, 105, 120	§ 2232	34, 59, 79
§ 2038	117, 120	§ 2247	14, 50 ff., 62, 80 ff., 87, 90, 96, 118
§ 2039	105		
§ 2041	66	§ 2249	14
§ 2042	113, 118 ff.	§ 2250	14
§ 2046	113, 115, 117	§ 2251	14
§ 2047	113	§ 2253	41, 60, 75 f. , 118 f.
§ 2048	22, 33, 44, 74, 77, 113 f., 118 ff.	§ 2254	41, 76, 80 f., 118 f.
§ 2049	116	§ 2255	75 f.
§ 2050	22, 123	§ 2256	79, 80 f., 83 f.
§ 2058	115	§ 2257	79 f.
§ 2059	18	§ 2258	41, 50, 53, 76 f., 85 f., 89
§ 2064	44	§ 2265	13, 86 ff., 96, 106, 113
§ 2065	35 f., 43 ff.	§ 2266	14, 86 f., 106
§ 2074	40, 47, 108	§ 2267	14, 87, 90, 113
§ 2075	35, 40, 108	§ 2269	96 f., 106 f., 113, 118
§ 2078	41, 59, 63 ff., 80 f. , 83 f., 119	§ 2270	86 ff., 97, 114, 117 f.
§ 2080	59, 63, 84, 119	§ 2271	86 f. , 89, 96, 97 f., 117 ff.
§ 2081	59, 65, 84, 119	§ 2272	14, 86, 106
§ 2082	59, 84	§ 2274	15, 34, 62

§ 2276	34, 63, 96	**GBO**	
§ 2278	62, 114, 119	§ 13	111
§ 2279	35	§ 19	105, 126
§ 2281	63	§ 35	105
§ 2282	65	§ 39	105
§ 2285	65	§ 40	105
§ 2286	97 f., 103		
§ 2287	101 ff.	**GG**	
§ 2288	102	Art. 1	5, 7, 36
§ 2289	62 f., 65, 96 ff., 119	Art. 2	5, 36
§ 2294	97	Art. 3	36 ff., 41
§ 2296	86	Art. 5	9
§ 2299	62	Art. 6	36, 40 f., 122
§ 2301	96, 99 ff.	Art. 14	37, 40 f., 122
§ 2303	62, 67, 89, 91, 93 f., 106, 122, 130 ff.	Art. 19	37
§ 2305	91, 93	**GVG**	
§ 2306	106	§ 23a	79
§ 2307	91, 93, 131		
§ 2310	122	**HeimG**	
§ 2311	93, 123	§ 14	53
§ 2314	132		
§ 2315	123	**HGB**	
§ 2316	123	§ 37	2
§ 2317	67, 131	§ 105	15 f., 19 ff.
§ 2325	123, 125 ff.	§ 128	24
§ 2327	130 f.	§ 131	15 f., 19
§ 2328	130 f.	§ 131	16
§ 2329	123	§ 138 a. F.	15
§ 2333	122	§ 139	20
§ 2336	122	§ 161	16
§ 2348	102	§ 171	24
§ 2353	49, 79	§ 177	16, 19
§ 2354	49, 79		
§ 2355	49	**HöfeO**	
§ 2356	49	§ 14	44
§ 2358	49		
§ 2359	49, 79	**InsO**	
§ 2361	110	§ 315	30
§ 2362	110		
§ 2365	109 f.	**KostO**	
§ 2366	109 ff.	§ 102	117
		§ 104	117
EGBGB		§ 128	117
Art. 59	30		
Art. 229	60, 126	**KunstUrhG**	
Art. 235	87	§ 22	8, 11
ErbStG		**LPartG**	
§ 5	91	§ 1	13, 86, 106
		§ 6	15, 91
FamFG		§ 7	15
§ 342	79	§ 10	13 f., 86 f., 91, 93, 106
§ 343	79		
§ 344	79	**MarkenG**	
§ 346	79	§ 14	2
§ 348	117	§ 15	2

PatG
§ 139   2

RPflG
§ 3   79
§ 16   79

StGB
§ 77   8
§ 168   7
§ 189   7
§ 194   8
§ 229   26

StVG
§ 7   29

UrhG
§ 60   8
§ 83   8, 11
§ 97   2, 10

VerschG
§ 34   117

VVG
§ 159   77

ZPO
§ 130   53
§ 894   118

Sachregister

Die Zahlen verweisen auf die Seiten des Buches.

Abfindungsanspruch
- der Erben des ausscheidenden Gesellschafters 16, 19 f.
- des weichenden Miterben 22 Fn. 45

Abwehrfunktion der Grundrechte 35
Actio negatoria 2
- quasi negatoria 2

Alleinerbschaft 36
Allgemeines Persönlichkeitsrecht 3 ff., 11
- der Hinterbliebenen 5 f.
- Höchstpersönlichkeit 3, 8
- ideelles Interesse 3 ff., 10
- immaterielle Natur 3 ff.
- kommerzielles Interesse 4 f.
- Menschenwürde 5
- Schadensersatzanspruch 5, 10 f.
- Schmerzensgeld 5, 11
- subjektloses 6
- Vererblichkeit 3 ff.

Allgemeines Persönlichkeitsrecht Verstorbener 6, 10
- Teilrechtsfähigkeit 6
- Wahrnehmungsberechtigung 8
- Prozessstandschaft 8 Fn. 42
- zeitliche Begrenzung 11 f.

Anfechtung von Verfügungen von Todes wegen 41 f., 59, 80, 83 f.
- s.a. Irrtum des Erblassers

Annahme der Erbschaft 29
Anwartschaft
- des Nacherben 106
- Vererblichkeit 28

Auflage 56, 116, 118
- ergänzende Auslegung 57
- Gegenstand 56
- Unwirksamkeit 56
- wohlwollende Auslegung 47, 58

Auflösende Bedingung 35, 40, 107 f.
Aufschiebende Bedingung 40, 107 f.
Auseinandersetzung
- des Nachlasses 34, 44, 74, 109, 113, 117 ff.

Ausgleichsanspruch, güterrechtlicher 91, 93
Aushöhlung von Erbverträgen 97
Auslegung letztwilliger Verfügungen 57 Fn. 5, 73 f.
- ergänzende 57, 59, 80 f.
- Grundsatz der wohlwollenden 47, 58

Ausschlagung der Erbschaft 29, 92, 94
- Ausschlagungsfrist 29
- Ausschlagungsrecht 29, 92, 97
- Verlust des Ausschlagungsrechts 29

Bedingte Rechte
- Vererblichkeit 28

Bedingung 46
- auflösende 35, 40, 107 f.
- aufschiebende 40, 107 f.
- Potestativbedingung 35, 47 Fn. 21

Beeinträchtigende Schenkung 98 ff., 131
Beeinträchtigungsabsicht 102 f.
Begünstigungsabsicht 115
Berliner Testament 97 Fn. 10, 106 ff.
- Abgrenzung zur Trennungslösung 106
- Einheitslösung 106 f., 113 Fn. 1

Beschränkte Erbenhaftung 30
Beseitigungsanspruch 10 ff.
- negatorischer 10
- quasinegatorischer 10

Besitz
- Recht zum 69
- Vererblichkeit 26

Besitzschutzansprüche 69
Bindungswirkung des gemeinschaftlichen Testaments 89 f., 97, 119
- und Vorausvermächtnis 113, 117

Blaupausentestament 50 ff.
Brieftestament 52

Diskriminierungsverbot 37, 41
Dreimonatseinrede 29
Drittermächtigung und Höchstpersönlichkeit der Verfügung von Todes wegen 43 ff.
Drittwirkung der Grundrechte
- mittelbare 9, 35, 38, 40 f.
- unmittelbare 35

Durchgriffshaftung 39
Durchschrift der Testamentsurkunde 49 ff.
Dürftigkeitseinrede 30

Eheschließungsfreiheit 36, 40
Eigengeschenke 130
Eigenhändiges Testament 14, 50 f., 53, 74, 80 f.
Eigeninteresse, lebzeitiges 102 f.
Eigenschulden des Erben 27 Fn. 13
- s.a. Nachlassverbindlichkeiten

Eigentümer-Besitzer-Verhältnis 70

Sachregister

Eingriffskondiktion 111
Einheitstheorie 92, 94, 106
Einrede der beschränkten Erbenhaftung 30
Eintrittsklausel 16 f.
Enterbung 62, 68, 122
Erbe, vorläufiger 29, 92
Erbeinsetzung 47, 50, 54, 59, 74, 97, 107 f., 118
– Abgrenzung zum Vermächtnis 73 f.
Erbengemeinschaft 17, 33, 105
– Auseinandersetzung 18, 21 f., 33, 44, 74, 111, 113, 116, 118 ff.
– Geltendmachung von Ansprüchen 105
– gesamthänderische Verbundenheit 15 Fn. 7, 17, 113
– als Mitglied der Liquidationsgesellschaft 15 Fn. 9
Erbenhaftung, Beschränkung 30
Erbenschulden 27 Fn. 13
Erbfallschulden, s. Nachlassverbindlichkeiten, Nachlassschulden
Erbfolge 14, 34
– gesetzliche 14 f., 34, 84, 106
– natürliche Familienerbfolge 44
Erblasserschulden 27 Fn. 13
Erbquote 33, 109, 118, 122
Erbrechtsanmaßung 66
Erbrechtsgarantie 122
Erbschaftsanspruch 56, 62, 69, 71
– Verhältnis zu Einzelansprüchen 69
– Verjährung 60
Erbschaftsbesitzer 56, 62, 65 ff., 69 ff.
Erbschein 49, 109 f.
– Ausstellung 49
– Kraftloswerden 110 f.
– öffentlicher Glaube 109 f.
– Teilerbschein 79, 84
– Vermutungswirkung 110
– Widerspruch zwischen zwei Erbscheinen 110 f.
Erbvertrag 34, 62 f., 97
– Anfechtung 63 ff.
– Aushöhlung 97
– Auslegung 32 f.
– Form 34, 63
– Rücktritt 86
Erforderlichkeitsprinzip 36
Ersatzerbschaft 33
Erstgeborenenerbrecht 37 f.

Fideikommiss 31 Fn. 1
Formvorschriften
– Aushöhlung von 100
– und Blaupausentestament 50 ff.
– des gemeinschaftlichen Testaments 14
Fortsetzungsklausel 15 Fn. 9

Gefährdungshaftung 25 ff.
– und Nachlassverbindlichkeit 26 ff.

Gemeinschaftliches Testament 13 f., 113
– Aushöhlung 97, 102
– Begriff 87
– Bindungswirkung 89 f., 96 f., 117 f.
– Form 14, 87 ff.
– Lebenspartner 14, 87, 106 Fn. 3, 106 Fn. 6
– objektive Theorie 88 f.
– subjektive Theorie 88 f.
– Wechselbezüglichkeit 86 ff., 97, 102, 117 f.
– Widerruf 86 ff.
Generalprävention
– und Schmerzensgeldanspruch 10 f.
Gesamthandsgemeinschaft 15 Fn. 7, 17, 113
Gesamtrechtsnachfolge 17 f., 26 f., 33, 96
Gesellschafterstellung, Nachfolge 13 ff.
– Sondererbfolge 20 ff.
– und Vertrag zu Lasten Dritter 19
– Vollnachfolge, unmittelbare 22
Gesellschaftsanteil
– s.a. Offene Handelsgesellschaft
– Anwachsung 16
– Nachlasszugehörigkeit 23
– Vererblichkeit 14 f.
– Vererbung 14 ff.
Glaube, öffentlicher des Erbscheins 109 f.
Gleichheitsgrundrechte 37, 41
Grundbuchberichtigung 72
– Anspruch auf 105 f., 111
Grundrechte 9
– Abwehrfunktion 35
– Drittwirkung 9, 35 f., 38, 40 f.
– Eheschließungsfreiheit 36, 40
– Eingriff 36, 41
– Erforderlichkeitsprinzip 36
– Gleichheitsgrundrechte 37, 41
– Güterabwägung 9, 11
– Interessenabwägung 9
– Kunstfreiheit 9
– Meinungsfreiheit 9
– Menschenwürde 5
– Schutzgebotsfunktion 35, 40
– Übermaßverbot 36
– Verhältnismäßigkeitsprinzip 36
Güterabwägung 9, 11
Güterstand, gesetzlicher 14, 91

Haftungslagen als Nachlassverbindlichkeiten 26 ff.
Handelsrechtsreformgesetz 15
Handschenkung 99 Fn. 25, 124
Höchstpersönlichkeit der Verfügung von Todes wegen 35 f., 43 f.
– und Drittermächtigung 43 ff.
– Grundsatz der materiellen Höchstpersönlichkeit 43 f., 44 Fn. 2, 47
Hoferbe 44

Sachregister

Immaterialgüterrechte, Vererblichkeit 3
Immaterieller Schaden 4 f.
– Vererblichkeit des Ersatzanspruchs 18, 24
Institutsmissbrauch 39
Irrtum des Erblassers 59, 63 f., 83
– Kausalität 59
– über Erklärung 63
– über Inhalt 63
– über Motive 41, 59, 63 ff., 83 f., 118
– Zeitpunkt 59

Kommanditgesellschaft, Vererblichkeit der Gesellschaftsanteile 19
Konnexität
– und Zurückbehaltungsrecht 67
Konsensklausel 35 ff.
Künftige Rechte
– Vererblichkeit 28 f.
Kunstfreiheit 9

Lasten
– Vererblichkeit 28 f.
Lebenspartner
– Ausgleichsgemeinschaft 91
– Erbfolge 15 Fn. 7
– gemeinschaftliches Testament durch 13 f., 87, 106 Fn. 3, 106 Fn. 6
Lebenspartnerschaftsgesetz 13 Fn. 1
Lebzeitiges Eigeninteresse 102 ff.
Lebzeitige Zuwendung auf den Todesfall 96 ff.
Leibrente 128
Letztwillige Verfügung
– Anfechtung 41 f., 59 f., 80, 83 f.
– Auslegung 47, 57, 59, 73 f., 81
– Begriff 14 Fn. 6
– Ernstlichkeit der Erklärung 52 f.
– Form 34, 50, 58 Fn. 9, 81 f.
– Höchstpersönlichkeit 35 f., 43 f., 47
– Sittenwidrigkeit 62
– Widerruf 48, 60, 74 ff., 118
Linearerbfolge 32
Losentscheid 46 f.

Mannesstammklausel 32, 37
Maschinengeschriebene Testamentsurkunde 81
Meinungsfreiheit 9
Menschenwürde, Persönlichkeitsschutz 5
Mephisto-Urteil 1 ff.
Miterbe
– Klagerecht 105
Miterbengemeinschaft s. Erbengemeinschaft
Mittelbare Drittwirkung der Grundrechte 8 f., 35, 38
Mitverschulden 29
Motivirrtum 41, 59, 63 ff., 83 f., 119

Nacherbe 32 ff., 105 ff.
– Anwartschaft des 106
Nacherbschaft 32 ff.
– gestaffelte Nacherbfolge 32 f.
– Nacherbfall 34, 107 ff.
Nachfolgeklausel 16 ff.
– einfache 17 f., 20
– qualifizierte 17 f., 20 f.
– Umdeutung in Eintrittsklausel 16 Fn. 12
Nachlass
– Gesamtauseinandersetzung 119 f.
– Teilauseinandersetzung 117 ff.
Nachlassauseinandersetzung 32, 44, 74, 109, 113, 117
Nachlasseigenschulden 27 Fn. 13
Nachlasserbenschulden 27 Fn. 13
Nachlassinsolvenz 30
Nachlasskostenschulden 27 Fn. 13, 117
Nachlassschulden
– Erbfallschulden 27 Fn. 13
– Erblasserschulden 27 Fn. 13
– gemischte und Erbenschulden 27 Fn. 13
– Nachlasserbenschulden 27 Fn. 13
– Nachlasskostenschulden 27 Fn. 13, 117
– Nachlassverwaltungsschulden 27 Fn. 13
– reine 27 Fn. 13
Nachlassverbindlichkeiten 27 f., 117, 120
– aus Gefährdungshaftung 26 f.
– gerichtliche Geltendmachung 29 f.
– aus Haftungslagen 26 ff.
– Nachlassschulden 27 Fn. 13
– aus Rechtslagen 28 f.
– Wertvermächtnis 117
Nachlassverwaltung 30
– Prinzip der gemeinschaftlichen 120
Nachlassverwaltungsschulden 27 Fn. 13
Naturalrestitution 4, 10, 111
Nettoertrag
– des Grundstücks 121 ff.
Nichtleistungskondiktion 111
Nichtvermögensrechte
– Vererblichkeit 18, 24
Nichtvermögensschaden 4 f.
Niederstwertprinzip
– bei Pflichtteilsergänzung 128
Nießbrauch 124 ff.
– kapitalisierter 125, 128 f.
– lebenslanger 124 ff.
– Vorbehalt bei Schenkung 124 ff.
Nutzungen 125 ff.
– Ansprüche auf Ersatz von 68, 70, 72

Offene Handelsgesellschaft
– und Erbengemeinschaft 17 ff.
– Mitgliedschaft 19
– Nachfolge in die Gesellschafterstellung 15 ff.
– Nachfolgeklausel 17 ff.
– Vererbung der Gesellschaftsanteile 15 ff.

Öffentliches Testament 14, 56, 79, 81
- Rücknahme aus amtlicher Verwahrung 79 ff.

Persönlichkeitsrecht
- allgemeines, s. dort

Persönlichkeitsschutz Verstorbener 3, 6, 10
- Prozessstandschaft 8 Fn. 42
- Teilrechtsfähigkeit 6
- Wahrnehmungsberechtigung 7 f.
- zeitliche Begrenzung 11 f.

Pflichtteil 124 f.
- Gesamtpflichtteil 123, 130
- großer 91, 93
- kleiner 92 f.
- ordentlicher 131 f.

Pflichtteilsanspruch 67, 89, 91 ff., 122 ff.
- Berechnung 122 f.
- Verjährung 94, 131 ff.

Pflichtteilsergänzung
- Verweigerung der 131

Pflichtteilsergänzungsanspruch 123 ff.
- Eigengeschenke 130
- Niederstwertprinzip 128
- Verjährung 131 f.
- Zehnjahresfrist 126 ff.

Pflichtteilsrecht 36, 62, 122 ff.
Potestativbedingung 35
Praktische Konkordanz 40
Primogenitur 32
Privatautonomie 37, 41, 44, 84
Privatschriftliches Testament 14, 73
- Durchschrift 49 ff.
- Form 50, 81 f.
- Unterschrift 51 ff.
- Widerruf 49 f., 74 ff.

Recht
- subjektives 40
- subjektloses 7

Rechtsanalogie 2
Rechtslagen
- Vererblichkeit 28 f.

Rechtspfleger, Zuständigkeit in Nachlasssachen 79
Rechtspflicht, allgemeine zur Achtung Verstorbener 7 ff.
Rechtssubjektivität, allgemeine 6
Rücknahme des öffentlichen Testaments aus amtlicher Verwahrung 79 ff.
- Anfechtung 83 f.
- Widerruf 79 ff.

Schaden
- immaterieller 4 f.

Schenkung
- Eigengeschenk 130
- gemischte 124 Fn. 12, 128
- Handschenkung 99 Fn. 25, 124
- unter Lebenden 98 ff.
- unter Nießbrauchsvorbehalt 123 ff.
- von Todes wegen 98 ff.
- Versprechensschenkung 124

Schenkungsgegenstand 123 ff.
Schenkungsvertrag 98 ff., 123 f.
Schlusserbe 102 f., 106, 118
Schmerzensgeldanspruch 10 f., 29
- Ausgleichsfunktion 10 f.
- bei Gefährdungshaftung 29
- und Generalprävention 11
- Genugtuungsfunktion 11

Schutzgebotsfunktion der Grundrechte 35, 40
Schutzgesetz und postmortaler Persönlichkeitsschutz 5, 7 f., 11
- Berufung 8

Selbstentscheidung des Erblassers 46 f.
Singularsukzession 18
Sittenwidrigkeit von Verfügungen von Todes wegen 35 f., 38 ff., 62
- und Grundrechte 35 f., 38 f.
- maßgeblicher Zeitpunkt für die Beurteilung 37

Sondererbfolge 20 ff., 100
Sonderrechtsnachfolge 20
Sparbuch 95
Stammgut 32 ff.
Subjektives Recht 40
- Vererblichkeit 28 f.

Subjektloses Recht 7
Surrogation
- dingliche 65, 69
- einfache 66
- Kettensurrogation 66
- mehrfache 66
- Mittelsurrogation 66

Teilauseinandersetzung 117 ff.
Teilnichtigkeit, Testament 53 f.
Teilrechtsfähigkeit
- postmortale 6
- vorgeburtliche 6

Teilungsanordnung 33, 74, 113 ff.
- Ausgleichszahlung 115 ff.
- Begünstigungswille 117
- einfache (reine) 104 f., 118
- konkludente 33
- Kombination mit Vorausvermächtnis 115
- wertverschiebende 117
- Widerruf 118

Testament
- Abschrift 50, 82
- amtliche Verwahrung 79 ff.
- Änderung 49 f., 52
- Anfechtung 41 f., 59 f., 119
- Auslegung 57 Fn. 5, 73 f.

- Berliner 97 Fn. 10, 106 ff.
- Durchschrift 49 ff.
- eigenhändiges 14, 50 f., 53, 74, 82
- Ernstlichkeit der Erklärung 52 f.
- Errichtung 49 ff.
- Form 14 Fn. 4, 50, 58 Fn. 9, 81 f.
- gemeinschaftliches, s. dort
- Höchstpersönlichkeit der Errichtung 43 f.
- öffentliches, s. dort
- Ortsangabe 51
- privatschriftliches, s. dort
- Unterschrift 51 ff.
- Vergessen des 59 f.
- Widerruf 49 f., 60, 74 ff., 85 f., 118 f.

Testamentsurkunde
- Durchschrift 49 ff.
- Urschrift 49 f.
- Veränderung 49
- Verlust 74 f.
- Vernichtung 74 f.

Testamentsvollstreckung
- an Gesellschaftsanteilen 22 ff.
- Verwaltungsvollstreckung 22 ff.

Testierfreiheit 13, 32, 37, 39 ff., 44, 63, 97
- Benachteiligung nächster Angehöriger 35 ff., 63
- und Drittermächtigung 44 ff.
- und Höchstpersönlichkeit der Verfügung von Todes wegen 43 ff.
- immanente Grenzen der 39
- Inhalts- und Schrankenbestimmungen 37
- und Privatautonomie 36, 41, 44, 84

Trennungstheorie 106
Treu und Glauben 40
- Einrede der unzulässigen Rechtsausübung 98 ff.

Treuhänder, Persönlichkeitsschutz Verstorbener 7 f.

Übermaßverbot 36
Unerlaubte Handlung des Erblassers
- Haftung der Erben 26 ff.

Universalsukzession 17 f., 20, 26, 28, 33, 71, 96
Unterlassungsanspruch 2 ff., 8
- allgemeines Persönlichkeitsrecht 3
- Geltendmachung 8
- negatorischer 2 f., 10
- quasinegatorischer 2, 8, 10
- und Schutzgesetz 7
- Vererblichkeit 4
- vorbeugender 2, 4

Unterlassungsklage, vorbeugende 2 ff.
Untermaßverbot 36
Unterschrift 51 ff.
Unzulässige Rechtsausübung 98 ff.

Vererblichkeit
- des allgemeinen Persönlichkeitsrechts 3

- der Anwartschaft 28
- bedingter Rechte 28
- des Besitzes 26
- des Gesellschaftsanteils 15 f.
- von Haftungslagen 28 ff.
- höchstpersönlicher Rechte 3
- künftiger Rechte 28
- von Lasten 28
- von Nichtvermögensrechten 18, 24
- von Rechtslagen 28
- subjektiver Rechte 27

Verfügung
- unentgeltliche 111

Verfügungsbeschränkung
- bei gemeinschaftlichem Testament 102 ff.
- des Vorerben 105 ff.

Verfügung von Todes wegen 14 Fn. 6, 44, 49, 62, 98
- s.a. Auflage, Berliner Testament, Erbvertrag, gemeinschaftliches Testament, letztwillige Verfügung, Testament, Vermächtnis
- Anfechtung 41 f., 59 f., 80, 83 f., 119
- einseitige 14 Fn. 6
- Form 14 Fn. 2, 50, 58 Fn. 9, 56, 81 f.
- Höchstpersönlichkeit der Errichtung 43 f.
- mehrseitige 14 Fn. 6
- Sittenwidrigkeit 39, 62
- vertragliche 14 Fn. 6, 62

Verfügung zugunsten Dritter 18
Vergessen eines Testaments 59 f.
Verhältnismäßigkeit 36 f.
Verkehrsgeschäft 109
Verkehrssicherungspflicht des Erben 26
- s.a. Haftungslagen

Verlust der Testamentsurkunde 74 f.
Vermächtnis 42, 49 Fn. 2, 53, 73, 115 f.
- Abgrenzung zur Erbeinsetzung 73 f.
- Tatbestandsvoraussetzungen 115 f.

Vermögensschaden 4 f., 10
Vermutungswirkung des Erbscheins 110
Vernichtung der Testamentsurkunde 74 f.
Vertrag mit Schutzwirkung zugunsten Dritter
- Schutzbereich von Mietverträgen 27

Vertrag zugunsten Dritter, echter 16, 18 f., 96 ff.
- auf den Todesfall 96 ff.

Vertrag zu Lasten Dritter 19
- Gesellschafterstellung 19

Verwahrung, amtliche
- Rücknahme des öffentlichen Testaments aus 79 ff.

Verwaltungsvollstreckung 22 ff.
Verwendungsersatz 67 f., 71
Vollerbe 106 f.
- auflösend bedingter 107
- aufschiebend bedingter 107

Vollnachfolge, unmittelbare in die Gesellschafterstellung 21 f.
Vonselbsterwerb der Erbschaft 19, 99 Fn. 27
Vorausvermächtnis 104 ff.
- aufschiebend bedingtes 114
- Kombination mit Teilungsanordnung 115
- teleologische Extension 117 f.
- Wertvermächtnis 115, 117
Vorerbschaft 32 f., 106 ff.
- aufschiebend bedingte 107
- befreite 110
- und Berliner Testament 106 ff.
- Verfügungsbeschränkungen 33, 105 ff.
Vorläufiger Erbe
- s.a. Ausschlagung der Erbschaft
- Rechtsstellung 29

Wahltheorie 93 f.
Wechselbezügliche Verfügung 86 ff., 97, 102
- Begriff 86
- Berliner Testament 86 ff.
- Bindungswirkung 89 f., 97, 117 f.
- gemeinschaftliches Testament 13 f., 86 ff., 96 f., 102
Wertpapier 95
Wertvermächtnis 115, 117
Widerruf der Verfügung von Todes wegen 50, 60, 74 ff., 118 f.
- Anfechtung 83 f.
- ausdrücklich 76
- Form 75, 80, 118

- konkludent 76
- Reichweite 76 f.
- durch Rücknahme aus der amtlichen Verwahrung 79 ff.
Widerruf des Widerrufs 79 ff.
Widerrufstestament 76, 118
Wiederverheiratungsklausel 107 ff.
Willensmangel, s. Anfechtung u. Irrtum des Erblassers
Wohlwollende Auslegung 47, 58

Zehnjahresfrist der Pflichtteilsergänzung 126 ff.
- Beginn 126 ff.
- Leistung 126 ff.
Zugewinnausgleich im Todesfall 91 ff.
- Einheitstheorie 92 ff.
- erbrechtliche Lösung 91 ff.
- güterrechtliche Lösung 91, 93
- Wahltheorie 93 f.
Zugewinngemeinschaft 91
- Ehegattenerbrecht 89 ff.
Zurückbehaltungsrecht 67 ff.
- Konnexität 67
- wegen Pflichtteilsanspruch 67
- und Verwendungsersatz 67 f., 71
Zuwendung 40, 43, 45, 47, 49, 54, 96, 115
- Ausgleichspflichtigkeit 123
- unter Lebenden auf den Todesfall 96 ff.
- Schenkung unter Nießbrauchsvorbehalt 123 ff.

i